# 有效教学丛书编委会

编委会主任　余文森

编委会副主任　吴刚平　刘良华　王　永　刘家访　谌启标　方元山

编　　　委　　魏为燚　陈国平　刘冬岩　黄国才　林高明　陈世滨

　　　　　　　陈敬文　陈燕香　陈朝蔚　吴少凡　谢安平　陈瑞清

　　　　　　　戴慧萍　卢永霞　李玲玲　陈金缺　林　珊　周紫英

有效教学丛书

# 有效教学的案例与故事

丛书主编◎余文森　编著◎余文森　林高明　陈世滨

海峡出版发行集团 | 福建教育出版社

# 梦 山 书 系

"梦山"位于福州城西,与西湖书院、林则徐读书处"桂斋"连襟相依,梦山沉稳、西湖灵动、桂斋儒雅。梦山集山水之气韵,得人文之雅操。福建教育出版社正坐落于西湖之畔、梦山之下,集五十余年梓行之内蕴,以"立足教育、服务社会、开智启蒙、惠泽生命"为宗旨,将教育类读物出版作为肩上重任之一,教育类读物自具一格,理论读物品韵秀出,教师专业成长读物春风化雨。

"梦"是理想、是希望,所谓"梦想成真";"山"是丰碑,是名山事业。"积土成山,风雨兴焉",我们希望通过点点滴滴的辛勤积累,能矗起教育的高山;希望有志于教育的专家、学者能鼓荡起教育改革的风雨。

"梦山书系"力图集教育研究之菁华,成就教育的名山事业之梦。

# 序

余文森

教学的有效性是所有教育教学改革的共同追求,哪一项教学改革不是为了使教学更有效,不是为了使学生发展得更好?本次课程改革也不例外,其首要目标就是提高教学的有效性。

就总体而言,新课程实施几年来,课堂教学改革在朝着素质教育的方向扎实推进,并取得了阶段性的成效和实质性的进展,这是有目共睹的。但是,由于各种原因,课堂教学改革也出现了形式化、低效化的现象。可以说,当前课程改革在课堂教学方面所遭遇到的最大的挑战和所受到的最强烈的批评就是低效和无效问题。

因此,怎样实施有效教学、如何提高课堂教学质量就成为当前教学理论和教学实践关注的热点问题。正是基于这一背景,我们启动了新课程背景下有效教学的课题研究,并在这一基础上组织编写了这套有效教学的丛书。

丛书分为通识和学科两部分,通识部分有四本,第一本是《有效备课·上课·听课·评课》,这是从教学工作和教学流程角度来谈有效教学的;第二本是《有效教学的案例与故事》,这是用案例和故事来解读有效教学的;第三本是《有效教学的理论和模式》,本书对全国几项著名的富有成效的教改实验进行介绍和分析;第四本是《有效教学的基本策略》,本书系统阐述和分析有效教学的各种策略。学科部分将围绕各学科的核心主题来探讨有效教学。

2008 年 2 月

# 目录 CONTENTS

前言

## 主题一 三维目标

### 一、雕塑心灵

在思维与生命的背离之间 ……………………………… 林高明(5)
高三,走在刀刃上的日子(节选) ……………………… 顾 颉(9)
"是"老师和"赢"老师的故事 …………………………… 杨孟琪(13)
不算,重来 ……………………………………………… 陈惠芳(16)
两个老师的战争 ………………………………………… 贾绍春(18)

### 二、成全生命

比整齐更重要的 ………………………………………… 王斌盛(22)
有良好的铺垫,包袱才会抖得漂亮 …………………… 吴一平(24)
"异常目标"出现 因势利导调整 ……………………… 朱道荣(26)
阳光的声音 ……………………………………………… 姚 裴(27)

## 主题二 动态生成

### 一、生成之源

期待的是"上课"而非"演课" …………………………… 张元进(34)
美国老师如何教《灰姑娘》 ……………………………… 佚 名(36)
科学课应关注过程、生成与发展 ………………………… 倪飞鸣(38)
"生成"不是冷漠的借口 ………………………………… 马际娥(41)

沉默的旨趣 ·················································· 徐玉烟(42)
啊,那一瞬间 ················································ 彭　晖(44)
一次课堂发言的启示 ········································ 周兴华(45)

### 二、生成之美
冒出来的"小燕子" ·········································· 翁静芳(47)
当数学问题遇到现实 ········································ 皮大鹏(49)
"老师,我反对" ··············································· 陈吟松(50)
马为什么不吃草 ············································· 马俊生(51)
曲径通幽处,童心烂漫时 ····································· 王　昪(52)

## 主题三　学习方式

### 一、个性空间
不要磨掉学生个性 ··········································· 李希贵(59)
尊重学生的时间 ············································· 余文森(61)

### 二、自主探究
警惕数学思维过程中的"隐性牵引" ························· 王志南(63)
于细微处见精神 ············································· 秦自云(65)
从两个课堂教学案例看学习方式的真正转变 ·············· 杨庆余(67)
估算岂能先算后估 ··········································· 汪志华(73)

### 三、思想王国
在触动心灵的思考中发展智慧 ······························ 谢正明(77)
渔夫是纯朴、善良的吗 ······································ 李培刚(79)
乌鸦不能有一副好嗓子吗 ··································· 潘晓晴(82)
静悄悄的挑战 ················································ 林志娟(84)

## 主题四　资源利用

### 一、资广源深
大便老师 ······················································ 黄春明(91)
巧借文本资源化解课堂矛盾 ································· 沈天才(95)
从"一亿有多大"看生活素材的选取 ······················· 陈燕香(96)

学生叫我"曾剃头"…………………………………… 曾曙光(99)

## 二、化误为悟

巧用教材中的"错"………………………………… 魏　星(102)
错出的美丽………………………………………… 赵　龙(104)
莫因小错而乱阵脚………………………………… 武凤霞(105)
"错误"的价值……………………………………… 王全忠(107)

## 主题五　教学行为

### 一、行为心得

教然后知困………………………………………… 唐群辉(113)
他居然不起立……………………………………… 张　凯(114)
别用眼睛伤害他…………………………………… 杨　鹏(116)
我要收藏你………………………………………… 许玉兰(118)
讨论一句话………………………………………… 夏俊山(119)
太阳可以是黑色的………………………………… 张海燕(121)
课堂上传出一声尖叫…………………… 刘　秀　殷丽萍(122)
一个中国小学生眼中的美国教育………………… 刘爱成(124)

### 二、实践反思

程门立雪…………………………………………… 杨汉光(127)
那双失去光彩的眸子……………………………… 刘荃添(129)
真实的谎言，何时是个头………………………… 韦　实(131)
"老师，您想哪儿去了"…………………………… 徐　卫(133)
"老师，我还没说完"……………………………… 蓝玉文(135)
"老师，你为什么要问这个问题"………………… 李　英(137)
郑渊洁的教子经…………………………………… 郑渊洁(138)
"我以性命担保她行"……………………………… 端　木(142)
两位数学教师与两个女孩的命运………………… 郭元祥(147)

## 主题六　情境创设

### 一、有效的情境

未成曲调先有情 …………………………………………… 陈　弋(153)
"千米"的认识 ……………………………………………… 彭明谋(155)
身着唐装去上课 …………………………………………… 刘月英(155)
让年轻和思维一起跳跃 …………………………………… 杨德昌等(157)

### 二、低效的情境

少些"追风"，多些思辨 ………………………… 贲友林　张齐华(160)
教学情境的无效 …………………………………………… 冬雨徐来(163)
触动学生的灵魂 …………………………………………… 邱晶晶(165)

## 主题七　教学智慧

### 一、成全的智慧

一首歪诗的风波 …………………………………………… 徐吉志(169)
一年级的爱情 ……………………………………………… 刘艳坤(170)
老师的腰围 ………………………………………………… 魏振强(172)
"朽木"的春天 ……………………………………………… 蔡　成(173)
怎样对待这"一瞬间" ……………………………………… 高起录(175)
给学生一个"台阶" ………………………………………… 王玉英(178)

### 二、关爱的智慧

天使的翅膀 ………………………………………………… 佚　名(180)
天空不再下雨 ……………………………………………… 徐新民(183)
教育应是一扇门 …………………………………………… 董文华(185)
没有教不好的学生 ………………………………………… 霍懋征(186)
不要漏掉学生的名字 ……………………………………… 许　丽(188)
孩子，大胆地喜欢吧 ……………………………………… 唐先俊(190)

## 主题八　师生关系

### 一、师生相长

三位作家的回忆 …………………………………………… 林清峰(196)
生命中重要的他人 ………………………………………… 毕淑敏(199)
说明书 ……………………………………………………… 罗文海(203)

三封"情书"…………………………………………… 周树群(205)
"厕所令"的由来……………………………………… 陈世滨(209)
"争抢作业本"事件…………………………………… 丁伟红(212)
别让孩子在课堂上难堪……………………………… 刘成伦(214)
孩子,别拿老师的错来惩罚自己 …………………… 王纪金(215)
心灵沟通是解决师生矛盾的一把金钥匙…………… 王　瑾(217)
让每个学生都生活在阳光下………………………… 夏培恒(220)

## 二、师生真情

无力的心痛…………………………………………… 严丽仙(222)
让"爱"带上尊严……………………………………… 汉纪梅(225)
一场生命攸关的"游戏"……………………………… 彭　烨(226)
"病了真好"…………………………………………… 漆昌琼(228)
"老师是俺叔"………………………………………… 赵作银(229)
谁把"牛"画在了黑板上……………………………… 陆　芳(231)

# 前　言

"案例是教学理论的故乡",通过案例来学习教学理论是中小学教师学习教学理论的重要形式和基本特点,没有案例支撑的干巴巴抽象的理论内容是难于激发教师学习教学理论的兴趣和热情的。本书就是试图通过一个个生动形象的教学案例来解读新课程背景下有效教学的理论要点。

为了教师阅读的方便,我们以新课程的基本理念为导向设置了八个主题,围绕各个主题我们广泛地分门别类地收集、阅读、提炼、精选案例和故事,努力使每个案例和故事都能给人以启迪和教诲,当然,对于案例和故事的阅读与阐释见仁见智、重在自悟,任何以一家之言替代百家争鸣的做法都是狂妄与愚蠢的。本书中的"思考与感悟"也是站在一名读者的立场上,感之于心,发之于思。我们敞开心灵,期待更多读者与我们共鸣、共商、共振、共享。我们需要彼此的聆听与彼此的开放。同样,对于案例和故事的理解我们也不能按图索骥、生搬硬套,否则难免有东施效颦、画虎类犬之失。研读案例与故事,其意义在于开启自己的教育的感悟力、生命的灵性以及对于课堂的独特的理解力。

在每个主题的最后,我们进行了小结,这个小结简明扼要又不失系统地阐明了该主题的理论要点,促进案例走向升华,从而有效地起到提高认识的作用。

2011 年 1 月

# 主题一　三维目标

知情意的教育是整个的，统一的。知的教育不是灌输儿童死的知识，而是同时引起儿童的社会兴趣与行动的意志。情育不是培养儿童脆弱的感情，而是调节并启发儿童应有的感情，主要是追求真理的感情；在感情之调节与启发使儿童了解其意义与方法，便同时是知的教育；使养成追求真理的感情并能努力与奉行，便同时是意志教育。意志教育不是发扬个人盲目的意志，而是培养合于社会及历史发展的意志……现在我们要求在统一的教育中培养儿童的知情意，启发其自觉，使其人格获得完备的发展。

——陶行知《陶行知教育名篇》

三维目标是新课程的"独创"，是新课程推进素质教育的根本体现，它使素质教育在课堂教学中的落实有了重要的抓手和坚实的操作性基础。可以说，知识与技能维度的目标立足于让学生学会，过程与方法维度的目标立足于让学生会学，情感、态度与价值观维度的目标立足于让学生乐学，任何割裂知识与技能，过程与方法，情感、态度与价值观三维目标的教学都不能促进学生的健全发展。

知识与技能、过程与方法、情感、态度与价值观是新课程目标的三个维度，而不是三种类型。三个维度指的是同一事物的三个方面（侧面），如同一个立方体都有长、宽、高三个维度一样，课程目标也有三个维度：学生学习任何知识和技能都要运用一定的方法，不管是好方法还是不好的方法；都要经历一个过程，不管是主动探究还是消极接受。在这个学习过程中，学生总会伴随一定的情感和态度，不管是积极的情感还是消极的情感，不管是敷衍的态度还是认真的态度；总会有一定的价值取向，不管是正确的还是不正确的。所以说，三维的课程目标是一个问题的三个方面，而不是独立的三个目标。在课堂教学中，不能完成了一维目标再落实另一维目标，它们是联系在一起的，就像拿一个立方体，不可能只拿起"高"而不拿起"长和宽"一样。人的发展是三维目标的整合，缺乏任一维度，都会使发展受损，但这并不意味着三维对人的发展的贡献是等值的。因而，着眼于人的发展的教学要根据各学科的特殊性和学生的原有基础有所侧重。

知识、技能与过程、方法的关系实际上也就是我们通常所说的结论与过程的关系，与这一关系有关的还有学习与思考、接受与发现、掌握与感悟、学会与会学、知识与智力、继承与创新等关系。

从学科本身来讲，过程体现该学科的探究过程与探究方法，结论表征该学科的探究结果（概念原理的体系）。二者是相互作用、相互依存、相互转化的关系。什么样的探究过程和方法论必然对应着什么样的探究结论或结果，概念原理体系的获得依赖于特定的探究过程和方法论。如果说，概念原理体系是学科的"肌体"，那么探究过程和探究方法就是学科的"灵魂"。二者有机结合才能体现一门学科的整体内涵和思想。当然，不同学科的概念原理体系不同，其探究过程和方法论也存在区别。但无论对哪一门学科而言，学科的探究过程和方法论都具有重要的教育价值，学科的概念原理体系只有和相应的探究过程及方法论结合起来，才能有助于学生形成一个既有"肌体"又有"灵魂"的活的学科认知结构，才能使学生的理智过程和精神世界获得实质性的发展与提升。

从教学角度来讲，所谓教学的结论，即教学所要达到的目的或所需获得的结果；所谓教学的过程，即达到教学目的或获得所需结论而必须经历的活动程序。毋庸置疑，教学的重要目的之一，就是使学生理解和掌握正确的结论，所以必须重结论。但是，如果不经过学生一系列的质疑、判断、比较、选择，以及相应的分析、综合、概括等认识活动，即如果没有多样化的思维过程和认知方式，没有多种观点的碰撞、论争和比较，结论就难以获得，也难以真正理解和巩固。更重要的是，没有以多样性、丰富性为前提的教学过程，学生的创新精神和创新思维就不可能被培养起来。所以，不仅要重结论，更要重过程。从学习角度讲，重结论也即重学会，重过程也即重会学。学会，重在接受知识，积累知识，以提高解决当前问题的能力，是一种适应性学习；会学，重在掌握方法，主动探求知识，目的在于发现新知识、新信息以及提出新问题、解决新问题,是一种创新性学习。进入知识经济时代,学生在学校获得的知识到社会上已远远不够用。人们只有不断更新知识,才能跟上时代的步伐。

现代教育心理学研究指出,学生的学习过程不仅是一个接受知识的过程,而且也是一个发现问题、分析问题、解决问题的过程。这个过程一方面是暴露学生产生各种疑问、困难、障碍和矛盾的过程,另一方面是展示学生发挥聪明才智、形成独特个性与获得创新成果的过程。正因为如此,新课程强调过程,强调学生探索新知的经历和获得新知的体验。当然,强调探索过程,意味着学生要面临问题和困惑、挫折和失败,这同时也意味着学生可能花了很多时间和精力,结果表面上却一无所获,但是,这却是一个人的学习、生存、生长、发展、创造所必须经历的过程,也是一个人的能力、智慧发展的内在要求,它是一种不可量化的"长效"、一种难以言说的丰厚回报,而眼前耗费的时间和精力应该说是值得付出的代价。

关注人是新课程的核心理念——"一切为了每一位学生的发展"在教学中的具体体现,它意味着:

第一,关注每一位学生。每一位学生都是生动活泼的人、发展的人、有尊严的人,在教师的课堂教学理念中,包括每一位学生在内的全班所有的学生都是自己应该关注的对象,关注的实质是尊重、关心、牵挂,关注本身就是最好的教育。

第二,关注学生的情绪生活和情感体验。孔子说过:"知之者莫如好之者,好之者莫如乐之者。"教学过程应该成为学生一种愉悦的情绪生活和积极的情感体验。学生在课堂上是兴高采烈还是冷漠呆滞?是其乐融融还是愁眉苦脸?伴随着学科知识的获得,学生对学科学习的态度是越来越积极还是越来越消极?学生对学科学习的信心是越来越强还是越来越弱?这一切必须为我们教师所关注,这种关注同时还要求我们教师必须用"心"施教,不能做学科体系的传声筒。用"心"施教体现着教师对本职的热爱、对学生的关切,体现着教师热切的情感。

第三,关注学生的道德生活和人格养成。课堂不仅是学科知识传递的殿堂,更是人性养育的圣殿。课堂教学潜藏着丰富的道德因素,"教学永远具有教育性",这是教学活动的一条基本规律。教师不仅要充分挖掘和展示教学中的各种道德因素,还要积极关注和引导学生在教学活动中的各种道德表现和道德发展,从而使教学过程成为学生一种高尚的道德生活和丰富的人生体验，这样，学科知识增长的过程同时也就成为人格的健全与发展过程，伴随着学科知识的获得，学生变得越来越有爱心，越来越有同情心，越来越有责任感，越来越有教养。当然，这也要求教师一定要加强自身修养，不断完善自己。

总之，关注人的教学才能使学科教学同时成为情感、态度、价值观的形成与发展的过程，从而真正实现人的发展。

# 一、雕塑心灵

## 在思维与生命的背离之间

林高明

2006年暑期教育部启动"中小学教师新课程国家级远程培训项目",我有幸作为余文森教授领导的"课堂教学"专题专家团队的核心成员,参加了空前盛大的万人培训工作。在网络研修的平台上,有一位安徽无为的老师在进行作业讨论时,列举了一个案例,题为《失而复得的"双"》,引发了很多人的思考。

**案例:失而复得的"双"**

那是一个晴朗的下午,天气闷得很。说句心里话,我去听课都有点勉强,何况又是第二节课呢?学生们更是漠然,一副死气沉沉的样子。我不由得为这位即将上课的教师暗暗捏了一把汗。

然而,结果出乎意料。不到五分钟的时间,不只是学生,就是我这个身经百战、见多识广的同行也不禁为其"以读带讲,以读促思"的巧妙设计所深深折服。那富有磁性的嗓音,那抑扬顿挫的语调让人听来如痴如醉。透过他亲切的话语,我仿佛看到了我们最可爱的人,看到了步履蹒跚的大娘,看到了泪痕满面的小金花,看到了拄着双拐的大嫂……不料,正当我们沉浸在这动人的送别场面时,教学中却出现了一个小小的"故障"……

"读完课文的第三自然段,你们知道这里主要讲的是大嫂做了一件怎样的事吗?"停顿片刻,教师随口问道:"是不是挖野菜失去双腿啊?"紧接着板书:"大嫂挖野菜失双腿。"

"不是,不是失双腿……"有学生小声嘀咕。

教师微微一愣。显然,这小小的插曲已然出乎他的意料。但只是一刹那的时间,他便又恢复了常态。

"不是失双腿,难道是失单腿不成?"教师微笑着点拨道,"请大家仔细阅读课文第三自然段,圈出关键性的词句,再认真想想,交流一下。"

教室里有了短时间的宁静。可一分钟不到,孩子们就"失去双腿"和"失去单腿"展开了激烈的讨论。

"我以为是失双腿,因为大嫂拄的是双拐。"

"不对。你的推断不准确,看书也不够仔细。"第二位同学显得振振有词,"书上只是说'您架着双拐……我们只要想起您的双拐',但并没有直接表明大嫂失去的是双腿。"

"是呀,大嫂拄的虽然是双拐,但可能失去的是两条腿,也可能只是一条腿。"另一个孩子补充着。

"对。我前天还在医院里看见失去一条腿的叔叔靠着双拐走路呢。"第四位学生语气更是坚定。

"嗯,我也看见过。"

"嗯!"

"是这样的!"

……

"所以,我认为不能说大嫂'失双腿',应该说'失去腿'好一些。因为不管大嫂失去的是一条腿还是两条腿,'失去腿'的说法都该是可以的。"最初提出质疑的那个孩子站起身来总结着。

"耶!"孩子们群情激奋,教室里瞬间响起一阵热烈的掌声。

辩论的结果似乎趋于统一,那个年轻的教师也不由会心地笑出声来。轻轻地擦去"双"字,他拿起粉笔郑重其事地写了一个"去"字。

"哦!"孩子们又是一阵热烈的掌声。孩子们笑,教师也笑。

可是,当大家的笑容还没有完全收敛起来的时候,又一个孩子站起身来。

"老师,我……我还有新的看法。"或许是由于胆小和紧张的缘故,孩子竟有点口吃起来。

"哦?是吗?好,请说说看!"年轻的教师显然也吃惊不小。可说着话的时候,却依旧是一脸的笑意。

"书上还有这样一句话:'伤好以后,您只能靠着双拐走路了。'这里强调突出了一个'只'字。那意思是说,大嫂如果没有双拐的话,就不能走路了。但事实上，大嫂若是失去一条腿，她是完全可以靠着一条拐杖走路的。所以，我觉得这个'只'字说明了大嫂当时失去的必定是两条腿，而不是一条腿。"

教师的笑凝住了。孩子们也张大着嘴巴。沉默。教室里，死一般的寂静。

好一阵子，教室里才再次响起掌声。先是那年轻教师的，后是所有孩子们的。除了一声高似一声的"耶"的叫好声，大家谁也没再多言语，只是笑，只是使劲地拍着巴掌。这掌声热烈而持久。拍的最响最激动的，当数那个站在讲台上的一脸灿烂的教师。在这掌声里，他擦去"去"，再次写上了一个大大的"双"字。

伴随着这掌声，下课的铃声响起。

"同学们，这一个失而复得的'双'字可是来之不易哟！"教师的话显得意味深长。孩子们会心地微笑，又是一阵欢快的掌声。这时候，站起来鼓掌的，还有教室后排所有的听课老师。

那时候，我就在想：这失而复得的，又何止是一个"双"啊？

案例一展示在网络上，便好评如潮：有的认为，这是一个精彩的案例，"双"字又回来了，来之不易，妙趣横生、起伏跌宕、引人入胜。这是师生生命历程、智慧升华的过程。其实，过程比这个"双"字回来不回来重要得多得多。有的写上，意味深长，一唱三叹！有的简明扼要地称，有道理！有的拍案叫绝，真的是起伏跌宕的一堂课……

说实在的，初读这一课例我也为这一波三折的课堂故事所吸引，是啊，我们日常生活的课堂教学总是显得那么平静无波，总是那么一览无余，显得那么平白，缺少动人心弦的悬念，更没有让人惊叹的峰回路转。而在这一课堂中真的是让学生们经历了"柳暗花明，山重水复"的思考过程。我的心里也不由自主地折服于教师的引导智慧。

再读一遍，我依然为学生们字斟句酌、推敲琢磨的学习品质赞叹不已，他们居然能见人所未见，发人所未发——不但洞察细致入微，而且剖析得有理有据。教师也是立足于学情顺势而导，相机而动。

然而细细品味，隐隐约约总感觉有一种缺憾潜藏其中。且不深究教师在（"读完课文的第三自然段，你们知道这里主要讲的是大嫂做了一件怎样的事吗？"停顿片刻，教师随口问道："是不是挖野菜失去双腿啊？"紧接着板书:"大嫂挖野菜失双腿。")这一环节中自问自答式的"灌输",就在这一"堪称精彩的课堂生成"中,我们还猛然发觉,在笑声与掌声的掩盖下,生命及对文词的感触被无端地稀释了。想起中国人民大学著名的哲学家黄克剑先生的一段话,令人感慨良深:"知识若没有智慧烛照其间,再多的知识不过是外在的牵累;智慧若没有生命隐帅其间,那或可动人的智慧不过是鬼火萤照。"所有的知识应该为生命加温,并增强生命的强度,应该成为涤荡人的灵府的一汪碧水。知识应该让生命更为澄澈、光明,让灵魂更为充盈、丰润,让心灵更为细腻、明敏……课堂上四次掌声与笑声突然间显得有点近似于"不和谐的音符"。生命的悲壮感消弭于这种咬文嚼字之间,师生全身心以赴的是纠缠于一个字的意义,无暇去顾及大嫂为了去挖野菜失去了腿的痛苦与牺牲精神。人们似乎更在意考证"一"与"双",然而恰恰忘了,不管是"一"还是"双",其背后的指向是什么?在轻重之间,我们可能还要思考的是,"失去腿"的意蕴是让学生们自然而然地有对人民的同情、崇敬之情于胸,有对敌军的痛恨之感于怀,有对战争残酷的恐惧之念于心……而不是津津有味地追究"一"还是"双",化悲壮与感动为简单的笑。瑞典著名的教育家裴斯泰洛齐对教育的本真意义作了简明扼要的阐述,那就是手、脑、心!在我看来,这一课例中师生只有"脑"在学习,手只不过是一种点缀与附庸,而心呢,更是游离于课堂之外。

衡量有效的课堂生成,其标准是整体的、综合的。任何厚此薄彼、顾此失彼的行为都可能损伤教育的生命肌体。风物长宜放眼量,着眼于学生的一生成长与生命滋育应是教育教学的题中应有之义。在研究失去"一"条腿与失去"双"腿的背后是什么?课堂中的笑声与掌声又意味着什么?著名的老教育家吕型伟先生意味深长地指出,教育需要爱,也要培养爱。没有爱的教育是死亡的教育,不能培养爱的教育是失败的教育。这里的爱,在我看来应该是"情感体验",是生命的温度。教育教学不是冷冰冰地把知识从这个头脑搬运向那个头脑。教育教学如果没有情感的濡育,是有缺憾的!一切生成都应指向人,都应饱含着生命的气息。人的整个生命的和谐发展是教育教学及课堂生活的最高目的!

文章来源:《思想理论教育》2007(10)

**感悟与思考:** 著名的特级教师赵谦祥先生对大写的"人"字作了诗化的诠释:"一撇一捺互支撑,一灵一肉两相成,一情一理为双翼,一言一行赖悟功。"怎样培养真正的人？什么才是完整的人？身心两健、情理兼具、智趣交融、内外兼修……促进人的生命不断走向丰富、走向和谐发展的课堂方可称为有生命的课堂，有生命的教育。

## 高三，走在刀刃上的日子（节选）

顾 颐

### 碰上个 80 后的班主任

8月31日

当晚，我给晴晴的班主任打电话告状：晴晴离家出走了！就在开学的前一天，她出走了，一夜都没回来！班主任在电话里说："哦，知道了，她可能是散心去了，你给她发个短信，让她注意安全，具体情况明天开学我问问她。""他怎么知道晴晴明天会如期上学？我不就是怕她逃学吗？"放下电话，我半信半疑甚憾甚闷。

第二天放学时间到了，我正担心晴晴会不会按时回来，就听门外咚咚咚咚的脚步声，"是晴晴！"她回家的脚步永远急促有力，仿佛是用脚提前敲门。我开门一看，是晴晴！她黑了、脏了，不那么秀气了，经过一天一夜就变了。她不顾我的打量，一进门，便如临大敌："章老师要来家访了，准保是你撺掇的吧。"

我也紧张，我这嘴没遮没拦，心里后悔：高三了，老师听了她出走的消息，不会不让她上学吧？他们年级组长动不动就说：高中不是义务教育阶段，犯了错误就会记过、开除！还得意洋洋地说，这一届学生最刺头，受的处分最多，这一届家长也厉害，到上面告状的最多！

晴晴回来以后躲进屋里，我在客厅看书，貌似镇定。一会儿，电话响了，是章老师打来的："是晴晴家吧？"我说"是"。他说他是章老师，在附近某某地方。我听了个大概，也不太明白，就叫晴晴下楼去接老师。这次晴晴行动出奇地快，一溜烟就跑了。也不知道到哪里去接了，师生之间就像有密码似的。一会儿，就听到敲门声，声音轻而礼貌，开门，晴晴先露面，接着是那个小章老师。他是个现代青年，看上去比晴晴大不了几岁，喜欢穿名牌，骑一辆很酷的红色赛车。

见面后，他只字未提晴晴离家出走的事，像个大男生好奇地打量着我家客厅，我也跟着四下看看，边柜、灯、沙发、桌、椅都是宜家买的，好像宜家的样板间，没啥创意。

"就这么坐坐，也挺舒服的。"老师评价，好像他不是家访，是来串门的。不约而同，我和晴晴的心都缓释下来。

接着他正色道："晴晴，该上高三了，咱们来订个计划吧。你有什么想法？""我想……好好学呗。"她原先在心里拉开了架势，准备迎接老师的批评，显然没想到老师好像不知道那事。

"那咱们就从理科说起……"章老师是数学老师，带理科班，三句话不离本行："你能不能每天用半小时做5道数学题，5道物理题，5道化学题，5道生物题，先把手练熟了？"

"你看行吗？"

晴晴点点头。从小到大，晴晴一向对老师很尊敬，几乎所有老师在成绩册的评语上都写着：晴晴热情大方，尊敬老师，有礼貌……每每看到这里，我都大笑，逗死我了，这个两面派！

"晴晴，你把数学书拿来，还有你的假期作业本，我看看做得怎么样？"章老师对她说。

趁她离开那一会儿，老师对我说："以后和孩子说话点到为止。另外，多看光明面，不要老想阴暗面，老给孩子负面的心理暗示。这样不好，要正面的！还有，对孩子要有信心。老师对她有信心，家长也要有信心。"说实话，听到这些话，我心里很高兴，尽管是在批评我，但老师没有放弃我的孩子，也没有看低我的孩子。尽管孩子成绩不太好，尽管她有一次小小的离家出走，但老师是理解她的，甚至比我这个当妈的还理解。对此，我心存感激。

一会儿，晴晴从自己屋里抱出一摞书本，摊在客厅沙发前的咖啡桌上。章老师轻轻移走面前的茶杯，指点她一两道题。我拿起杯子，去厨房给他续茶水。这个小老师，每次都把泡好的茶有滋有味地喝下去，使你感到给他泡茶也是一种享受。

我期待他多给晴晴讲几道题，开一壶"小灶"。可是他话题一转，正色道："新学年伊始，我开始了新一轮的家访，作为一个带高三的班主任，我听到最多的是：老师，你看我家孩子能考上哪个学校？一批还是二批？能否考上重点？"

"是啊，"我忙不迭地点头："老师你看我们孩子能上哪所大学？目标该定在哪里？"

"我觉得，对于高三的学生来说，目标要由他们自己定，家长给他们的余地不妨大一些，让孩子有足够的空间自己去思考，通过自己的发奋努力，找到自己的位置。"

"在这个学年，学生是主要因素，家长老师再急也没有用。对于学生来说，在精神上不要有压力，在行动上可以压得紧，比如制订很细致的学习计划并及时查验完成情况。当然也要根据孩子的实际情况来操作，就像弹簧，压得适度可以弹得很高，再压就断了。""有的家长担心孩子考不好考不上，毁了前程，我觉得不必这样，特别是不能用负面的情绪去影响孩子。比如，有家长会对孩子说，你考不好就去当工人，将来下岗没饭吃。我觉得有些社会问题是暂时的，国家在改革发展中会逐步解决，要以积极的态度对待社会，要让孩子对社会有信心，对自己也有信心。""有家长也问过我，准备了一个什么样的升学指标？我觉得我培养的是人，人是活的，不能像机器，说一天生产出多少个产品、完成多少指标。我的培养目标是让学生健康成长，不管干哪行都会做得很好，要告诉孩子成为对社会有用的人，让别人需要你的存在，这样他的生活才是有价值的；另外就是永不放弃，哪怕就是考不上大学，或者跌了一个大跟头也不要放弃。经历过挫折的人会更坚强，我希望我的学生是坚强的、有奋斗精神的、永不放弃的人。"

轮到我吃惊了，高三了，哪个高考班的老师不把升学率放在第一位，更何况章老师是头一年带高三？看起来他有素质有定力，我怀疑他能不能带着这种素质和定力走完高三的所有路程。我不信这个第一次带高三的老师有这样的修养。他同样是 80 后的孩子，这届学生的成绩关乎他的职业生涯，关乎他的前程，在这个人人谈虎色变的"高考升学率"面前，他能有这样的沉稳吗？

家访的时间不知不觉过去了两个小时，天渐渐黑了。章老师对晴晴说："新学期，老师希望你做到以下几点：1. 提高认知能力；2. 提高自我控制能力；3. 提高自我平衡能力；4. 提高是非辨别能力。章老师相信你。"这是他进门以来针对晴晴离家出走所作出的全部反应。语轻道理重啊，晴晴应当领会到了！

9月1日

现如今，一般学生闹事，家长都不愿向学校声张，特别是所谓的示范校。他们背着示范校之英名，唯恐问题多；对成绩差的学生避之不及，唯恐这些学生影响了他们的升学率。平日里没事还琢磨着怎么给差生找个处分撵走他，倘若是有了一星半点的事端，尤其是家长主动送上门去的，没二话，处分！

处分积攒多了，学校也不直接说开除，就说记档案。档案，不知多少中国人领教过其厉害，就是现在的学生家长不知道，他们的上一辈也会提醒他们，千万不能让孩子背处分、记档案！于是一个又一个成绩差的"坏"学生被劝退，学校的升学率由此而攀升。现在的学校不是有教无类，而是只教好生，不教差生（好生差生全由成绩划分）。差生，你自己找辙去吧。有时候，我真想劝劝和我一样糊涂的家长，择校择校，你钱多还好，假如是从牙缝里挤出来的那点钱，还是不要都送给学校当什么"择校费"。因为你自己去交钱是一回事，那是做家长的一厢情愿，而你的孩子读书又是一回事，那是要他用脑袋瓜子的事。学校收钱的时候是不含糊的，而如果你的孩子跟不上学习进度，影响了人家的升学率，学校也有可能劝他退学。当然人退了钱是不退的，到时你哭都哭不出来，因为当初是愿打愿挨的。特别是到了高三，学校说是老师和学生人盯人，不放弃一个孩子，但到最后，好老师都教试验班，剩下普通班的孩子只能靠自己去奋斗。假如你的孩子在普通班还排不上名次，那么，就不要谈成绩了，连自尊心都没有了。所以有人说，再好的学校也有差老师，再差的学校也有好老师。对一个孩子来说，老师，尤其是班主任，真是太重要了。而我偏偏碰到的是这样一个班主任，明知山有虎，偏向虎山行。昨天，大概是看到我诧异的眼神，章老师笑了，笑得很纯净，边笑边说："我这人没别的优点，就是认真。"看着他小大人般认真的样子，我就想到毛主席的谆谆教导：世界上怕就怕认真二字。记得他还对我说："我父亲总是教育我，凡是说话之前，要先用脑子想一想。"看着他很一本正经的模样，我又想到一句话：人类一思考，上帝就发笑。于是我也微微地感到好笑。他还说："咱们两个大人，我还不信治不了她一个小人。"我又想笑：不知道他自己应当划作大人还是小人，看样子，还是小人，听说话，已是大人。其实，章老师在学校口碑之好我早有耳闻，他们班有一个很淘气的男孩子，曾经每天放学以后都被章老师留在自己身边"吃小灶"。男孩的母亲对我说，这学校只有章老师好，一点也不歧视"差生"。

一次，我给孩子送东西，在校门口碰到另外一个家长，听说我的孩子也在章老师的班，感叹道："这个小老师啊，不知来我家多少回了。现在还有几个老师做家访啊，我家又住得那么远。"一度我很想给章老师一些礼物或礼品券感谢他，每每都遭到拒绝。那男孩子的家长又对我说："章老师不收礼，至多家访时赶上饭点，我叫孩子在楼下给他买点吃的。"我想，他到我家半顿饭也没吃过。该着晴晴高三碰着这样一个"另类"班主任，晴晴真的非常幸运。

文章来源：http://www.yuansea.com/wenzhang/wenzhang.asp? id=205

**感悟与思考：** 分数不能代表一切，它只是教育花朵中的一瓣花瓣。如果不顾一切地追求眼前的分数，那么，人就失去了展望整个生命与全个人生的力量与理智。教育是为幸福人生奠基，为了"赶考"，学生们常常被赶走了健康、赶走了亲情、赶走了青春……在"应试"猛于虎的时世里，能坚守"教育立人"的本分，是难能可贵的。

## "是"老师和"赢"老师的故事

杨孟琪

那年，省里高二期末统考有一道语文题，摘录的是左拉《在莫泊桑葬礼上的演说》中的一句话："莫泊桑_____就拿出一部具有决定意义的作品，使自己跻身于大师行列"，要求从"初露头角""下车伊始""小试牛刀"三个成语中选出一个最恰当的填在横线上，标准答案是"下车伊始"。而在阅卷时，我们学校里的两位语文老师却发生了争执。

一位认为古时官员出行、赴任多乘车马，"下车"即指到任，"下车伊始"指官吏初到任所。虽说莫泊桑曾在海军部和教育部任过职，可那与"有决定意义的作品"问世风马牛不相及。原文的意思是"刚刚开始写作就……"所以应该填"初露头角"。而另一位则坚持按标准答案填，理由很简单"标准答案就是分"。前一位坚持说"教育就是教学生追求真理，而真理就是要辨明是非"，后一位反驳说"中考、高考就是要论输赢，按标准答案就有分，有分就能赢"。两人在阅卷组各有一派，争论得面红耳赤。组里向上面反映时，称前一派为是非派，后一派为输赢派；而前一派为首的就有了是非老师的雅号，简称为"是"老师，后一派为首的就有了输赢老师的雅号，简称为"赢"老师。

也巧，在我的记忆中，"是"老师在我校的任教还真是从是非开始的。

那是刚粉碎"四人帮"的时候,我也刚当高中校长,市教育局领导跟我说有一位刚平反的青年教师要调到我们学校。也许是为了突出调进老师的才华吧,还向我介绍说他出生于教师世家,父亲擅长下棋。"文革"中,一位省政协委员到他家找他父亲下棋,不巧他父亲不在家。这位老先生棋瘾难熬,竟摆开棋盘,自己跟自己下起来,还对他说:"听说你诗词歌赋都来得,今天我考考你,你以我下棋为题,口占一绝,如何?""是。"老师略一思忖就来了一"绝":"独对纹屏自作宰,黑三白四任安排。棋逢对手方生妙,自古独裁是蠢才。"老先生一听,吓得面无人色:"阿弥陀佛,这诗你也没吟,我也没听到。"殊不知,"是"老师这呆子,竟录在了自己的诗集上,题名为《观×××先生自弈》,后来落到红卫兵手里,竟把他送进了大牢。没过两天,一位戴着眼镜、面庞白皙、清瘦、中等身材,显得颀长的青年来报到,我却怎么也料想不到他正是从是非的漩涡中爬出来的。

而更巧的是"赢"老师也是从输赢开始在我校任教的。大概是"是"老师调来才一两个月吧,又一位青年教师站在我面前,黑里透红的面庞,略有髭须,身材魁梧,显得很有生气。他在递给我介绍信后又奉上一支烟,对我说他还要回原校拿行李,要求准两天假。我让他写请假条,不料他竟写道:"兹有贵校教师×××……"我大吃一惊,只得委婉地提醒:"请你看看,贵校是不是笔误?"想不到,他却说:"没有啊,'贵校'是对我们学校的尊称嘛!"他一走,我就拨通了市教育局长的电话,可是局长却说:"这位老师是高中多年的把关教师,他教的班每年都考得很好,你放心吧!"啊,想不到有大输形象的他却是个大赢家,我这个"贵校"校长只好接纳了。

接着在我们学校就演绎着"是"老师由是到非,"赢"老师由输到赢的故事。

"是"老师引经据典,出口成章,板书遒劲有力又典雅秀气,一下子就把学生征服了。讲观摩课,文史掌故、名人轶事,顺手拈来,与课文契合得天衣无缝,常常是妙语解颐,连省里来的专家都称赞他的课"行腔有板,韵味十足";而且学校图书室请他用颜、柳、欧、苏四种字体写的标语也使每位读者都赞不绝口,每逢春节、教师节,学校大门口贴的他创作书写的对联都引得路人驻足观赏,他表现出来的文化素养真像一股清泉汩汩流进了十年浩劫造成的文化沙漠里。而"赢"老师,却把每篇课文分解为若干个知识点（考点），讲起课来，这里一个语法分析，那里一个修辞手法，左一个语言特色，右一个思想内容，把好端端的文章嚼得支离破碎，使学生眼花缭乱，应接不暇，而且他经常设计一套套高考模拟题，进行强化训练，折腾得学生叫苦不迭。自然，每次学生评教他都过不了关。在学校也不断闹笑话，譬如，一次学生问他"什么叫'六书'"，他竟然答道："'六书'就是《四书》加上《尚书》《诗经》。"又有一次带学生游东湖，游到刘备的郊天台，学生问："为什么叫郊天台呢？"他随口答道："郊天台就是郊外的台子嘛。"学生纷纷向学校要求他"下课"，学生家长也纷纷来校告状，甚至向学校发出最后通牒："如果再让他教语文，我们的孩子就转学。"

尽管学生和学生家长意见提得那么尖锐，但学校始终没有大的行动，原因就是"是"老师教的班学生的考分一直上不来，而"赢"老师教的班学生的考分往往名列前茅。我开始研究其中的奥妙了。我走进他们的宿舍，"是"老师的一间房，题名为"补拙斋"，墙上挂满了自己写的条幅，简陋的书架上全是古今中外的名著，他也鼓励学生博览群书。而"赢"老师的一间房，见到的都是各类教学参考书、状元试卷、考场作文……他对学生说与考试无关的书都是闲书，他自己从不看闲书，也不让学生看。在我们学校谁都知道"是"老师的口头禅是"要用人文素质导航"，"赢"老师的口头禅是"分数就是硬道理"，"是"老师的教学法是潜移默化，"赢"老师的教学法是立竿见影。我想在学生的考分上"是"老师在"赢"老师的面前败下阵来是必然的。

而"分数就是硬道理"是不以人的好恶为转移的，"我的孩子考不上大学不是白读了吗？"家长给我的联名信上突出的就是这句话。逐渐地，"是"老师班上越来越多的学生家长要求把孩子转到"赢"老师班上，省里的专家对"是"老师的课的评价也变了："听起来精彩，但考点不落实，也属'花架子'课。"他由教两个班变成教一个班。最后干脆不让他上讲台了，他只好在学校当文秘，办墙报、黑板报，写标语，辅导文学社。而"赢"老师则逐渐由教一个班到教两个班，到把关老师，到教研组长，到市学科带头人，他讲的观摩课以"句句正点（落在考点上），课课增分"著称，还写了《高考语文模拟题库》和《高考作文评点》等抢手书呢。

我退休后回过一次学校。学校已不贴对联了，墙报、黑板报也办得少了，文学社也名存实亡了，"是"老师的工作主要是管理分发各类复习资料。在他的"补拙斋"里,我见到他写的陆放翁《暮春》中句子的一个条幅:"开篇喜见生平友,照水惊非曩岁人。自笑育人心尚在,每闻铎鸣欲忘身。"他内心的孤愤令人心酸。而"赢"老师却是一帆风顺,早评上特级教师,调到市教研室大展鸿图去了。

今天,我在寒舍里品味着"是"老师用小篆书赠给我的条幅上的"桑榆矜晚节,灿烂尚为霞"十个入木三分的字,想到清华大学顾校长和刘教授在一幅小篆面前遭遇的尴尬,越来越感觉到"赢"老师的输赢观正在扩展为国人的价值观,"是"老师的悲剧正在扩展为我们民族的悲剧,"是非"的悲剧呀……

文章来源:《教师博览》2007(2)

**感悟与思考:** 是是非非,输输赢赢,沉沉浮浮,纷纷扰扰……教育是美丽的必要的乌托邦,然而,它似乎如泡沫般脆弱。"是"老师与"赢"老师的令人震悚的荒诞剧,让我们为之扼腕长叹:教育的扭曲、畸变,价值的失衡、蜕化,意义的脱落、苍白……单极化的"应考教学"如此触目惊心地摧残着那些美妙的、令人怀恋的学校精神文化。它不但殃及学生,危及教师,更是祸及民族、国家。"是"老师的悲剧是我们教育的悲剧,是我们民族的悲剧。我们应该何去何从?

## 不算,重来

陈惠芳

新课正在进行中。

今天的教学内容是《游戏规则的公平性》,A老师先创设了一个摸球的游戏,在一个黑色的口袋里装6个球(黄球4个,白球2个),随机抽了男女生各一名去摸球,结果是女生赢了(摸到黄球算赢)。男生不服气,怀疑老师口袋里的球有问题,老师把球从口袋里倒出来,答案果然在其中!男生大呼上当。"不算,重来!"男孩子们个个紧绷着脸,神情严肃,强烈要求老师设计公平的游戏规则。我心里暗自高兴,为老师创设这样有效的教学情景而点头。

"那么,如果我们继续做摸球游戏,怎样在口袋里装球,设计的游戏规则才是公平的?请同学们自己来设计,好吗?"老师把问题抛给了学生。

不一会儿,孩子们就重新设计了新的游戏规则。6个小组在口袋里放黄球和白球的个数依次为 1∶1；2∶2；3∶3；4∶4；5∶5；6∶6。老师让他们说说为什么都放一样多的黄球与白球。孩子们回答黄球与白球同样多游戏规则才公平，因为摸到黄球与白球的可能性相等。"真是这样吗？让我们用实验来证明自己的猜想！"老师微笑着让孩子们分小组活动。

我坐在一个小组的旁边，饶有兴趣地看着孩子们操作。随着他们"黄球、白球"的报数声，我禁不住猜想着：究竟会得出什么结果来？离我较近的一名男生开始摸球了，他是这一小组最后一个摸球的孩子（目前情况是摸到黄球 1 次，白球 14 次）。男孩第一次摸到了一个白球，马上放回口袋说"不算，重来"，我以为前一位组员没有把口袋里的球搅乱，心想：这孩子还挺心细啊。谁知第二次他又摸到了白球，仍然说"不算，重来"，接着再摸，再来……好家伙，原来在凑数呢！等他发现摸到 15 个黄球与 15 个白球时立刻笑开了花，"好，我们组完成了！"他高兴地举起了手。

实验结束，老师让全班同学交流，我发现 6 个小组实验的结果依此是 (5，15)，(9，1)，(15，15)，(15，15)，(12，18)，(15，15)。看着老师颇为满意地总结着实验结果，我的心情有些沉重了，我开始怀疑这些结果是否都真实？其他小组的操作是否也像我看到的情况一样？我在自己的听课本上再一次写下"不算，重来"四个大字。

孩子们为什么要这样做？假如不是亲眼所见，我决不会相信，但事实却是如此。于是我思考了许多。回想起来，自己的课堂上其实也发生过类似的事情。一次我让学生尝试计算 1.15×2.8＝(3.22)，指名板演，一位成绩挺好的学生将结果写成了 0.322。讲评时，我说："真谢谢这位同学，他给了我们一点警示，以后大家计算时一定要记住先点上小数点，再划去末尾的 00。"谁知他在座位上嘀咕："其实我是有意做错的！"他的话顿时给我浇了一盆冷水，我批评了他："明明知道做错还要欺骗老师！"孩子哭着说："老师，我真会做，不信，你可以检查我昨天回家自己预习的书本。"为什么会这样？后来我才了解到孩子在预习时，妈妈曾辅导过这一知识点，他也知道这里容易将结果写成 0.322。可孩子却认为如果自己做错了，老师一定会感谢自己！于是，出现了课堂上的一幕。

现在，我的听课本上记录着两个"不算，重来"。看到前者，我的眼前是孩子们一张张生动可爱的小脸，他们渴求知识和成功，追求公平与正义；而看到后者，我马上联想到孩子们那一双双黯然失色的眼睛，他们缺少学习激情、探究欲望，剩下的只是被扭曲的童心！当孩子为了迎合老师的教学需要而实验，为了赢得老师的赞扬而虚报结果；当他们学会察言观色去揣度老师的心思时，那么再"完美"的教学也是失败的，再精彩的"生成"无疑也是虚伪的！此刻，我最想对老师说："刚才的实验，不算，重来！"

文章来源：《人民教育》2007（20）

**感悟与思考：** 没有了公平，世上的一切价值将荡然无存；没有了诚信，生活将是一片虚无。课堂是精心播植公平、诚信、正义、和平、博爱等普通价值的地方。任何有悖于这些价值的学习，都是虚假的学习，只能为成长提供一些负面的影响，它是侵入童心的随时可能发作的病毒。为师者要慎待这似乎是微不足道的言行，是它们在潜移默化地改变着孩子的生命的质素。

## 两个老师的战争

贾绍春

16年前，黄江一中就是国家级重点中学了。黄江一中有两个风格迥异的老师，一个是黄老师，一个是文老师。黄老师40多岁，面目和善，举止儒雅，书也教得中规中矩。文老师20多岁，刚从师范大学毕业，思想解放，教学方法新潮，颇有一股长江后浪推前浪的势头。

高二年级一共有8个班，（1）班、（2）班是重点班。黄老师是老资格的高级教师，教学成绩摆在那里，各方面优势没得说，学校自然把（1）班交给他把关。那么（2）班的班主任让谁担当呢？就在学校领导权衡比较的时候，文老师主动请缨。但校长怎敢轻易把（2）班交给一个刚参加工作的毛头小子？这个时候文老师说："程校长，我有绝对的信心带好（2）班。这样吧，我先给自己断掉后路，如果两年后的高考，（2）班比不过（1）班，我引咎辞职——不是辞班主任这个职，是辞我的公职。"程校长见文老师立下这样一个军令状，还有什么说的呢？再说了，让文老师这个虎视眈眈的年轻人和四平八稳的黄老师形成一种竞争的局面，未必不是件好事。于是，校领导破例让文老师做了（2）班的班主任。

开学了，两个班主任走马上任。按照惯例，第一节课是班会。黄老师面目慈祥地站在讲台上说："同学们，后年你们就要站起来，接受祖国的挑选了，希望大家努力学习，把握这来之不易的学习机会，以优异的成绩接受祖国和人民的挑选。当然了，如果高考失利，那也没有什么关系，条条大路通罗马，在平凡的岗位上，我们照样可以做出不平凡的事业。"

讲台下同学们窃窃私语，还有的小声地哄笑，坐在最后一排的杨柳站起来说："黄老师，这些话我们都听得耳朵生老茧了，你能不能说些新鲜的？"黄老师不怒不恼，笑嘻嘻地说："话是不新鲜了，可理儿不老。这些话，我不仅要天天讲，还要以不同的方式来讲，我要把这些话印到你们的心里。"讲台下又是一阵嘘声。

（2）班的学生走进教室时，文老师已经在那里等候多时了。学生们惊奇地发现，每个人的座位都被指定了，座位上贴着写有姓名的纸条，教室前排放着一辆轿车模型，后排放着一辆自行车模型。学生们找到自己的座位坐定。文老师目光炯炯地扫视着大家，突然他指着最后一排和最前一排的两个学生说："余强、林可，请你们想象一下，如果余强骑着自行车，和开着'大奔'的林可在高速公路上相遇，那么，谁应该给谁让路？"

余强和林可都直溜溜地站在那里，不知如何回答。"你们回答不出是吧，我来给你们答案。余强应该给林可让路，为什么呢？因为高速公路是为汽车修建的，你一个骑自行车的，没有资格在这条路上奔跑。"

（2）班的学生愣愣地看着文老师，他们不知道他葫芦里卖的什么药。文老师抬高了声音说："这虽然是想象，但有一天可能就是事实，它可能发生在（2）班的每一个人身上！显然，骑自行车的是在高考中的失败者，开'大奔'的是高考中的胜利者！"

教室里鸦雀无声，同学们还是第一次接受这么赤裸裸的教育。文老师又说："大家或许注意到了，你们的座位都被我划定好了，请原谅我不给有些同学面子，我对座位排列的标准是，成绩好的坐前面，成绩差的坐在后面。当然，如果你想坐到前面，离这辆'大奔'近点，你就必须战胜一个个对手，让他们灰溜溜地坐到后排的自行车旁边。"（2）班独特的班会像风一样在同学们中间传播开来，（1）班的学生回味着黄老师干瘪的话，纷纷羡慕（2）班有个思想解放、开拓务实的班主任，叹息自己遇到了个老古板。

黄老师也听到了风声，找到文老师，不满地说："文老师，你怎么能这么教育学生呢？人的一生总不能只讲竞争，只论成功吧！你按成绩的好坏排座位，让那些成绩差的学生心理怎么承受？我建议，你应该把成绩差的同学和成绩好的同学排在一起，相互帮助。"文老师打断了黄老师的话说:"黄老师,自然界的规律是弱肉强食、适者生存,现代社会何尝不是这样?生活不相信眼泪,学生们总有一天要面对残酷的现实,现在就让他们接受这样的事实,未尝不是好事。"黄老师还想说什么,文老师说:"黄老师,我的教育方式究竟恰当不恰当,两年后见效果,十年后见结果,我们还是让事实来说话。"黄老师碰了一鼻子灰,闷闷不乐地回到宿舍。

高考的日子一天天临近,黄老师和文老师的班会还是每周一开,黄老师还是那老一套,不过(1)班的学生对黄老师的苦口婆心的抗拒越来越小,想想黄老师说教的还真是个理儿;文老师呢,把班级的火药味搅得更浓,大家的座位不停地变来变去,都暗自较上了劲,一副箭在弦上的劲头。

一晃,两个学年过去了,高考如期来临。高考结果出来后,黄老师焉了,文老师笑了:(2)班以绝对优势战胜了(1)班,全班56人,55人达线,唯有余强一个人名落孙山,上全国重点大学的有32人;而(1)班虽然也只有高潮一个人落榜,但达重点线的只有10人。但黄老师还是不服气,他忧郁地望着文老师说:"一切都还没有完,几年后,我们再来比试。"文老师冷笑一声说:"我坚信,(2)班的学生在校园里可以打败(1)班的学生,走到社会上,依然可以打败他们,因为我传授给他们的是一种理念。"

白驹过隙,一晃,10年过去了。黄老师快要退休,文老师也人过中年,岁月磨平他的锋芒,当年的斗志也渐渐衰弱。他和黄老师已经忘记了当年约定的比试。可那届学生毕业10年的聚会,又让他们想起曾经的较量。相聚的日子里,(2)班的毕业生大出风头,不少人是开着"大奔"来的。林可已官至副县长,陆彩霞是一家上市公司的副总,梅林读了博士后,也专程从美国赶过来。而(1)班最有出息的官——杨柳,是某报社的编辑部主任,发小财的有几人,真正意义上的大款一个也没有,不少同学是骑着自行车从城市的四面八方赶来。

(2)班的落榜生余强没有来,他说他没有混出名堂羞于聚会。他发誓要开着"大奔"来参加下一个聚会。(1)班的落榜生高潮来了,他笑嘻嘻地骑着自行车,调侃着说这辈子和自行车是干上了——他开了个自行车修理铺。

(2)班的学生们围着恩师,说着感谢的话。文老师瞥一眼人群中的黄老师,骄傲自不必说;黄老师抽开身,摘下老花镜,轻轻地摇着头,小声地自言自语："怎么了？这个世界到底是怎么了？我不敢相信，也不能相信啊！一切都没有结束。"

聚会结束后，大家相约，5年后，再来聚会一次。时光如流水，一晃5年过去了，又到了同学们聚会的日子。(2)班的学生中，有三个人没有来，一个是林可，身为副市长的他为了确保坐上市长的宝座，竟然买凶杀人，将另外一位副市长刺杀，现已被拘留审查。第二个是陆彩霞，她因为窃取另外一家公司的核心技术机密触犯了法律，进了监狱。最后一个是余强，这5年里，他左突右奔，还是没有出人头地，连个"大奔"的司机也没有混上，他焦虑愤恨，终于，精神崩溃了，住进了精神病院。

(1)班有两个人没有来，一个是杨柳，年初，这位刚正不阿的大记者，因为曝光一个黑社会团伙，被人暗杀，以身殉职；第二个是高潮，去年，德国一家自行车制造公司看中这个技术精湛的修车匠，高薪聘请他去了德国，做高级技工。天高路远，他实在没有时间飞回来聚会。聚会散后，文老师仿佛老了10多岁，他垂着头坐在那里，乱发遮盖了他苍白的脸。黄老师坐在他的对面，无声地望着他，沉默了一会儿，黄老师说："文老师，不是所有的人都必须成为英雄，平和的生活和工作是大多数人的生存状态。我更想说的是，英雄不是建立在将对手踩在脚下的基础上——英雄不是打出来的。"文老师抬起头，已是泪眼婆娑。

文章来源：《女报·新故事》2006（2）

**感悟与思考**：不由得想起了联合国教科文组织在《学会生存——教育世界的今天和明天》中的一句话，把培养正常的人当作一种成就，而宇宙就是用来支持这种成就的。陶行知先生倡言，教育的最高目的不是要培养人上人，也不是要培养人下人，而是要培养人中人。人中人，就是具有人成其为人的美好的人性、善良的心灵，有着与人为善、与己为善的精神元素。舍此，就是心灵的聋盲哑残，就是匮乏健全的灵魂。两位教师的战争，是技术主义与人性的战争，是实用主义与生命意义的战争，是功利思想与教育价值的战争。那么，教育其命义何在？

# 二、成全生命

## 比整齐更重要的

*王斌盛*

新课程培训，市里组织了几节观摩课，其中有一节是三年级的体育课。课的结构很清晰：课前热身操——教学主题练习巩固——游戏——课堂总结……进行得有条不紊，组织安排可谓天衣无缝。学生也像一架架上了发条的小机器，在老师的指挥下不停地运动着自己的身体。课快要结束的时候，坐在操场边听课的几位老师小声议论："这节课真好！我们那儿三年级的学生没有这么训练有素！""这毕竟是节示范课嘛，课前花的工夫肯定不会少！""课上得是很好，可惜有一处失败。你们注意到没有：课前的热身操，后面的那个集体舞，包括最后的游戏都不是很整齐。""对，对，对！是这样！学生的动作不是十分整齐，这大概算是今天最大的败笔了。看来，课前的训练还是不到位。"

课后大家在讨论和交流的时候，这几位老师果然把这个"商榷"的问题提了出来，而且得到了与会老师们的认同。

是的，"动作是否整齐"作为传统体育课堂教学评价的一个重要标准，一直在主导着我们的体育课堂评价。校园内外要求动作"整齐"的地方随处可见：大到奥运会的开幕式，世界级的文艺演出，小到几个人的做操，整齐所带来的美感是显而易见的。这样的所见和所感，又促使我们在体育课堂中对"动作整齐"的要求进一步加大。其实，这是对体育课堂教学的一种误读。体育课堂中的一些运动和外面的文艺演出是有本质的区别的。新课标指出"体育课的目的是让学生有一定的运动量，增强学生的体能，培养运动的兴趣和爱好，形成坚持锻炼的习惯"。课前热身操的目的只是活动一下关节，舒展一下筋骨，起到一个准备活动的作用；课结束时的集体舞也是放松和调整，其根本目的是形成一定的运动量，培养学生运动的兴趣和爱好，形成锻炼的习惯。对于动作"整齐"的要求应该是其次的。

我想到德国的一堂体育课。这是一节四年级的室内体育课，由艾默特女士执教。10分钟的热身操后，老师开始进入这堂课的教学主题：学习德国乡村婚礼上的舞蹈。这个舞蹈共有4个动作：向左移3步；向右移3步；右手脱帽，弯腰行礼；将帽子扔向空中并捡回。20分钟的教学真是"惨不忍睹"：学生左右不分，有的左手执帽；有的右手执帽；有的先移动左脚；有的先移动右脚；伴着音乐，有的弯腰，有的挺身。于是，胳膊碰胳膊，屁股撞头，混乱不堪。只有一个动作是一致的，那就是将手里的帽子扔向空中，再满操场地奔跑着捡回来。那些孩子的脸上满是汗水和喜悦。

评课时，主持人提了三个问题，其中有一个问题是这样的："你认为舞蹈动作的标准和整齐是这堂课的教学目标吗？""这是一堂体育课，不是舞蹈课！"艾默特女士说，"舞蹈动作的标准和整齐，不是这堂课的教学目标，舞蹈只是我的教学手段。我利用学生渴望学舞蹈的心理，让他们达到一定的运动量是目标，我认为我完成得很好，没有什么遗憾。有一点不足的是，这堂课没有使学生对乡村婚礼上的舞蹈有一个完整的形象感知。"

听了艾默特女士的体育课，我们很多老师肯定会生出这样的感慨：原来体育课可以这样上！可我们的体育课常常被上成军事训练课、舞蹈课、体操课……唯独不是体育课。整齐划一的动作，整齐划一的节奏，连游戏都要有一个"整齐"，这看上去似乎很好看，但就学生而言，哪还有什么兴趣可言。他们也许脸上也有汗水，但那是辛苦的汗水，不是喜悦的汗水；他们也许会高兴，但那不是从内心深处发出来的。不感兴趣的东西，会有爱好生出来吗？难怪我们的学生看到体育课就害怕，就逃避。

我们的体育教学，特别是小学体育，主要是打好体能的基础，运用活泼的形式，才能更好地激发起学生的学习兴趣。一个班学生的运动技能和接受能力是有差异的，他们不可能学一个内容都要来一个"整齐"，即使有，那也是骗人的，是课前训练出来的"整齐"，那不是出于学生的自然运动。而这样的"训练"，对学生来说是多么的压抑，这些形式上的东西（不仅仅是指整齐这个要求），对学生究竟又有多少好处？其实，只要能够让学生增强体能，"在学的过程中，有些教学内容教师可以只提要求，不教方法，让学生自己去尝试学习"。德国的体育教育法专家海克尔教授评价体育课堂的教学质量时提出这样的标准：一是出汗，二是笑。他认为上体育课，学生要从事各种身体活动，绝大部分的热量要通过皮肤蒸发汗液。因此，出汗与否，出汗多少，是学生运动量大小的标志之一。而笑，则说明学生获得竞赛胜利或精神愿望得到满足，他们的心理是愉悦的。这样的课就是成功的。这其实与我们现在的新课标"从学校和学生的实际出发，以学生的发展和需要为中心，而不是以运动项目或教师为中心来进行教学"的理念是一致的。

是的，在一节体育课中，比"整齐"更重要的是学生体能的增强，是学生身心的愉悦，是学生对体育运动的热爱和兴趣。以这样的观念来进行我们体育新课程的改革，是有裨益的。

文章来源：《中国教师》2005（7）

**感悟与思考：** 在教育教学上，再没有比身体与心灵的健康更令人快乐和幸福的事了。或许，教育教学上的许多道理，也可以用"形散而神聚"来形容吧！它在形式上可能令人觉得不合规矩，然而其内里恰恰是合乎人情物理的。它追求的东西仍然是重心自在、精神自在。与其拘泥于形貌，不如执著于神意。教育教学中有"比整齐更重要的"是：学习的兴味、心灵的自由、精神的独立、成长的快乐……

## 有良好的铺垫，包袱才会抖得漂亮

吴一平

新课程要求老师要做到三维目标的和谐统一，即处理好知识与技能，过程与方法，情感、态度、价值观的关系。我想要处理好三者的关系，不管是哪个科目，无疑就是让这"三个维度"自然流畅地贯穿整个课堂，让教学在自然和谐中生成。也许这是教学的理想境界，特别不容易达到，但我们还是得为之努力，为之奋斗。

针对不同科目，不同教学内容和任务，学生的不同需要，甚至是同一科目的不同内容，"三个维度"的侧重点是不一样的。我是一位语文教师，我对语文课程就有一些更多的思考。语文教学是工具性和人文性的统一，"工具性"是基础，"人文性"是核心，离开人文性的语文教学，犹如行尸走肉，好像一个只有肉体没有灵魂的人；离开工具性的语文教学，就好像是一个空中楼阁，好看，但易塌。两者是相辅相成的，但要我给它们分个先后，我认为先"工具性"后"人文性"，所以我觉得真正的语文课，应该把语言的感悟、体味、积累、运用放在首位，因为文本中所有的信息内涵、情感思想都是以语言为依托传递出来的。

**案例：老舍的《济南的冬天》**

老舍先生的《济南的冬天》一直是教科书的"宠儿"，这么多年的课程改革，许多文章已经在改革的浪潮中淘汰了，可是这篇《济南的冬天》一直保留至今，我想除了老舍先生是著名作家之外，更重要的是这篇文章的语言魅力，还有通过语言描写传达的感情。我在备课时针对这篇课文写的一条教学目标就是品味文章优美语言，把握作者感情。

我在学生集体朗读完课文后，给学生提了这样一个问题："老师刚刚注意到好多同学读文章的过程中，语调抑扬顿挫，表情很投入，我想同学们肯定是被老舍先生笔下的济南的冬天深深打动了，文中哪些地方打动了你呢？为什么？"问题一提出，教室像炸开了锅，好多同学都举手极力想回答问题，我心里早有准备，就先控制住全班的情绪，再一一叫学生起来回答。

生1：我觉得课文中第二段的"请闭上眼睛想：一个老城，有山有水，全在天底下晒着阳光，暖和安适地睡着，只等春风来把它们唤醒，这是不是理想的境界"这一句话写得特别生动形象，感觉冬天的济南就像在海边晒太阳的人们，很舒服！

生2："这一圈小山在冬天特别可爱，好像是把济南放在一个小摇篮里，它们安静不动地低声地说：'你们放心吧，这儿准保暖和。'"这是一个比喻句，也是一个拟人句，小山像小摇篮，更是一个慈祥、体贴的母亲在呵护着自己的孩子。我读到这一句想到了我的母亲平时对我的爱护，很温暖，很感动！

师：分析很准确，能联想到自己的母亲，很好！

生3：我觉得"等到快日落的时候，微黄的阳光斜射在山腰上，那点薄雪好像忽然害羞，微微露出点粉色"这句话很有意思，雪还会害羞呢，也许把她当成小姑娘了吧！也许作者喜欢小姑娘吧！所以喜欢那小雪！

师：那同学们说说为什么作者要把她当成小姑娘去写呢？大家说说看。

学生又七嘴八舌起来……有的同学说，小雪很薄，所以把雪当成小姑娘。全班发出爆笑，接着一位语文学得比较好的学生站起来说："老师，我觉得小姑娘害羞时脸会泛起红晕,这时是太阳快落山的时候,当夕阳照在雪面上时,雪就会变成粉色,这跟小姑娘害羞时是一样的。"顿时全班响起了掌声……

师:某某把夕阳下雪的颜色和害羞时小姑娘的脸色的共通点抓得很好,同学们再为他的细心观察鼓掌!

掌声再次响起。

生4:……

学生在继续发表自己的看法,我适当地作出补充和引导,整节课的气氛很活泼,也很轻松。我在学生的脸上找到了答案。

同学们的热情很高,很多同学都发表了自己的看法,更值得高兴的是好多同学观察分析能力在提升。

师:不管作者是写像母亲的小山,还是描述被"母亲"细心呵护的济南和小山上那害羞的小雪,还有山上像日本看护妇的矮松、冒着热气的水和在水上漂浮的绿藻,它们都体现了作者对济南的冬天有什么感情呢?

生:体现了作者对济南冬天的无比喜爱之情!

我的教学目的达到了,学生在感悟和体味语言中体悟出作者的情感,我想我的"工具性"基础打得比较牢,"人文性"才会比较自然生成。好比在相声艺术中,只有良好的铺垫,包袱才会抖得漂亮。

文章来源:http://acad.cersp.com/3002/1061531.aspx

**感悟与思考**:三维目标是一个整体,对于每一节具体而生动的课而言,其整合方式和生成方式应是各异的,但好的课堂必定是这三者水乳交融的结果。案例中透过学生对课文"薄雪好象忽然害羞"的悟读过程,其间既有语句的知识运用,思考方法的展现,又有对作者思想感情的品读,很好地体现了三维目标的兼容并包、有机融合。

## "异常目标"出现 因势利导调整

朱道荣

当课堂上出现学生开小差、做小动作等"异常目标"时,教师一定要沉着冷静,不急不躁,机智地寻找和挖掘事件的积极因素,结合教学内容因势利导,并及时地调整教学计划,迅速进入新的学习状态。切忌小题大作,把学生批评得体无完肤。

学完"声和光"的有关知识后,学生正在做教师布置的作业。突然一位学生把课前准备的糖拿出来吃。取糖时发出了糖纸摩擦的声音,把同桌的视线也吸引过去了。尽管这位学生小心翼翼,还是被教师发现了。此时教师控制着自己的情绪,先扫视了一下"目标"处,然后向学生提问:"你们听到了一种声音吗?"一学生说:"听到了。"教师问:"是什么声音?"学生说:"好像是塑料纸摩擦发出的声音。"教师又问:"你是怎么判断的呢?"学生说:"我是通过音色来判断的。"教师又问:"后面的同学听到了吗?"学生说:"没有听到"。前面的学生解释道:"因响度随距离的增加而减弱。"教师问:"前面的学生虽听到了声音,但知道这位同学究竟在干什么吗?"学生说:"他在塑料包装纸里取糖。"教师问:"你怎么知道的呢?"学生说:"因为声音沿直线传播,只有我和他右边的同学才知道。"说到这里,这位吃糖的同学已是面红耳赤。一番有趣的师生对话,教育了个别学生,又使全体学生受到了启发,在讨论中学习,在学习中接受教育。

文章来源:http://www.chinateacher.com.cn/news/2006/0222/323.asp

**感悟与思考:** 直面这个并不讨人喜欢的"异常目标",教师以其教学的敏感度,移花接木,迅速转到刚学完的新课上来,而且调侃得既丝丝入扣又留有余地,对事不对人,深富教学的机智。

## 阳光的声音

### 姚 裴

上初三那年秋天,我变得特别脆弱和敏感,继母的一句话甚至一个眼神都能让我有种穷途末路的感觉。一天,我坐在校园角落的一棵大树下,秋日的阳光筛落在树阴里,斑斑点点,一如我凌乱的心事。"人活着到底有什么意义?"这个问题一直困扰着多愁善感的我。教我们的盛老师走过来,关切地问:"你病了还是想家了?"俨然一位慈爱的父亲。我便一下子把心中所谓的痛苦一股脑儿全部倾吐出来。他静静地听完,然后拍拍我的头语重心长地说:"孩子,记住,没有人该去为你做什么,因为生命是你自己的,你必须为你自己负责任。其实,幸福是比较出来的,它就藏在每个人的心中，如果你感到自己不幸，那是你没用心去热爱和善待自己的生命。"这算不上如花妙语，但就是这平白朴实的话，犹如一杯清水，别人可以毫不在意，而对于在沙漠上迷路的我来说，它不单是一杯水，而是一条命。走出树荫，一缕阳光探进我那快要荒芜的心田，那一刻，我仿佛听到了阳光的声音，轻柔而又婉转。

后来，我也做了教师，盛老师就成了我的榜样。他让我知道，一个优秀的老师，除了娴熟的教学技巧和良好的组织管理能力，更要有一颗充满人间大爱的灵魂。老师的心应该像一块纯净的玉，没有一丝瑕疵，这样的老师教出来的学生才会滋生出最人性的枝蔓，才会溢出爱的芬芳。

小宾是个不幸的孩子，出生不久就患上重病，落下残疾，口齿不清而且手脚不灵便。我刚接那个班时，他几乎处于自闭状态，不与任何同学交流，坐在墙角像个可怜的多余人。

下课后来到他身边，无论我说什么，他都冷冷地好像根本就没听，有时甚至露出很讨厌我的样子。我一点儿也不介意，依然每次课间都到他身边坐一会儿。慢慢地他的眼神变得温和起来，我讲张海迪、海伦·凯勒的故事时他不再捂住耳朵，握住他的手矫正字形他也不再故意把手往外拉，但也依然不理我。直到有一天放学后突然下雨，我把他送回家，他总算对我说了声"谢谢"。尽管为了让雨伞遮住他，我自己的衣服都快被淋透了，但我还是很激动。毕竟，这句话我已等了太久。

第二天作文课上，他居然破天荒地举了手，我马上叫了他的名字。记得当时是让他到台上说自己的理想。他说了，虽然发出的声音并不怎么清晰，但是我听懂了，他说长大后想开个鞋店，专门为残疾人定做鞋子，他还要在鞋店旁边开个书店，免费让那些爱看书却买不起书的人阅读。大部分同学没听清，我把他的话重复了一遍，自己禁不住热泪盈眶。"同学们，他有一颗多么善良的心啊，我们有什么理由不为他鼓掌呢？"在大家真诚而热烈的掌声中，他心中的"冰山"开始融化。

从此，教室里也能时常传出他那特殊的怪怪的笑声，可大家都觉得这也是班集体中的一个和谐音符。课间，男生都抢着跟他掰手腕，因为我说过这能增强他的手劲；上下楼梯，连女生也会争着去搀扶他。我看着他们，心中常常涌起无限的感动，在这种爱的氛围中谁能无动于衷呢？

我以为他跟健康的孩子已没什么两样。然而，有一件事却告诉我这个结论下得有些早了。

一天早饭后，我来到教室门口，发现是他们组值日，他却倚着栏杆在玩画片。我问他为什么不进教室帮同学干活，他竟然看都没看我一眼，依旧低头把玩手中的卡片，并且轻描淡写地说："我能干啥？在家我什么也不会干！"

那一刻，我真的好失望，一把夺过他手中的画片，狠狠地扔在地上。大滴大滴委屈的泪水从他惊异的眼中滑落。可他的这一举动却换来了我更严厉的责备："哭什么哭？你还算得上男子汉吗？只会自己可怜自己！在家爷爷奶奶、爸爸妈妈护着你，就连妹妹也让着你，在学校同学帮你、老师疼你，可你能一辈子靠别人吗？一个人要想让别人看得起，首先得自己看得起自己！老师之所以严格要求你，那是因为在老师眼里你跟其他同学一样是个正常人，你又有什么理由把自己当成残疾人？难道你连擦桌子的能力都没有吗？那还谈什么长大后自食其力？"连珠炮般的呵斥却使他平静下来。他什么也没说就回教室擦窗户去了。

回到办公室，我觉得自己有些过分，毕竟身体的残疾不可避免地会给人带来心灵的伤害，何况他还是个孩子。一上午，我都坐不住，不停地到教室外隔着玻璃观察他，一切正常。中午放学，我又不放心，远远地跟在他身后，直到看着他进了家门。回家后我午饭都吃不下，心里有说不出的沉重感。

做梦也没想到，下午竟出现了戏剧性的一幕。他家长用一张大红纸给学校写了一封感谢信，贴在校园里的一个木牌上。我走进教室，学生小鸟般地围着我，叽叽喳喳向我汇报感谢信的内容。我看了看坐在座位上的小宾，他也正偷眼看我，我知道他心里正在想什么。

下午放学后，等大家都离开了校园，我才怀着一颗感恩的心来看信的内容："您不仅教会孩子知识，更教会他如何做人。别人给他的是可怜和同情，您却给了他理解和鞭策。是您，让我们的孩子获得新生！……"泪水早已模糊了我的双眼。多么容易知足的孩子和家长！

我常常希望自己也能像盛老师那样，播撒爱的种子，让快要荒芜的心田从此"伸出"一条鲜花小路，让渴望温暖的心灵得到一缕明媚的阳光，让更多的孩子也听听阳光的声音，一如当年我听到的那样轻柔、婉转。

文章来源：《人民教育》2007（6）

**感悟与思考：** 阳光的声音，是阳光在歌唱。是教师用生命的渡船将迷茫的我们渡向阳光地带；是教师用温暖的阳光照亮我们生命中的暗隅；

是教师用悲天悯人的大爱唤醒沉睡在我们心中的对生活的期待……将阳光一般的声音默默地洒向尘封的心域，悄悄地祈求心园开花、芳菲灿烂。赖配根指出，好的教育是要给人指明生命前行的方向，是要帮助学生去寻找生命的意义。就是从这个意义上讲，教育才成为关乎灵魂的事业。

# 主题二 动态生成

教师只要思想上真正顾及了学生多方面成长，顾及了生命活动的多面性和师生共同活动中多种组合和发展方式的可能性，就能发现课堂教学具有生成性的特征。因为课堂上可能发生的一切，不是都能在备课时预测的。教学过程的真实推进及最终结果，更多地是由课的具体行进状态，以及教师当时处理状态的方式决定的。从这个意义上可以说，一个教师尽管教同一门课，面对同一批学生，但他（她）在每节课上所处的具体情况和经历的过程都并不相同，每一次都是唯一的、不可重复的、丰富而具体的综合。教师的创造才能、主导作用，正是在处理这些活的情境中得到发挥，这些活的情境向教师的智慧与能力提出一系列的挑战。

——叶澜《让课堂焕发生命活力》

预设与生成是辩证的对立统一体，课堂教学既需要预设，也需要生成，预设与生成是课堂教学的两翼，缺一不可。预设体现对文本的尊重，生成体现对学生的尊重；预设体现教学的计划性和封闭性，生成体现教学的动态性和开放性，两者具有互补性。教学既要重视知识学习的逻辑和效率，又要注重生命体验的过程和质量。为此，要认真处理预设与生成的关系，使两者相辅相成、相互促进。

1. 以预设为基础，提高生成的质量和水平

第一，从教师方面讲，首先要深入钻研教材，读出教材的本意和新意，把握教材的精髓和难点，把教材内化为自己的东西，具有走进去的深度和跳出来的勇气，这是课堂中催生和捕捉有价值的生成的前提。其次要拓宽知识面，丰富背景知识。教师不仅要对教材和教参做深入细致的研

读,而且需要自觉地广泛涉猎有关的知识,像海绵吸水一样吸取有用的信息,增加一些可以称为"背景"的东西,并把这些东西进行内化,变成对教学有用的东西,这样,文本在学生眼前就不再是孤立出现的一株植物,而是一幅有着深蓝色天空作映衬的图画。正如苏霍姆林斯基所说:"只有当教师的知识视野比学校教学大纲宽广得无可比拟的时候,教师才能成为教育过程的真正的能手、艺术家和诗人。"再次要研究儿童心理和学习心理。教师要全面了解儿童年龄阶段特征和班级学生的心理状况,深刻地了解学生学习的客观规律和基本过程,清晰地把握班级学生的知识经验背景和思维特点以及他们的兴趣点和兴奋点,从而能够较准确地洞察和把握学生学习活动和思维活动的走向。这三点是教师在课堂中有效地激发生成、引领生成和调控生成的基础。

第二,从教材方面讲,要强调教材的基础性地位和主干性作用,超越教材的前提是源于教材,必须对教材有全面准确的理解,真正弄清楚教材的本义,尊重教材的价值取向,在这个基础上结合儿童经验和时代发展去挖掘和追求教材的延伸义、拓展义,去形成学生的个性化解读。否则,所谓的个性化解读和生成就会失去根基和方向,教学实践中出现的诸多生成误区都是源于对文本的忽视和误读。

第三,从教学方面讲,要强调精心预设,课前尽可能预计和考虑学生学习活动的各种可能性,减少低水平和可预知的"生成",激发高水平和精彩的生成。教师有备而来,顺势而导,才能有真正的"生成"。这种"预设"越充分,生成就越有可能,越有效果。预设是对生成的丰富、拓展、延伸、超越,没有高质量的预设,就不可能有十分精彩的生成。

## 2. 以生成为导向,提高预设的针对性、开放性、可变性

第一,以生成的主体性为导向,提高预设的针对性。

相对而言,生成强调的是学生的活动和思维,它彰显的是学生的主体性;预设强调的是教师的设计和安排,它彰显的是教师的主导性。教是为学服务的,它意味着要根据学生的学习基础和学习规律进行预设,想学生所想,备学生所想,从而使预设具有针对性。

第二,以生成的随机性(不可预知性)为导向,提高预设的开放性。

生成是师生的"即席创造",是"无法预约的美丽",它犹如天马行空,不期而至。为此,预设要有弹性和开放性,给生成腾出时间和空间。在传统教学中,教师习惯于把课堂上的一切都算计在内,把"意外情况"、

"节外生枝"都视为课堂异端而加以排除，生成自然也就无立锥之地。教师要确立生成的意识，要深入思考课堂教学的大方向、大环节和关键性内容，把握课堂教学的整体思路和目标指向，为学生的自主活动提供必要的时间。目前，许多优秀教师都倡导和实行粗线条的板块或设计，就是基于这样的考虑。

第三，以生成的动态性为导向，提高预设的可变性。

强调生成的动态性，意味着上课不是执行教案而是教案再创造的过程；不是把心思放在教材、教参和教案上，而是放在观察学生、倾听学生、发现学生并与学生积极互动上。它要求教师在课堂教学活动中不能拘泥于课前的预设，要根据实际情况，随时对设计作出有把握的调整、变更。

### 3. 让预设与生成共同服务于学生的发展

预设与生成有统一的一面，也有对立的一面，预设重视和追求的是显性的、结果性的、共性的、可预知的目标，生成重视和追求的是隐性的、过程性的、个性的、不可预知的目标。预设过度必然导致对生成的忽视，挤占生成的时间和空间；生成过多也必然影响预设目标的实现以及教学计划的落实。不少有价值的生成是对预设的背离、反叛、否定，还有一些则是随机的偶发的神来之笔，生成和预设无论从内容还是性质讲都具有反向性。正是基于这一点，我们特别强调，无论是预设还是生成，都要服从于有效的教学、正确的价值导向和学生的健康发展。

相对于学生的发展，预设与生成都只是手段和措施，我们一定要立足提高教学质量、立足学生可持续发展的高度，用长远的、动态的观点来认识和处理两者的关系。在实践中，我们不能离开学生的发展机械地讨论在一节课中是预设多了还是生成多了的问题，有价值的生成即使影响了预设的安排，也不应该草草了事；有质量的预设也不应该为了顾及低层次的生成而患得患失。总之，我们一定要以发展的眼光来看待预设与生成的关系问题。首先，课堂教学改革，这是一个否定之否定的过程，是一个从有序到无序再到有序的过程；其次，某一节课的教学任务的完成与否并不影响学生的整体发展，课堂教学最重要的是培养学生的独立学习能力和创新素质，这是学生发展进而也是教学发展的根本后劲。

# 一、生成之源

## 期待的是"上课"而非"演课"

张元进

在一次教研活动中,我和多年未见的老同学相遇了。他握着我的手说:"老同学,这些年来,你名声大振,我是特意来看你表演的!"我觉得他把"上课"说成是"表演",心里很不舒服。"公开课"不仅仅是将教师的教学风格展示给别人看,更重要的是给大家提供一个课堂教学研究的范例,探讨科学的教学方法。可是,老同学为什么会有这样的认识呢?这引起了我深深的反思。

为了上好"公开课",每次都要掉几斤肉。查阅资料、向人请教、制作课件、准备教案、反复试教……一句话,教学过程中的每个细小环节都是经过反复推敲、演练的,真是"千呼万唤始出来",展示在大家面前的"课"是经过千锤百炼的。我可以毫不夸张地说,课是比较完美的。教学目标中既有"知识与能力",又有"过程与方法",还有"情感态度与价值观";教学过程中不但有听、说、读、写能力的训练,而且讨论、探究、合作学习等新的学习方式一应俱全;吸引学生的课件、激发学生兴趣的道具让人耳目一新;生成性教学资源层出不穷,并被一一开发利用。教师潇潇洒洒,学生激情四溢。的确,自己不是像平时一样在"上课",而是在遵循"预案"认真地"演课"。

我今天的课,得到了大家的全面好评,心里很高兴。活动结束后,我与老同学叙旧。当谈及上课问题时,老同学微笑着说:"你是想听真话,还是想听假话?"

"废话!谁愿意听假话呢?"

"你的教学水平高,这一点是肯定的,表演能力好,也不假。但你不是在'上课'，而是在'演课'。"

"何以见得？"我心里有些紧张。

"你冷静想想就不难发现，这种精彩的课不实在，是中看不中用的。没看到课堂上有些孩子是不懂装懂？懂装不懂么？他们没有说自己想说的话，而尽说你想要的话；提的问题不像真问题，更像是照着你的教案提的'假问'哦！"

"上课时，你关注的好像不是学生。你没有管学生学到了什么，学得怎样，是怎样学到的，而只顾自己精彩的'预设'吧？"

是的，不得不承认他说得有理。短短的40分钟，我一个环节紧接着一个环节地上课，紧锣密鼓，简直密不透风。

"学生哪能将你'精心烹制'的'满汉全席'消化呢？特别是那些'学困生'更难跟上节拍，他们只是在凑热闹，能有什么收获呢？"

啊哈，当真是老同学，针针见血哦！听了这番真心话语，我开始反思自己的整个教学过程。

课前，反复考虑的是如何优化课堂教学中的每个环节，如何让课堂展示更有声色……

课上，为了完成"预设"，背台词，赶时间，过环节。常常被学生"完美"的表现所迷惑，师生都被"胜利"冲昏了头脑，忽视了公开课也是课，也是学生生命发展中的一部分，每个学生也应该得到发展。难怪老同学会说我是在"演课"。

于是，我很认真地做了思考："上课"对教师和学生来说是每天要面对的，只有"真实、扎实、朴实"的课，学生才能学有所得，学有所得才会使他们真正快乐、健康地成长。如果我们的"公开课"不去追求表面上的热热闹闹，不去追求什么"完美"，而能像平时上课一样有所侧重，进行大胆的取舍，舍得花时间让一个课文读得结结巴巴、竖式写得歪歪斜斜的孩子通顺地读完一段话，仔细地算完几道题，让一个从来不敢在课堂上发言的孩子树立信心……

是啊，如果"公开课"能多一点"上"的成分，少一点"演"的成分，虽然有些粗糙，有些"遗憾"，但"教学是一门遗憾的艺术"，这样的"课"也并不见得是不成功的。

文章来源：《教育科学论坛》2007（10）

**感悟与思考：** 课堂不是师生外在的表演，而是智力生活与精神领域自然而然的舒展与表露。一切过分地苛求所谓的"教学设计的完美无缺，教学环节的环环相扣，教学过程的天衣无缝"的教育，常常遗忘了生成的创造性，遗忘了生命的无限可能性，遗忘了课堂的丰富性。正如布鲁姆所说的，教育教学中如果没有预想不到的成果，那么教学活动就不能成为一种艺术。

## 美国老师如何教《灰姑娘》

佚 名

上课铃响了，孩子们跑进教室，这节课老师讲的是《灰姑娘》的故事。

老师先请一个孩子上台给同学们讲一讲这个故事。

孩子很快讲完了，老师对他表示了感谢，然后开始向全班同学提问。

老师：你们喜欢故事里的哪一个？不喜欢哪一个？为什么？

学生：喜欢辛黛瑞拉（灰姑娘），还有王子，不喜欢她的后妈和后妈带来的姐姐，辛黛瑞拉善良、可爱、漂亮，后妈和姐姐对她不好。

老师：如果在午夜12点的时候，辛黛瑞拉没有来得及跳上她的南瓜马车，你们想想，可能会出现什么情况？

学生：辛黛瑞拉会变成原来脏脏的样子，穿着破旧的衣服。哎呀，那就惨啦。

老师：所以，你们一定要做一个守时的人，不然就可能给自己带来麻烦。另外，你们看，你们每个人平时都打扮得漂漂亮亮的，千万不要突然邋里邋遢地出现在别人面前，不然，你们的朋友要吓着了。女孩子们，你们更要注意，将来你们长大和男孩子约会，要是你不注意，被你的男朋友看到你很难看的样子，他们可能就吓昏了。（老师做昏倒状，全班大笑）

老师：好，下一个问题：如果你是辛黛瑞拉的后妈，你会不会阻止辛黛瑞拉去参加王子的舞会？你们一定要诚实哟！

学生：（过了一会儿，有孩子举手回答）是的，如果我是后妈，我也会阻止她去参加王子的舞会。

老师：为什么？

学生：因为我爱自己的女儿，我希望自己的女儿当上王后。

老师：是的，所以，我们看到的后妈好像都是不好的人，她们只是对别人不够好，可是，她们对自己的孩子却很好，你们明白了吗？她们不是坏人，只是她们还不能够像爱自己的孩子一样去爱其他的孩子们。下一个问题：辛黛瑞拉的后妈不让她去参加王子的舞会，甚至把门锁起来，她为什么能够去，而且成为舞会上最美丽的姑娘呢？

学生：因为有仙女帮助她，给她漂亮的衣服，还把南瓜变成马车，把狗和老鼠变成仆人。

老师：对，你们说得好！想一想，如果辛黛瑞拉没有得到仙女的帮助，她是不可能去参加舞会的，是不是？

学生：是的！

老师：如果狗、老鼠不愿意帮助她，她可能在最后时刻成功地跑回家吗？

学生：不会，那样她就可以成功地吓到王子了。（全班大笑）

老师：虽然辛黛瑞拉有仙女的帮助，但是，光有仙女的帮助是不够的。所以，孩子们，无论走到哪里，我们都是需要朋友的。我们的朋友不一定是仙女，但是，我们需要他们，我也希望你们有很多很多的朋友。下面，请想一下，如果辛黛瑞拉因为后妈不愿意她参加舞会就放弃了机会，她可能成为王子的新娘吗？

学生：不会！那样的话，她就不会到舞会上，不会被王子遇到、认识和爱上她了。

老师：对极了！如果辛黛瑞拉不想参加舞会，就是她的后妈没有阻止，甚至支持她去，也是没用的，是谁决定她要去参加王子的舞会？

学生：她自己。

老师：所以，孩子们，就是辛黛瑞拉没有妈妈爱她，她的后妈不爱她，这也不能够让她不爱自己。就是因为她爱自己，她才可能去寻找自己希望得到的东西。如果你们当中有人觉得没有人爱，或者像辛黛瑞拉一样有一个不爱她的后妈，你们要怎么样？

学生：要爱自己！

老师：对，没有一个人可以阻止你爱自己，如果你觉得别人不够爱你，你要加倍地爱自己；如果别人没有给你机会，你要加倍地给自己机会；如果你们真的爱自己，就会自己找到自己需要的东西，没有人可以阻止辛黛瑞拉参加王子的舞会，没有人可以阻止辛黛瑞拉当上王后，除了她自己，对不对？

学生：是的！！！

老师：最后一个问题，这个故事有什么不合理的地方？

学生：（过了好一会儿）午夜12点以后所有的东西都要变回原样，可是，辛黛瑞拉的水晶鞋没有变回去。

老师：天哪，你们太棒了！你们看，就是伟大的作家也有出错的时候，所以，出错不是什么可怕的事情。我担保，如果你们当中谁将来要当作家，一定比这个作家更棒！你们相信吗？

孩子们欢呼雀跃。

文章来源：《中国教育报》2007-03-30

**感悟与思考：** 课堂生活的精彩纷呈、波澜起伏不是来自教师规行矩步的指示，而是富有智性与思想的启发。否则，学生的思维就会被牵制着，亦步亦趋，很难像上述课堂中步步莲花。其中，教师精心的问题预设是精彩生成的源泉。同时，教师引而不发、导而弗牵的导引与回应，是生成课堂风景的妙笔。唯有开放教师的思想，才有解放的课堂，才能绽放学生的才情。

## 科学课应关注过程、生成与发展

倪飞鸣

以探究活动为核心的科学学习过程，不再是教师刻板地执行教案的过程。探究在一定的情景中展开，学生会提出许多教师意想不到的问题，教学过程也会出现许多难以预料的情况，这需要科学课教师对课堂生成的问题进行合理、科学的处理，从而让科学精神在学生探究过程中生成，让学生在探究的过程中掌握科学的方法。

**一、教学片断**

认识空气至少是由两种以上的气体组成。出示一组演示：点燃两支同样长短的蜡烛，同时用一大一小两个杯子罩上，观察有什么现象发生？……师："两个杯子里的蜡烛为什么都熄灭了？"生："杯子里的空气烧完了。"师："空气是一种看不见、摸不着的气体，怎么证明你们的想法是正确的呢？"

学生讨论……

生："将杯子连同玻璃片一齐放入水中，然后拿开玻璃片，如果杯内有气泡冒出，说明杯内仍然有空气，如果没有气泡冒出，说明杯内没有空气。"学生活动，得出结论：杯内有气泡冒出，说明杯子里有空气存在。

就在我准备将结论写上黑板的时候，缪言站起来说："老师，我不同意这个结论，我觉得我们实验的过程有问题。"这时所有学生的眼睛都看着缪言。师："继续往下说，好吗？""我觉得在将杯子连同玻璃片移动到水里的过程中，可能空气也跑进杯子里了。"这个问题的出现超出了我的教学预设，为了完成本节课的教学任务，我不想在此浪费过多的时间，于是我问道："你们同意他的想法吗？"没想到学生几乎异口同声地回答："同意。"

怎么办？是往下教，还是解决这个问题？如果不往下教，任务完不成，怎么办？如果不顾学生的反应继续往下教，学生会感兴趣吗？我望了一下听课的老师，他们的目光全都注视着我，好像这才是他们感兴趣的。于是我决定把这个问题交给学生自己去处理。"缪言的这种想法是老师课前没有预料到的，但它又很有道理，非常值得研究。我们就先来研究这个问题好吗？请大家讨论一下在移动杯子和玻璃片的过程中怎样才能确定空气没有进入杯子？"学生的兴致一下子高涨起来，自发地与前后座的同学热烈地交谈，叙说他们独特的想法，但最终都被其他的同学否定掉。随着讨论的深入，学生的声音越来越小，只有缪言他们那儿还在不停地争论。"同学们想到办法了吗？"学生摇了摇头，一副无助的样子。

最后缪言站起来说："老师，我想到了这样一种方法，只要在玻璃片上用水抹一下，然后点燃蜡烛，再用杯子罩上，一会儿蜡烛熄灭了，用手拿起杯子，如果玻璃片粘在杯子上不掉下来，就说明空气没有进去，如果掉下来，说明空气进去了。"多好的想法啊……

课后，听课的老师纷纷议论，仁者见仁，智者见智，各说不一，而我却陷入了沉思之中……

**二、几点思考**

1. 重探究的过程。要使探究的过程在科学课上落到实处，应对某一个实验内容进行展开、深化，而不是贪多、求全。教师要为学生搭建一个学习的"脚手架"，组织学生主动参与教学过程，而不是仅仅注重教学结果。从上面的例子可以看出，如果没有让学生经历将杯子连同玻璃片一齐放入水中，然后拿开玻璃片，水里有气泡冒出这个探究的过程，缪言同学就不会对探究过程进行反思，从而提出自己的思想观点，也就不会探索出如此完美的科学的实验方法。

2. 重"生成"。在我们的科学课堂上，经常会出现这样的现象：在兴致高涨地讨论时或在实验结论取得后，突然有学生抛出一个你备课时没有考虑到的问题，常让老师感到左右为难。其实，科学课上的生成和其他课一样，有好有坏，这就需要我们正视生成，处理好生成，不要对学生生成的问题千篇一律地说好，或不置可否，不加评论，对那些确实有价值的东西要立即进行研究，在处理中生成智慧。

3. 要以学定教。以前都以为一堂好的科学课，应该精雕细琢，完美无缺。于是为了上好一堂科学探究课，常常把课堂教学中要说的每一句话、每一个字都写下来，精心设计教学过程的每一个细节，牵着学生按照课前制定的程序进行教学。新课程标准明确指出，课堂教学不再是教师按照预设的教学方案机械、僵化地传授知识的线性的过程，而应是根据学生学习的实际需要不断调整、动态发展的过程，这样才能取得好的效果。

4. 教学是师生"共同发展"的过程。教学是师生共同参与的活动，要求教师"倾听学生、关注学生"，我们应把这一过程看做是一群智者对话的过程，在对话的过程中产生互动，各有发展。如本例中，学生提出有价值的问题，教师及时调整教学方向，引导学生自行探究，解决了看似简单却包含着科学精神和科学方法的难题。这对教师今后的教学思考和实验设计有着很大的帮助。同样学生自己提出有价值的问题和论证就是一个不断自我更新和发展的过程。

由此可见，没有充足的探究过程，学生就不会有"生成"的平台，没有生成"彩虹"，就不会有平等对话、智慧的课堂，也不会有师生共同获得发展的空间。

文章来源：《教育实践与研究》2007（1A）

**感悟与思考：** 课堂生成一方面确实是存在着节外生枝、旁逸斜出的问题，但反过来想另一方面它可能就是枝外生花、疏影横斜。运用之妙存乎一心。因常袭故不能焕发灵明，陈陈相因，自然而然是束手束脚，不但束了老师的手与脚，更重要的是束了学生的手与脚，使师生的灵性及生命在教学过程中寸步难行，甚至是艰于呼吸。有灵心则自然而然妙手生花，妙趣横生。

## "生成"不是冷漠的借口

马际娥

在一篇题为《一堂"生成"班会的启示》的教育随笔中,笔者读到这样一个故事:

在自习课上,学生们在安静地做作业。突然,教室中央"哇"的一声炸开了锅。原来,一个叫小静的女生呕吐了。一时间,学生们纷纷掩鼻而逃,尖叫声、责备声不绝于耳。"我"隐约感觉到一个很好的班会主题正在"生成"。于是,"我"静静地站在原地,想看看学生们作何反应。教室里重新安静下来,学生们看着"我",几个捂着鼻子的学生下意识地把手放下来。小静一个人怔怔地站在那里,不知所措。过了一会儿,终于有两个女生碰了碰肘,默默地走到小静身旁,带她到医务室去了⋯⋯

读完这篇随笔,笔者看到了这位教师的"机智",同时又想起另一个让人感到温暖的故事:苏珊是个可爱的小女孩,却不幸长了肿瘤,要接受化疗。出院后,她那一头美丽的金发几乎掉光了。于是,回去上课就成了让她很痛苦的事。而就在苏珊返校前,她的老师海伦郑重地在班上宣布:"从下周开始,我们要学习认识各种帽子,所有同学都要戴上喜欢的帽子到学校来!"周一,当苏珊回到熟悉的教室,头戴帽子的她站在门口迟迟没有进去。可让她感到意外的是,每一个同学都戴着帽子。和这些五花八门的帽子比起来,她的帽子显得那么普通,似乎没人注意。于是,她轻松地笑了。在师爱的阳光下,小女孩的自尊心悄然地被保护得毫发无损。海伦老师的做法让我领悟到,"教育艺术"和"教师机智"有着本质的区别。在深感钦佩的同时,我不禁奇怪地设想:如果是海伦老师面对学生呕吐的情境,她会怎么做呢?她可能会将温暖的手放在学生的额上,看她是否发烧,然后关切地说:"来,孩子,老师带你去看病!"而不是像文中的"我"一样,"静静地站在原地",等待着学生的反应。如果是这样,教室里就不会如此冷清,而是出现另一幕让人感动的场景:同学们围在病人身旁,有的询问病情,有的帮老师一起搀扶病人,有的把脏物打扫干净⋯⋯

因为,如果教师能用爱的言行在学生心灵中播下爱的种子,它的意义远超过一节"生成"的班会课。苏霍姆林斯基曾说过:"我们工作的对象是正在形成中的、个性最细腻的精神生活领域,即智慧、感情、意志、信念、自我意识,这些领域也只能用同样的东西即智慧、感情、意志、信念、自我意识去施加影响。"也正所谓"桃李不言,下自成蹊",跟单纯的道德说教与灌输相比,教师的言行是更好的教育。

所以,"生成"不是冷漠的借口。在开头那篇随笔中,一些学生的冷漠固然让人心寒,但作为班主任的"我"难道不应该为此而自省吗?作为教师,置生病学生的痛苦于不顾,却在那儿冷眼旁观,坐等班会主题的"生成",我们不禁要问:你关爱学生的心到哪里去了?与学生的冷漠相比,你自己的行为又如何能让学生感到温暖呢?

文章来源:《人民教育》2007(8)

**感悟与思考:** 生命与生命的际会,是灵性与灵性的共融,是情意与情意的会通……是教育教学应有之义。在我看来"生成"意味着,学生的成长,生命的成全。是师生间相濡以沫、相呴以湿、惺惺相惜、心心相印的过程。任何外在于"成长"与"心灵"的小招小术,如果没有德性的陶熔,就是纯粹的技能之末,只能演绎出教育教学中买椟还珠的闹剧。

## 沉默的旨趣

徐玉烟

这是一节关于以"幸福"为话题的习作指导课,课上老师引导孩子回忆自己曾经拥有的"幸福",孩子们群情激奋,畅所欲言。

生1:自己衣食无愁,生活非常安逸,与灾区难民相比自己是多么幸福。生2:记得那次我参加"世界华龙杯"作文大赛获得了二等奖,老师带着我一起坐车到莆田去领奖,老师很关心我,一路上一直问我冷不冷,饿不饿,这让我感到很幸福。生3:我爸爸常带我出去玩,记得有一次去山里玩,走到一个洞口,那里面很窄,爸爸二话没说就把我背起来,我很感动,觉得很幸福……

正当孩子们眉飞色舞陶醉在各自往日的幸福时光时,坐在中间第一排的一个女生突然泪流满面。这异常的情况立即引起老师的注意,她立刻停止正在谈兴中的孩子们,把大家的注意力引向哭泣的女生。老师请哭泣的女生起来说说哭泣的原由。孩子站了起来,但双唇紧闭,只字不提。老师又鼓励说:"要不你说现在最想得到什么样的幸福?讲出来,让我们知道你想要的幸福。大家给她点掌声鼓励。"同学们鼓起掌来,掌声久久不息,每个人都想知道小女孩想要的幸福,都想帮她点什么。

老师很耐心地启发引导,想启开她那封闭的心扉。老师甚至弯下腰,把耳朵凑到孩子的嘴巴旁,让她悄悄地诉说。但伤心的孩子仍旧默默地,任凭老师如何地鼓励。怎么办?正当老师一筹莫展的时候,同桌的小女生轻声地说:"老师,我知道,她爸爸妈妈只喜欢她弟弟,不喜欢她。"是这个原因吗?老师想得到哭泣女生的肯定,但孩子依然沉默着。最后老师说:"究竟什么原因,让她感受不到幸福,她不愿意说,但从她的眼泪我们读懂了,这时候爸爸妈妈给她的温暖就是她最大的幸福。请我们珍惜自己拥有的幸福,也让我们用我们的真心、信心一起来帮她得到幸福。"老师话音一落,掌声再次响起来,同学们个个充满信心,一定要帮助小女孩得到幸福。

课后,听课的老师纷纷议论,都说老师很关注孩子,眼里有孩子。当见到孩子哭了,老师当即表示关心,把孩子请起来,让她说原由,甚至弯腰,把耳朵凑到孩子的嘴边,同时鼓励其他的孩子给予关心,这些细节可窥,老师温柔可亲,给孩子的关怀是无微不至的,同时又机智地激起其他孩子的同情心,让大家体验关心他人的幸福,可谓是一箭双雕啊。

但细细思量,仍觉得这里有许多地方值得思考。首先,孩子泪流满面,让她在大庭广众面前站起来,不会让她难为情吗?其次,让伤心人谈伤心事,是否加重心灵创伤?第三,孩子用沉默拒绝回答,老师千方百计诱导,不会让当事人反感吗?(课余,我曾与哭泣的女孩交流,她不喜欢大家知道自己的秘密,课堂上老师让她说原由,她很难受。)这些疑虑,意在讨论老师实施教育时应该考虑当事人的心理感受。每个人都有丰富的情感世界,有的人喜隐,有的人喜显,这与性格关系密切,性格内向者,往往自尊心特别强,他们厌恶有人窥视他们的内心世界,尤其是在众目睽睽下。上述案例的女生,在大家纷纷抢陈各自的"幸福"时,她静静地坐着没有言语,在听述中默默流泪,老师鼓励引导,她始终缄口不谈。从这些反应的状况看,她可能是个不幸的女孩,也可能是个性格内向的孩子。在她伤心流泪的时候,老师引导全班同学去关注她,这个关注可能会带来两种结果:一是抚平她的创伤;二是有可能是在她伤口上撒盐巴。在老师不知会是哪种情况时,应该慎思。老师应该从维护孩子的自尊心的角度给予关注,课堂上未必让她开口,但不开口不等于忽视,老师可以于无声处给予关怀,比如,课堂上,孩子畅谈幸福,在孩子眼里幸福是吃好,穿暖，玩得开心，有师长关怀，有父母疼爱，这时孩子突然哭泣，据此，老师可以断定此时的她肯定得不到快乐而觉得自己不幸。老师可以引导孩子说，真正的幸福不单单是快乐……课后再与她交流，了解情况相机引导。

**感悟与思考：** 由于沉默含义的复杂性与不确定性，教师们常常左右为难——应该沉默还是应该言语？让我们一次又一次深潜回到课堂生活的场景：当学生做作业时是自己在那儿默默地做着，还是喋喋不休地评述？当学生们因情感的震撼陷于内心的沉默时，教师是让空白更有意味，还是迫不及待地开始"重要"的教学任务？……明敏的教师就会用心解探来自沉默的秘语，且明智地知道，何时进入情境，进入情境多深，何时撤出情境，并作出适切的回应。

## 啊，那一瞬间

彭　晖

1990年上半年某日第一节课，我到高一（4）班教《〈呐喊〉自序》，讲课如风行水上，十分顺利。当我读到鲁迅先生说的"药店的柜台正和我一样高，当铺的是比我高一倍，我从一倍高的柜台外送上衣服或首饰去，在侮蔑里接了钱"时，教室里突然爆出一声："老师，为什么不丢个手榴弹进去？"

一室皆惊！五十多双目光先聚向那个调皮男生——方刚强，又灼灼地向我铺天盖地地射来。教书凡二十余载，教此序言已七八次，这次可真是"老革命遇到新问题"，不由一惊。还成，我立即坦然了。在众目睽睽之下，我徐徐来到方刚强桌边。五十多双目光被我牵到他身上，他有些惶然了。我的眼睛在他桌上桌内搜索了两三秒，然后牵着道道目光，牵着方刚强的怦怦心跳，回到讲台。

我语气舒缓地问："刚才，我到他那里做什么？"扫描全班，面对一片目光弯成的疑问号，声调一抑："我去看他那里有没有手榴弹。"一顿之后，音调高扬："如果有，我要和他一起，丢到那个'柜台'里去！"

群情振奋，我语言激越："方刚强对少年鲁迅满怀同情，对黑暗旧社会充满愤恨，可贵！可贵！"方刚强眼睛亮得燃铁熔石："老师向那个'柜台'丢了手榴弹？""对，对，丢了！"一个女生说，"《药》就是的！"另一个接腔："《狂人日记》也是的！"

……

下课后，方刚强几步冲上来，喊："彭老师！"眼睛是湿的。我拍拍他的肩膀，眼睛也是湿的。

多年来，我得的这个奖那个奖和称号都渐渐模糊成远景了，唯独这件小事赖在记忆里，怎么赶也赶不走，那突然的一惊到胸有成竹的坦然，那"化险为夷"的兴奋，那"柳暗花明又一村"的愉快，那因势利导的喜悦，那师生互倾心海的欢欣，至今还在激荡心灵。

事后一想，如果在那一瞬间束手无策，强行将课"教"下去，味道将如何？甚至若认定方刚强那"家伙"是调皮捣蛋而痛加训斥，后果又将怎样？

想着想着，脊背凉了。

文章来源：http://ktjx.cersp.com/jgwz/lists/200607/934.html

**感悟与思考：**这枚突如其来的"手榴弹"，击中了文本，激起了课堂，催动了人心，这是一个需要勇气和智慧接纳的"生成"。"手榴弹"的扔出，雷响震天，将课文对旧社会的控诉，公诸于众，把课堂教学推向深处，达至高潮，感染着师生的情感，烘托出师生的正义。教师以其睿智的生成理念，顺着这颗手榴弹的"响声"，促成了课堂、师生、文本三者的价值生成和融合。

## 一次课堂发言的启示

周兴华

我发现一个奇怪的现象：六年级特别是过年之后的下学期，学生好像突然变得不爱说话了，即便知道答案，也不愿意举手发言，课堂气氛极其沉闷。

百思不得其解，也问过许多别的老师，他们也有类似的感觉，也都不知道所以然。直到今天，一个偶然的机会才让我茅塞顿开。

上午第一节课，我和学生们一起学习《黄果树瀑布》。在教学第四自然段，瀑布浇出的水花散落在黄果树小镇上的情景时，我让学生说说对"银雨洒金街"的理解。开始还算顺利，一个学生说："因为瀑布飞溅的水花是白色的，所以作者把它们比喻成'银雨'。"

"那么金街呢？"

此问一出,课堂上顿时一片沉寂,我知道,我最不愿意看到的情况又出现了。忽然,我灵机一动:"这个问题老师也不知道,因为老师没去过黄果树,不知道究竟为什么叫'金街'。展开我们想象的翅膀,没准,我们猜想的比真实的原因更合理呢!"

这下教室里炸开了锅,说什么的都有:

"黄果树镇上的树多,那里的房子是用木头盖的,木头是黄色的,所以叫'金街'。"

"我看到插图上瀑布旁的山石是黄色的,黄果树镇的街道也许就是用那些山石铺成的,所以叫'金街'。"

有位女生说得挺诗情画意:"一定是夕阳给雨后的小街抹上了金色的光辉。"

另一名学生说得更离奇:"黄果树风景区是全国著名的风景区,一年四季游人如织,小镇街道两旁的商店都是流金淌银的旺铺,所以叫'金街'。"

……

听着同学们妙语连珠的回答,我突然明白:其实,学生并不是不愿意回答老师的问题,而是没有找到一个平等对话的窗口。老师在教学中的权威和垄断地位,使学生在年复一年、日复一日的"被订正"、"被规范"中,逐渐丧失了自我,养成了猜测老师"标准答案"的习惯。

撕开老师无所不知、无所不能的面纱,或许可以换来学生张扬的个性、自信和方方面面能力的锻炼和提升。

文章来源:《中国教师报》2005-06-08

**感悟与思考:** 课堂教学的价值生成是有条件的!她有赖于宽容、互信的心灵氛围的营建;她产生于当下特定教学情景的创设和催动;她生成于师生思想的深度互动和对话;她脱胎于周全又不失弹性的教学预设;她基于对文本思路的深刻洞见;她成于教师智慧的引导和成全。

## 二、生成之美

### 冒出来的"小燕子"

翁静芳

在语文课堂教学中,学生的反馈信息是多方面的,例如:学生是否专心听讲;是否认真听取同学的朗读和发言;是否积极思考问题;是否大胆举手发言;是否按老师的要求正确回答问题;是否提出疑难问题;学习情绪是否饱满;是否按老师的要求完成课堂作业等等。

教师通过各种渠道,及时了解学生的这些"反馈"信息,方能有针对性地处理这些信息。

那么,怎样及时、正确地处理语文课堂教学的信息呢?

我从一次语文教学中获得了一些启迪:

又是一堂平常的语文课,我揣着语文书走进课堂,准备执教《燕子》一课,清了清嗓子喊完"上课"之后,一切就在设定的程序中开场。

"同学们,春光明媚,万物复苏,今天我们一起来学习《燕子》,提起小燕子,同学们都很熟悉……"

我边写着课题边娓娓道来之时,瞥到了孩子们的神情似乎有那么一点不对劲。由于时间安排得紧凑,我顾不上孩子们的情绪闪躲,继续动情地说,"小燕子伶俐、活泼,在百花争艳的初春,它也来到我们的课堂,让我们一起来看看小燕子长什么样吧!"

话音刚落,有些孩子显得兴奋起来,角落里一个调皮的孩子摇头晃脑地言语起来:

"走进一间房,四面都是墙。抬头见老鼠,低头见蟑螂。"

随着这首诗的吟出,整个教室,就像炸开了锅,你一言,我一句,

"课堂气氛"顿时异常活跃。孩子们争先恐后地谈论起电视中《还珠格格》的小燕子形象来。

"皇阿玛,我也来念一首!"

"对对对,有个什么春意什么然的?"

"春眠不知晓,下一句是什么?五阿哥快来一起说说啊!"

从孩子们神情言语中,我明显感觉到他们已经进入到一个爱乱作诗的小燕子形象了。"有趣"而又"琅琅上口"的打油诗不时地从教室角传来……

我当时十分气愤,这可怎么上课呀,真想拍桌子让他们静下心来念书,可嘴还没张开,又有一个声音传出来:"还有,还有听我来念一首:师傅眼睛圆又圆,一拳过去少半边。大家笑得乱糟糟,皇上一哼静悄悄。"

看着他们这热闹劲,我灵机一动,也来了一个现场发挥,说道:"你们别小瞧小燕子,小燕子还挺难当的,她在皇上面前能脱口而出地作诗,换了你们,你们也只有随口吟吟罢了。"

一个学生笑道:"谁说的?我来!"只见他张口就说:"我的屁股圆又圆,一看过去是两边。爸妈打得噼啪响,喀嚓一声分几片。"

看着笑得前仰后合的他们,我故作正经地说:"那你们还能以春天的景色来作诗吗?同样也要这样朗朗上口。"

这时,孩子们个个瞠目结舌了,我见状连忙把话题转入课堂说道:"不过,要学小燕子也挺容易,看书吧……"

这么一来,学生的注意力引入了课文,尽管刚才的话题与课文内容无关,但这一课堂小片断恰恰极大地激起了学生的学习积极性。快下课时,让学生再来作诗,学生还真能做出一点门道来:

春意盎然桃花红,山清水秀杨柳绿。

燕子飞累歇休息,电线杆上成曲谱。

……

这次教学过程尽管没有任何作诗的教学要求,但恰恰通过这次成功的教学反馈,使我更明白了一个道理:课堂教学活动是师生的双边活动,教师不仅应及时了解学生在整个过程中的各种"反馈"信息,而且要善于及时点拨和诱导,通过有效的信息反馈,就能增强学生的学习情趣,及时点拨和辅导,就能使学生的学习效果起到事半功倍的效果。

唉！这只冒出来的"小燕子"还真的给我上了生动的一课。

文章来源：http://life.cersp.com/classroom/lists/200709/2857.html

**感悟与思考**：直面学生所钟情的"小燕子"，学生打油诗的才情——"我的屁股圆又圆，一看过去是两边。爸妈打得噼啪响，喀嚓一声分几片。"眼看这种"生成"局面已然有"胳膊扭不过大腿"的危险，紧要关头，教师以静制动，险中求胜，因势利导，机智地将这只迷路的"小燕子"引向主航向，促成了有价值的教学生成。看来，教学中的生成不都是一帆风顺的，但不见风雨如何能生成彩虹呢？

## 当数学问题遇到现实

皮大鹏

《数学课程标准》指出："数学教学，要紧密联系学生的生活环境。"但是，笔者在近期的一次教学中，却遭遇了"生活数学"带来的尴尬。

在教学《有余数的除法》一节时，为了培养学生的实际应用能力，体现生活数学理念，在课快结束时，我给学生出了一个题目："我们班 50 名同学要去划船，但是一条船只能坐 9 个人，那么我们要租几条船呢？"学生尝试练习之后，我开始了讲解并板书：50÷9＝5（条）……5（人）。因为船不能超载，所以剩下的 5 名学生需要再租一条船，一共需要 6 条船。正在准备结束教学时，王宇举起了小手："老师，我认为剩下的 5 名学生不应该再租一条船，那样太浪费了，每条船再多坐一个人就行了。"他的话引起了许多学生的赞同。为了创设民主的课堂，我就让他们把自己的想法一一说出来，没想到他们的回答让我坐不住了。

生 1：老师，你看现在什么运输工具不超载呀？不超载哪能挣钱？

生 2：我爸是司机，他开的是载重量 5 吨的车子，每次都装近 10 吨的货物，一次事故都没有发生过。

生 3（笑嘻嘻）：老师，有一次我过河赶集，船上已经很挤了，我看到你还是硬挤上去了。不是也顺利过河了吗？

他的话引来了全班学生的哄堂大笑。

……

面对学生这些来自生活现实的事例，我感觉到语言的苍白，脑子里一片空白,最后还是下课铃声解救了我。

回到办公室,我一直在回想课堂上的这一幕。如果我下堂课当作什么都没有发生继续上课,即使学生们不追究,我也没有正视学生的勇气了,我是不是在以后的教学中遇到这样的尴尬就都逃避呢?

第二天上课时,我又将这一话题引出,布置了一项课外作业,研究车船到底能不能超载,调查调查自己身边的超载现象,可以查资料,可以上网查,也可以访问你身边的人,星期五的数学活动课上交流。

星期五,学生带来了他们收集的资料。首先进行小组交流,学生搜集来的资料很多,多数都是由于超载或疲劳驾驶而发生交通事故的资料。最后小组汇报发言,全班达成共识:所有的交通工具都不能超载。并一致表示,如果发现身边有超载的现象,一定会出面劝说的。

文章来源:http://life.cersp.com/classroom/lists/200709/2790.html

**感悟与思考**:教师不能回避课堂生成,课堂教学不可能完全按我们的预设进行,教师要关注课堂上的生成,直面困难,课堂才会焕发出生命的活力。就像这次课堂上的意外事件,其实是一个很好的生成性资源,我们不能回避,要及时捕捉并利用这些生成性资源,并加以放大。如果在下一节课时不来重新梳理的话,也许在学生心中会永远形成"超载是合理的"观点。

## "老师,我反对"

### 陈吟松

在教《师生情》一课时,我正引导学生理解三位女同学见到王老师前商量的一段话,一个声音突然冒出来:"老师,我反对!"我大吃一惊,原有的思路突然断裂,但我还是耐着性子说:"反对什么?"学生说:"课文中说:'见到老师,首先要告诉她,班里一切都好,请她安心养病;然后向她转达全班同学的问候;最后把同学们一个一个凑起来的鸡蛋送给她,要她补养身体。'我反对'首先''然后''最后'的位置。因为同学们一个一个凑起来的鸡蛋来之不易,而且有一定的重量,三位女同学应该'首先放下鸡蛋,然后向王老师转达全班同学的问候,最后请她安心养病。'"听他这连珠炮似的解释,教室里顿时炸开了锅。"对对对,书上不应该这样写!""我们把书改正过来吧。"望着学生们兴致勃勃的样子。我既高兴,又为难,因为从句子的紧散结构看,此段话并无毛病,但我还是让学生们继续讨论。

"我昨天去医院看张奶奶就是先放下手中的水果和鲜花的。"

"我认为可以不改变它们的位置。我们应该想办法在它们的前边加一个'也许'表猜测,才是最尊重原文的。"

"根本就不用改动。因为这段话的前边本来就有'商量'一词,说明三位女同学首先要干什么还没有确定。"

"我认为不对,因为老师说过,学习课文的目的就是学写作文,作文要写真情实感。三位女同学代表全班同学去看望王老师,王老师总是那么和蔼可亲。同学都非常尊敬和爱戴她,她们肯定会带好吃的东西给王老师,所以,她们真的要首先放下东西。我在电视里看到好多都是这样的。"

好家伙,电视里的镜头也不放过!一番讨论,一番试读,一部分学生表示同意。我又带领学生反复朗读课文,很多学生提出,读来读去,还是感到原文好。我让大家再读读,原来对课文进行"挑剔"的学生也心服口服了。但我依然对他们敢于质疑的精神作了肯定。

文章来源:《广东教育》2007（9）

**感悟与思考:** 苏霍姆林斯基说:"在人的心灵深处,都有一种根深蒂固的需要,就是希望自己是一个探索者、发现者、研究者,而在儿童的精神世界中,这种需要特别强烈。"尽管这种探索、研究不能生成新的知识,但可产生新的碰撞。这种碰撞,不仅能增强辨别正误的能力,而且能形成质疑问难的习惯,养成探根求源的意识。教师的责任正在于为这种碰撞提供适宜的生成环境。

## 马为什么不吃草

### 马俊生

讲授《马背上的小红军》一课时,开始老师要求学生说说通过预习自己读懂了什么。有的学生说:"我看出陈赓很疲惫。"有的说:"不仅陈赓累,马也很累。"这时,一个学生问:"老师,马是吃草的,草地上都是草,马为什么还那么瘦呢？它为什么不吃草呢？"老师愣了一下,这个问题明显不在老师的准备之列。"大概是草地上过的人太多了,把草都踩脏了，细菌太多，所以马不爱吃。""老师，马都那么瘦了，还在乎草是不是干净的吗？"有同学立刻反驳，课堂出现了混乱。

课堂教学是教师、学生和文本三者之间的对话。课堂之所以会失控，原因就在于教师自己对文本钻研得不够，不能利用学生思维出现的火花，促进学生和文本对话的深入。如果教师能联系长征时的实际情况，体会出陈赓与马为了追赶队伍，没有休息的时间，才会如此疲惫，人与马才会如此消瘦，那么老师就不会认为马是因为讲卫生才不吃草的了。

课堂是动态生成的，是充满灵气的，而构建新课堂的关键还在教师。教师只有在拥有扎实的教学功底和渊博的专业知识的基础上，对教材进行深刻的钻研和研究，才能使课堂在看似随意中充满诗意。

文章来源：《教育时报》课堂版，2007-09-05

**感悟与思考：** 课堂的动态生成是一把双刃剑，运用得当，可以横扫千军，直入文本的精义，产生意想不到的教学效果，反之，使用失当，就会成为教学的绊脚石。对教学生成的把握，关键是及时判明生成的有无价值和获取导引生成的路径。学生对于"马为什么不吃草"的质疑生成是有价值的，至少是情理之中，但是如何提炼这一质疑的生成价值并加以引导就必须以文本这一权重为依据了，教师由于对文本吃不透、吃不深、吃不准，导致教学功败垂成。

## 曲径通幽处，童心烂漫时

王 羿

**案例：**

在执教《翠鸟》一课时，有个学生对文中"刹那间，叼起一条小鱼，贴着水面往远处飞走了"这句话提出了疑问，为什么翠鸟叼起一条小鱼以后，就贴着水面飞走了？我不禁哑然失笑，真是个傻问题，捉完了鱼自然就飞走了，有什么好奇怪的。正当我想要跳开这个问题，继续下文的教学时，却发现这个在我看来不值一提的问题竟然深深地吸引住了学生，激起了他们强烈的表达欲望。

生1：也许这是一位翠鸟妈妈，在家里还有一群宝宝正等着她来喂食，所以她要快点飞回家。（众生笑）

生2：我觉得这是一只害羞的翠鸟。我们这么多人看着它，夸奖它捕鱼本领强，它都不好意思了，所以赶紧贴着水面飞走了。

生3：这是一只机灵的翠鸟，它知道停在苇秆上吃鱼，会被小鱼发现的，所以它就飞到别处去享用美餐了。

生4：我也这么想，翠鸟是想要慢慢地享受这顿美餐，因为这是它自己的劳动成果啊！

生5：我觉得翠鸟就是喜欢飞来飞去的，它是大自然的精灵。从一根苇秆飞到另一根苇秆，多自由，多快乐！

生6：还有，我觉得这样写很美，给我们想象的空间，让人回味无穷。

生7：对，这样写就跟"苇秆还在摇晃，水波还在荡漾"配起来了。

生8：这是一只美丽的翠鸟，它留下了一个美丽的剪影，让我觉得它更加神秘了……

真没想到学生会有如此精彩的表达，一个在我看来多少有点傻气的问题背后，竟然是孩子们那么奇妙的想象，那么富有生活气息的表达。这个提问的孩子一定是把自己融入了课文中，把翠鸟当成了自己亲密的伙伴，所以才会那么关心翠鸟为什么飞走了，会飞往何处。也正是这个看似不着边际的问题为学生们传递了一种平行的亲切，给了他们一个充分表达内心感受的机会。有时候，节外生枝也会成为学生思维的发端和动力，循境而往，竟也是别有一番洞天。

**案例：**

有个学生在读《富饶的西沙群岛》中"大龙虾全身披甲，划过来，划过去，样子挺威武"一句时，把"划过来，划过去"读成了"划来划去"。多次纠正，却仍然改不过来，全班议论纷纷。

师：同学们，你们知道他为什么读不好吗？因为他没见过大龙虾啊！

有同学"扑哧"笑出了声，反问道："没见过就一定会读错吗？"

师（点了点头）：谁见过大龙虾？电视里、书本里都行！

生（抢着答）：我知道，我知道！

学生绘声绘色地描述起大龙虾的模样，甚至有孩子边说边比划起来。

师：知道了大龙虾的样子，请你们再读读这句话，想一想"划过来，划过去"和"划来划去"一样吗？

学生认真地读起书来，不久，便有人兴奋地讨论起来。

生1：我发现了，划来划去读起来感觉很轻松，大龙虾那么庞大，移动起来没有那么轻松的，所以要划过来划过去。（故意拖长了音调）

生2：是啊是啊，大龙虾那么笨重，不可能划来划去，一下子到了这里，一下子又到了那里。

生3：读划过来划过去，我不仅感觉到大龙虾移动的速度慢，还觉得他很悠闲，好像在散步。

生4：是啊，课文中不是说大龙虾全身披甲吗？它就像一个大将军在巡逻，"划过来，划过去"，才显得神气！

……

学生们已经完全沉浸在文本中了，他们快乐地读着，手舞足蹈地表达着。

文章来源：http://www.jyjxal.com/v_news

**感悟与思考：** 在教学动态生成中，学生的错误无可厚非地存在其中。比如，把"划过来，划过去"读成了"划来划去"。面对这些不期而至的小插曲，教师要善于发现它们背后隐含的价值，引领学生从错误中求知，从错误中探究，让学生感到学习过程是一种充满魅力和激情的探求活动。学习的道路并不平坦，教师巧妙的点拨、睿智的启发、风趣的讲解常常会让学生有一种"柳暗花明又一村"的生成收获。

# 主题三　学习方式

《基础教育课程改革纲要》指出："改变课程实施过于强调接受学习、死记硬背、机械训练的现状，倡导学生主动参与、乐于探究、勤于动手，培养学生搜集和处理信息的能力、获取新知识的能力、分析和解决问题的能力以及交流与合作的能力。"以自主学习、合作学习、探究学习为基本的学生学习方式变革，是教师教学行为变革、评价方式变革的出发点与基本依据。因此，转变学生的学习方式，是本次基础教育课程改革的重点、难点、热点和亮点。

——《基础教育课程改革纲要》

新课程倡导新的学习方式，学习方式的变革是本次课程改革的显著特征和核心任务。但是新课程学习方式并不是特指某一具体的方式或几种方式的总和，从本质上讲，新课程学习方式是以弘扬人的主体性为宗旨，以促进人的可持续性发展为目的，由许多具体方式构成的多维度、具有不同层次结构的开放系统。所以重要的不是列举和强调各种新的学习方式，而是首先从总体上认识和把握新课程学习方式的基本特性。

1. **主动性**

主动性是新课程学习方式的首要特性，它对应于传统学习方式的被动性，二者在学生的具体学习活动中表现为：我要学和要我学。我要学是基于学生对学习的一种内在需要，要我学则是基于外在的诱因和强制。学生学习的内在需要一方面表现为学习兴趣。学习兴趣是指一种带有强烈感情色彩的渴望获得知识的个性心理特征，是对个人学习活动的一种积极的认识倾向和情绪状态。学生有了学习兴趣，学习活动对他来说就不是一种负担，而是一种享受、一种愉快的体验，学生会越学越想学、越学越爱学，有兴趣的学习事半功倍。为此，让学习成为学生的一种精神需要而不是一种外在的压力，改变学生的学习状态和学习体验，使儿童从"受逼"学习的状态中解脱出来，让学生变得爱读书、爱学习，便成为课程改革的头等大事和教学改革的首要任务。另一方面表现为学习责任。学习责任是指学习者充分认识学习是个人对社会应尽的义务和责任的认识和体验，它表现为学习者对学习目标和意义的认识以及由此产生的对学习的积极态度和敬业精神。树立高度的学习责任心是自觉学习的前提。只有当学习的责任真正地从教师身上转移到学生身上，学生自觉地担负起学习的责任时，学生的学习才是一种真正的有效学习。

2. 独立性

独立性是新课程学习方式的核心特性，它对应于传统学习方式的依赖性。如果说主动性表现为"我要学"，那么独立性则表现为"我能学"。每个学生，除有特殊原因外，都有相当强的潜在的和显在的独立学习能力，不仅如此，每个学生同时还有一种独立的要求，都有一种表现自己独立学习能力的欲望，他们在学校的整个学习过程也就是一个争取独立和日益独立的过程。可以说，独立性是客观存在的、学生所普遍具有的一种根本特性。这种特性在学生的学习生活中经常地、顽强地表现出来，是学生学习极重要的一种品质。新课程要求我们教师充分尊重学生的独立性，积极鼓励学生独立学习，并创造各种机会让学生独立学习，从而让学生发挥自己的独立性，培养独立学习的能力。值得强调的是，在基础教育阶段，对待学生的独立性和独立学习，还要有一种动态发展的观点，从教与学的关系来说，整个教学过程是一个"从教到学"的转化过程，也即从依赖到独立的过程。在这个过程中，教师的作用不断转化为学生的独立学习能力；随着学生独立学习能力的由弱到强、由小到大的增长和提高，教师的作用也就发生了质的变化，最后是学生基本甚至完全地独立。

3. 独特性

每个学生都有自己独特的内心世界、精神世界和内在感受，有着不同于他人的观察、思考和解决问题的方式。也就是说，学生有着独特的个性，每个学生的学习方式本质上都是其独特个性的体现。实际上，有效的学习方式都是个性化的，没有放之四海而皆有效的统一方式，对某个学生是有效的方式，对他人却未必如此。这意味着我们提倡转变学习方式，要尊重每一个学生的独特个性和具体生活，为每个学生富有个性的发展创造空间。独特性因此成为新课程学习方式的重要特性。独特性同时也意味着差异性，学生的学习客观上存在着个体差异，不同的学生在学习同一内容时，实际具备的认知基础和情感准备以及学习能力倾向不同，决定了不同的学生对同样的内容和任务的学习速度和掌握其所需要的时间及所需要的帮助不同。因此，新课程学习方式尊重学生的差异，并把它视为一种亟待开发和利用的教育教学资源，努力实现学生学习的个体化和教师指导的针对性。

**4. 体验性**

体验是指由身体性活动与直接经验而产生的感情和意识。体验使学习进入生命领域，因为有了体验，知识的学习不再是仅仅属于认知、理性范畴，它已扩展到情感、生理和人格等领域。体验性是新课程学习方式的突出特性，在实际的学习活动中，它表现为：第一，强调身体性参与。学习不仅要用自己的脑子思考，而且要用自己的眼睛看，用自己的耳朵听，用自己的嘴说话，用自己的手操作，即用自己的身体去亲自经历，用自己的心灵去亲自感悟。这不仅是理解知识的需要，更是激发学生生命活力、促进学生生命成长的需要。基于此，本次课程改革特别强调学生参与，强调"活动"，强调"操作"，强调"实践"，强调"考察"，强调"调查"，强调"探究"，强调"经历"。第二，重视直接经验。重视直接经验，从课程角度来说，就是要把学生的个人知识、直接经验、生活世界看成重要的课程资源；尊重"儿童文化"，发掘"童心"、"童趣"的课程价值。从学习角度来说，就是要把直接经验的改造、发展作为学习的重要目的。传统学习以间接经验为本位，把间接经验绝对化，过分冷落、忽视直接经验的地位和作用，直接经验成为奴仆，从而导致知识与能力的分离和脱节，知识成为外在的牵累，知识越多，心灵越干瘪。新课程强调关注学生的学习兴趣和经验，注重把间接经验转化为直接经验，间接经验整合、充实、提升为直接经验，使直接经验不断丰富、发展、升华，从而实现知识与能力的统一。第三，重视感性因素。感性与理性是一对矛盾统一体，从心理学的角度谈，它们是指人的两种不同的心理机制与功能。感性是指人的感知、想象、情感、灵感、直觉等心理机制与功能；理性是指人运用概念进行推理、判断的心理机制与功能。从人类学的角度谈，它们是指同时存在于现实生活中的人身上的两种因素。感性因素是指人的本能、欲望、感觉、情感等；理性因素是指人的理智、思考、抽象思维等。感性和理性具备的不同特性和功能，决定了两者在人的身心发展中的不同作用和价值，对人的成长而言，两种因素都是不可或缺的，这是人性的丰富完满性的必然要求。为此，学习不仅要借助于人的理性因素，同时也要发挥人的感性因素的作用。重理性、轻感性的学习只能造成对人性的肢解。新课程强调感性因素与理性因素的融合，使学习活动成为完整的心理活动。

5. **问题性**

问题是科学研究的出发点，是开启任何一门科学的钥匙。没有问题就不会有解释问题和解决问题的思想、方法和知识，所以说，问题是思想方法、知识积累和发展的逻辑力量，是生长新思想、新方法、新知识的种子。学生学习同样必须重视问题的作用。现代教学论研究指出，从本质上讲，感知不是学习产生的根本原因（尽管学生学习是需要感知的），产生学习的根本原因是问题。没有问题也就难以诱发和激起求知欲，没有问题，感觉不到问题的存在，学生也就不会去深入思考，那么学习也就只能是表层和形式的。所以新课程学习方式特别强调问题在学习活动中的重要性。一方面，强调通过问题来进行学习，把问题看做是学习的动力、起点和贯穿于学习过程中的主线；另一方面，通过学习来生成问题，把学习过程看成是发现问题、提出问题、分析问题和解决问题的过程。这里需要特别强调的是问题意识的形成和培养。问题意识是指问题成为学生感知和思维的对象，从而在学生心里造成一种悬而未决但又必须解决的求知状态。问题意识会激发学生强烈的学习愿望，从而注意力高度集中，积极主动地投入学习；问题意识还可以激发学生勇于探索、创造和追求真理的科学精神。没有强烈的问题意识，就不可能激发学生认识的冲动性和思维的活跃性，更不可能激发学生的求异思维和创造思维。总之，问题意识是学生进行学习特别是发现学习、探究学习、研究性学习的重要心理因素。

# 一、个性空间

## 不要磨掉学生个性

李希贵

在某地考察一所当地蛮有名气的小学时,主人带我们参观一个被称为"个性空间"的大楼。进去才知道,所谓"个性空间",其实就是一个学生课外活动的场所,弹琴、吹箫、舞蹈,乍一看热热闹闹,可再仔细看看,就感到有点不对劲。

阅览室里,读书的学生有站的,有坐的,可站的都是同一个姿态,坐的都是同一个标准。尤其叫我们难受的是,席地而坐的孩子们不仅手里拿书的高度个个相同,而且连盘腿的弧度都是一样的。主人本来可能是向我们展示学生在阅览室里的自由,可这种统一的"自由"实在令人悲哀。我认真看了一眼他们半空的书架,发现大都是适合小学中年级学生阅读的书籍,低年级和高年级学生基本上无书可读。至于科普、历史等书籍更是凤毛麟角。在这样一个阅览室里,我不知道怎么培养个性。而合唱团、器乐队的排练,更叫我们不安。小队员们一个个面部表情紧张,生怕出什么差错,三分的情绪在表演,七分的精力在用眼睛瞥着我们这些考察的人们。

我强烈地感受到,"个性空间"里的孩子们似乎都在努力成为和别人相同的人,都希望成为讨别人喜欢的人。"个性空间"里的孩子们,最终可能都有了一些特长,但他们却在悄悄地"消磨"着自己的个性。

所谓个性,包括个性倾向性和个性心理特征。前者指人的需要、动机、兴趣和信念等;后者指人的能力、气质和性格。这两个方面的有机结合,使个性成为一个整体结构。苏霍姆林斯基在他的个性全面发展观中,特别强调人作为一个不可分割的整体,在道德的、智力的、情感的、审美的、创造的等各个方面的协调发展。人是一个整体,个性当然也是一个整体。一个艺术家，不应该仅仅是一个把乐器弄出优美旋律的人，而且还应该有艺术家的眼光、艺术家的胸怀和艺术家的情操。一个运动健将，不应该仅仅跳得高、跑得快、拿到奖牌，而更重要的是用那种力争上游的精神去感召人。这样说来，个性的培养就显得不是那么简单。不是说谁学会了吹笛，于是吹笛成为他的个性；你学会了草编，草编也就成了你的个性。重要的是，在这些兴趣活动中，你给了他更重要的情感、智力、道德和审美的东西是什么，你有没有为他的人格锻造淬火。如果你给他的仅仅是特长，那就不算什么"个性空间"。

过去，我们用一次次的练习、作业充塞学生的时间、空间，学生处于被动的、疲惫的应战状态，没有了个性自由，个性自然没法发展。但是，我们切不可走到问题的另一个方面，表面上，给学生更多的空间了，从单纯的必修课里解放出来，却又陷入了所谓"自由的泥沼"。在表面的自由下，学生必须学会这一个特长，必须练就那一番功夫，甚至连培养什么样的个性都由教师给设计好了。事实上，教育并不是由教育者替代学生设置模式，个性更不是教育者一拍脑袋为孩子们想出来的，教育不过是创造环境、设置条件、营造氛围，让学生有广阔的心理空间和心灵自由罢了。

最后，我又想起了"个性空间"里孩子们的一个细节，当我们的考察刚刚结束，孩子们便飞出了"个性空间"，问他们为什么，回答竟然是"完成任务了"。我为之悲凉。他们把"培养个性"的活动看成是做给人看的任务，是在应付学校的安排，在这种造假活动中，形成双重人格的个性也就在所难免了。

小心，切不可培养了特长，却消磨掉了个性！

文章来源：http://www.hzedu.net/Template/exaMessenge3.aspx?id=2701

**感悟与思考：** 不由自主地想起了丰子恺先生的《剪冬青》的漫画，一味地要求整整齐齐，如果有旁逸斜出，不管你是疏枝横姿，还是一枝独秀，一概格杀勿论。教育教学面对的是千差万别的个体，然而，我们却用千篇一律的方式来模铸千人一面的形态。把教育教学当作生产标准件，而不是创作艺术品，其结果，是造成了另外一种平庸与残疾：个性的缺失与灵性的消亡。

## 尊重学生的时间

余文森

女儿这两天在背"政治"(思想品德),什么叫自尊?什么叫法律……我恰好是《思想品德》教材的审查委员。我告诉她,这些概念是不需要背的。

第一,书里对这些概念所做的阐述是理解性的,主要是帮助你们这一年龄段的学生理解,而非定义性的,实际上它们可能是不严谨的、不准确的,而且不同版本的教材说法也不一样。

第二,这门课的目的是教我们怎么做人,怎么做事。书里讲的知识就是帮助我们学会做人、学会做事。所以重要的不是背诵和记忆,而是理解和应用,要领会书里所讲的内容,并尝试应用它们来分析、反思和指导自己的言行。学以致用才是目的。

接着,我问女儿一个很严肃很严峻的问题:为什么我们的学生越学越笨,越学越不爱学?

死记硬背!死记硬背让学习变得枯燥乏味,毫无情趣,毫无智慧挑战性,它直接导致智慧的萎缩,聪明的丧失;死记硬背浪费宝贵的学习时间,学生的学习时间是有限的,人要把有限的学习时间用于学习有价值的东西。

我接着问女儿:如果我们中国的学生花很多时间"死记硬背",学习价值不大的东西,而外国的学生学的则是有实际价值和智慧挑战性的东西,那么,将来我们中国怎么跟外国比?

女儿对这些道理似懂非懂,但说自己也很无奈。

我说,自己要学会做自己的主人,学会学习,学会思维,学会判断,努力把"死记硬背"降低到最低程度。

写到这里,我也想给学校和教师提些建议:

尽量不要让学生死记硬背。

尽量少布置重复性的作业,熟能生巧,熟也能生厌,要经常布置一些对这一年龄段的学生有一定挑战性的有很高智慧和品格附加值的思考题,做对做错不重要,关键是思考。

要严格控制作业总量,就是再有价值的作业也要适量,当孩子一天不能保证有八到九个小时的睡眠时间和一个小时的体育锻炼时间,所有的作业都有可能走向其反面,国家和民族要为此付出沉重代价。说真的,每次看到孩子为作业特别是价值意义不大的作业所困时,我都心如刀绞。

作业要是占用了学生所有的时间,也就占用了学生所有的心灵,也就夺走了学生所有的希望!

老师们,我们不仅要尊重学生的人格,我们也要学会尊重学生的时间!除了我们布置的作业,学生还有很多有价值的书要看,有意义的事要做!

我个人一直珍惜时间,遇到没有什么意义却又不得不参加的会议,我一定是在看书或写文章!

这篇小文章也正是在刚才开会的时候写的,旁边的人问我在写什么,我说我在写有意义的东西!

文章来源:http://blog.cersp.com/userlog/406/archives/2007/425165.shtml

**感悟与思考:** 前苏联著名的教育家赞科夫提出,照背那些不触及自己心灵的词句,亦步亦趋地按教师的指示办事,就不可能使儿童在个性上有深刻的进展,不可能使这种进展成为儿童享用一生的真正的财富。知识的获得如果是靠死记硬背,那么,可能成为窒息心灵的"货物堆",它只是生命的一种无用的负累与浪费。就如余教授所建议的:自己要学会做自己的主人,学会学习,学会思维,学会判断,努力把"死记硬背"降低到最低程度。

## 二、自主探究

### 警惕数学思维过程中的"隐性牵引"

王志南

在听一位教师上《分数除法应用题》一课时，有这样一个教学片断，引起我对数学学习思维引路过程的思考。

**案例：《数学》苏教版 P44 例 1**

师：我们共同回忆一下分数乘法应用题依据的数量关系式。

生：单位"1"的量×比较量对应的分率＝比较量。

师：对，首先请同学们用这个数量关系式来解答复习题。

（学生解题，汇报。）

师：接下来请同学们自主阅读例 1，分析题中含有怎样的数量关系式。

（出示苏教版 P44 例 1：

西林果园有桃树 360 棵，占果树总棵树的 2/5。西林果园有果树多少棵？）

师：这道题中单位"1"的量是什么？比较量是什么？谁又是比较量对应的分率？

生：把果树的总棵数看做单位"1"的量，比较量是桃树的棵数，是比较量对应的分率。

师：回答得很好！那么谁能找出这道题中含有怎样的数量关系？

生：果树的总棵数×桃树的棵数。

师：果树的总棵数是已知的还是未知的？

生：未知的。

师：对了，我们可以用上面的数量关系列方程解答。

（引导学生解设，列方程解答。）

师：如果用算术方法解答，你会吗？

生：会。

师：让我们一起来看数量关系，这道题已知什么量和什么分率？要求什么？

生：已知比较量和比较量对应的分率，要求单位"1"的量。

师：（板书：单位"1"的量×比较量对应的分率＝比较量）根据乘法各部分之间的关系，单位"1"的量该怎么求？

生：比较量÷比较量对应的分率＝单位"1"的量

师：好，下面请同学们独立用除法来解答这道应用题。

和这位老师课后交流的时候，他感慨地说，这班孩子，平时倒挺活跃的，听课老师来了，有些紧张，不敢主动回答问题了。在给这位老师定教学评定等级的时候，按理说，对这样一堂教师分析教学内容到位，教学层次清晰，引导学生思考有序，学生配合融洽的课，给个 A 级是适合的。（共 A、B、C、D 四级，A 为最高级别。）然而，反复回味这堂课，总觉得这教学过程缺少了些什么，总让人心里有点疙疙瘩瘩。

一直思考这个问题，到了晚上，才觉眼前一亮。在帮助学生理解例 1 题意的时候，教师一步一步引导学生分析题意，示意学生用列方程解答。在教学用除法解答例 1 的时候，学生凭已有的基础，已完全有能力用除法来解决例 1，然而教师还是不放心，继续提醒学生思考如何用除法解决问题？这样的牵引不仅多余，而且掠夺了学生的自主思考权。

这样的思维启发过程，久而久之，学生将丧失自主解读数学文本的能力，即使头脑聪慧的学生，也会陷入教师预设好的思考路径中，形成思维过程的"路径依赖"，不再会萌发富有个性的创新解题思路与方法。学生掌握的是如何僵化地套用模式，进行数量的查找与替换，简单解题思路的复制与粘贴。可以说，这个教学环节预设的失误就在于教师理念的落后，不相信学生的能力，放不开手脚，一味地牵引学生的思维过程。

在这个教学过程中，学生走进教师预设好的师生问答中，因而学生也就无法充分体验探索的艰难与快乐，思维的困惑与恍然，合作的分歧与共振。这样的教学，教师让学生享用了一道低效的"思维训练快餐"，而无法实现让师生共同经历探索数学、建构数学、感悟数学的过程。

对这一教学环节，可以这样设计：

师：请同学们自主阅读例1，边读边思考以下几个问题。

教师出示阅读提示：

1. 通过读题，你读出题中有几个量，分别是什么？
2. 这些量可以建立怎样的数量关系式？
3. 根据已有的经验，你觉得这道题可以用什么方法解题？为什么？
4. 你有其他解法吗？

这样的设计可以充分发挥学生的思维主体地位，又能体现教师思维引路的作用。教师让学生自主地解读题意，寻找数量间的数量关系式，寻求解答问题的方法，尝试自主的数学建构，有效地帮助学生克服"路径依赖"，从而真正实现教师对学生思维过程的有效引领。

文章来源：《教学与管理》小学版，2007（4）

**感悟与思考：** 教师在对学生思维启发过程中无意地陷入了"隐性牵引"之中。师生在解题分析的交流中，教师提问环环相扣，密不透风，学生回答准确流畅、了无破绽。看似真实的师生互动对话，实则是低层次、低价值、低效率的师生问答，看似引领学生共同经历思维过程，实则教师一语牵引学生思维过程，学生亦步亦趋，不敢越雷池半步，长此以往学习能力被禁锢在狭小的地带。

## 于细微处见精神

秦自云

观察是人们认识世界的开始，科学始于好奇，发现始于观察。狄罗德说："我们有三种主要的方法：对自然的观察、思考和试验。观察收集事实；思考把它们组合起来；实验则证实组合的结果。"可以这么说，学生科学素养培养的宏伟目标的实现，起始于学生科学观察能力的培养。

在《燃烧和缓慢氧化》一课的教学中，教师在讲桌上放着做实验用的仪器（烧杯、球胆、玻璃管、薄铁条、试管）和药品（白磷、红磷、热水、氧气）。简单说明教学任务后，教师开始做演示实验。

教师将少量白磷和红磷分别放在铁条的两端，点燃酒精灯在铁条的中部加热。不久，铁条上的白磷就开始燃烧，而铁条上的红磷并没有燃烧。

教师问道："如果我把白磷放在热水中，它会不会燃烧呢？"

学生们大笑起来，说这是不可能的。

"也许，今天有个奇迹要出现！"教师说完继续演示。

学生们看到放入水中的白磷燃烧不起来了，再一次笑了起来。

教师："如果向热水中通入氧气，白磷会不会燃烧呢？"

学生们都有些迟疑："可能吗？"

教师微微一笑："好，看看我怎么让热水中的白磷燃烧。"教师用球胆向烧杯中的热水缓缓通入氧气，热水中的白磷开始燃烧，产生火光。

学生们惊奇地叫起来："哦，天呀，真的燃烧起来了！"

教师如同胜利者一般笑道："大家现在再想想，红磷会不会燃烧呢？"

学生们开始争论起来："会！""不会！"

教师摆摆手："眼见为实，我们先试验一下。"

教师将少量红磷放在铁丝纱网上，直接在酒精灯火焰上加热。学生们看到原来放在铁条上的红磷，这次燃烧起来了。

教师："好，现在请大家思考三个问题：第一，为什么铁条上的白磷能燃烧，红磷不能燃烧？第二，同样是白磷，水中白磷的温度比铁条上白磷的温度还要高，为什么水中的白磷却没有燃烧？水中的白磷需要什么条件才能燃烧？第三，要想让红磷燃烧，需要具备什么条件？"

……

观察一定是自主的，不自主就不会发生观察。观察是与思考紧密联系在一起的，不存在没有思考的观察。在教学中，让学生在观察中探究，是培养学生思维能力的一个重要途径。正如苏霍姆林斯基所说："只有教师才有可能向儿童揭示出：思考，这是多么美好、诱人而富有趣味的事。只有当教师给学生带来思考，在思考中表现自己，用思考来指挥学生，用思考来使学生折服和钦佩的时候，他才成为年轻的心灵的征服者、教育者和指导者。"

文章来源：http://www.chinateacher.com.cn/news/2007/1121/4776.asp

**感悟与思考：** 自主观察是培养学生良好学习方式的重要路径之一。观察式学习能给学生提供"眼见为实"的学习感受力。通过亲眼所见，亲手操作来发现问题、思考问题、解决问题，能够最大限度地调动学生全方位的学习感官，从而将学生的整个学习状态引向深水区。

## 从两个课堂教学案例看学习方式的真正转变

杨庆余

**案例 1：**

上课已开始约 7 分钟，教师组织学生复习了有关三角形的组成、三角形的各部分名称、角的分类、用量角器求角等知识与技能，然后要求每个学生在课前准备好的一张白纸上随意画一个三角形。

师：大家都将三角形画好了吗？谁能说说，你是怎么画的？

生：我先画了一条直线……（师追问：直线吗？）是线段。然后再画另外两条线段，将它们连起来，就画出一个三角形了。

教师请该生展示自己画的三角形，得到大家的认可。随后，教师又连续请了三位学生展示了自己画的三角形并说明画图过程。然后，教师引导学生分析每个人画的三角形是否一样，三角形的角是否一样。最后，组织学生用量角器将自己画的三角形的每个角都量一下，并将结果记录下来，前后四个同学相互讨论。

观察者附近的学生，大部分都是将量出的角的度数直接写在相应的角上，但有两个人是写在另外的练习纸上的。大约在 25 秒后，就开始有前后四个人分别查看其他人角的度量结果，并不时地争论着。整个学生量角活动（包括学生四人一组的讨论活动）大约持续 50 秒。期间，教师游走于学生中间，数次停下来，帮助个别学生一起量角。

师：好，请大家都停下来了。谁能说说，你计算的结果是多少？

学生回答有"179 度"、"179 度多一些"、"180 度"、"180 度不到"、"181 度"……

师：那么你们发现了什么？

生：每一个三角形的三个角加起来大小是不一样的。

师：实际上它们都是一样大小的，因为量角器量出的角是不精确的，会出现什么情况？（数生附和：有误差。）对，量角器在度量的时候是有误差的。大家看看，它们都在一个什么数的周围啊？

生 1：180 度。

生 2：不对，应该是 179 度。

师：为什么？

生2：大部分同学量出的都是179度左右。

师：你的"左右"用得很好。如果我们从整十整百数的角度看，它们都在一个什么数的左右呢？

生2（稍犹豫一下）：是180。

师：180什么？

生2：180度。

师：现在我们能得到结论了吗？（学生异口同声说"能"，但声音并不大。）谁愿意来说说？

学：三角形的三个内角……内角的和是180……哦……180度。

该生开始表述不够严谨，教师连续提醒三次才准确说出结论。随后，教师又请一个学生复述一遍。

师：这个结论准确吗？（停约2秒）老师也来做一个实验，请大家一起来看看，这个结论究竟准确不准确，好吗？

教师向学生展示一张预先准备好的大白纸，上面画有一个三角形。接着，教师用一把剪刀将三角形整个剪了下来，高高举起，提示学生仔细观察。然后，教师先用手撕下三角形的一个角，并将整个"角"放在投影仪上面，再撕下三角形的又一个角，也放在投影仪上，并与第一个角拼了起来，随后再撕下第三个角，放在投影仪上，与前面两个角拼好。

师：现在你们发现了什么？

仅有三个学生举起了手。

生1：老师将三个角拼成了180度。

师：将三个什么角拼成了180度？

生1：三个内角。

师：你怎么知道是180度的？

生1：因为……因为是一条线段。

师：对，一条线段说明是一个什么角？

生2：就是一个平角。

师：平角是多少度？

学2：180度。

师：通过老师的这个实验，你们发现了什么？（学生举手人数不多，停约4～5秒）能不能证明刚才我们说的结论是正确的？

学（几乎异口同声）：能。

课后访谈——

观察者：您为什么这么关注学生画三角形的过程？

教师：没有啊！

观察者：您不是连续请了四位学生来说说自己画三角形的过程吗？

教师：哦，我是想让不同的学生多说几种方法，这会让他们感觉到每一个人的三角形是不同的。

观察者：您认为，不同的画法能呈现出不同的三角形吗？

教师：我想应该是的。

观察者：实际上，如果让每一个学生将自己画的三角形都举起来，大家都来观察一下，会不会更有效？

教师：也有道理。

观察者：还有一个问题想请教，您认为学生第一次用量角器实验得出的应该是一个什么样的结论？

教师：（想了大约10秒钟）哦……我原来以为学生会说，应该是180度，因为这些数字都接近180度。这样我就可以接着问学生，是什么造成这些小的误差呢？可以让学生知道，有的时候，量（度量——观察者注）的方法是不可信的。

**感悟与思考：** 首先，从案例1中可以明显地感觉到，教师将学习目标主要还是指向了结论——一个陈述性的数学事实，而并没有太多地去关注学生通过自己的尝试操作和探究，将有可能形成哪些探究的意识和方法。其次，教师采用的探究策略显然是浅层次的，表现在：第一，学生并没有真正经历一个"疑问——欲求——猜测——尝试——发现"这样一个探究的过程；第二，学生的行为参与似乎是积极的，但是，仔细分析一下就可以发现，学生的认识参与是属于浅层次的依赖型的参与，缺少独立的探究意识。最后，教师的设问引导也是浅层次的，表现在：第一，当教师的演示与学生刚获得的初步结论产生明显的认知冲突时，教师并没有很好地利用这个关键，而是用了明显的体态语言就将学生可能的惊异、思考和探究消解了；第二，教师的那些所谓的问题明显具有"小碎步"的特点，问题以及问题之间缺少思索的空间。（杨庆余）

**案例2**

上课已开始约7分钟，教师组织学生复习了有关三角形的组成、三角形的各部分名称、角的分类、用量角器求角等知识与技能。

教师请每一个学生任意画两个三角形，然后观察自己画的三角形以及周围同学画的三角形，说说自己都发现了些什么？学生基本上都说出了这些三角形的相同点，同时也说出了这些三角形的角的大小是不一样的这样的特点。于是，教师提出了这样的问题。

师（举起向学生"借来"的两个三角形）：大家都认为这两个三角形的三个角大小都不一样（用手指依次指点着两个三角形对应的内角，并用手指示意它们大小的不同）。于是，我们就想，将这两个三角形的三个角分别加起来后，它们的大小会是一样呢，还是不一样？

学生意见不一。

师：你用什么来证明你自己的猜测呢？先小组讨论一下，然后去验证。

很快各小组陆续拿出量角器量自己画的三角形的三个角，有的将数据记录在自己画的三角形的相应的角上，有的则是记录在画三角形的纸的边上。教师提供给学生活动的时间约4分钟，观察者发现大部分学生已经完成了工作。

师：好，现在请大家来交流一下。先要说说你的猜测，然后再来说说你验证的结果。

生1：我认为是不一样的。我先量了自己画的三角形的三个角，加起来后是180度不到一点，而××量出来的是179度。

师：所以……

生1：所以我的猜测是对的。

生2：我原来猜测它们也是不一样的。因为我量出来的是181度，和他们两个都不一样。所以，我的猜测是对的。

生3：我原来猜测它们是一样的，结果，我量出来的是180度，和他们都不一样。所以，我的猜测错了。

教师又请了几位学生，量出来的数值都不一样。

师：现在我们可以得到什么结论了呢？

师：三角形的这三个角（举起一张学生画的三角形，用手指比划着），我们把它称作"内角"（板书）。

生：因为每个三角形是不同的，所以，它们的三个角加起来的结果也是不同的。

师：这三个角称作什么？

生：内角。

师：因此还可以怎么说？

生1：因为每个三角形是不同的，所以它们的三个内角加起来的结果也是不同的。

生2：所有的三角形，它们的三个内角加起来的大小是不一样的。

……

师：很好！大家通过度量角的大小的方法，发现了三角形的三个内角加起来后的大小是并不相同的。但是，假如我们再仔细地观察一下每个人求出的三角形的三个内角加起来的结果，你可能会发现些什么呢？（生不语）你们有没有想过，虽然每个人将自己画的三角形的三个内角加起来后，结果是不一样的，但是它们却为什么这么接近？（学生嗡声渐起，有的面面相觑）猜测一下，可能会是什么原因？

约20秒后，有学生发言。

生1：我知道了，因为在量角的时候，会有误差，而且，每量一次，就会有一次误差，我们量了三次，所以误差就会更大些。

生2：我也同意，因为我们在量角的时候，都不会太精确。

师：怎样才能更好地减少这种误差呢？

生：可以……可以只量一次。

师：怎么样量一次呢？各个小组可以讨论一下，然后自己去尝试一下。

观察者边上的一个小组都在尝试着先将三角形"折"出来，再尝试将三个角"拼"起来，但都不成功。尝试活动进行了约7~8秒钟后，稍远处有一个小组，先将一个画好的三角形剪了下来，然后再尝试将三个角"拼"起来，也不成功。一人突然再拿起剪刀，将三个角剪了下来。可是，在拼的时候，两个人发生了争吵，原来是为一个角是不是原来那个三角形的角在争吵。观察者走上去，问："你们可以用什么办法，再将角剪下来后，还能找到哪个是原来三角形的角？"一学生大悟，拿起另一个三角形，先在每个角上用铅笔画了一个点，再将他们剪了下来，然后开始尝试将他们"对着点"拼了起来。

十多秒后，附近几个小组也开始学着样子做了起来。整个活动教师给了有近12分钟的时间。

师：谁先来说说你是怎么想的，怎么做的，又发现了什么？

生1：我们想，要想只量一次，就要把三角形的三个角拼在一起来量。所以，我们就将三角形的三个角剪下来，再……

师（打断）：你们是怎么剪的？

生（举起三角形）：我们就把这个角、这个角和这个角（边说边用手指指着）都剪下来……

生2：不对！

师：为什么不对？

生2：我们开始也是这样剪的，后来发现这样剪，会找不到原来的角，因此，先要在原来的角上做一个记号（举起自己已剪下的角），这样就不会搞错了。

生1：我们也是这样做的。我们把剪下来的三个角拼起来后，发现不要再量了。

师：为什么不要再量了？

生1：因为他们拼成了180度。

师：你怎么知道它们拼成了180度？

生1：因为它们是一条直线。

师：你们怎么证明它们是一条直线的？能不能上来做给大家看？

生1走上讲台，在实物投影仪上拼角，然后将一把直尺放在了拼完角的一条直线下面。

生1：这个角就是180度。

师：因为这个是……

生：一个平角。

师：还有哪一个小组也愿意上来将你们的探究演示给大家看？

……

师：现在我们又发现了什么？

生：三角形的三个角……

师（打断）：称作三角形的什么角？

生：三角形的三个内角加起来后，大小是一样的，都是180度。

……

在学生观察和实验并初步得到结果的基础上，教师也采用了"撕、拼"三角形的三个角的操作，同样也得到了三角形的内角和是180度的结果。接着，教师进一步组织学生对结果进行归纳和概括，从而得出了正确的结论。

课后访谈——

观察者：当学生通过度量的方法得出三角形的内角和不一样的结果时，你为什么不告诉学生，实际上这个结论是不对的呢？你不怕误导学生吗？

教师：我不这样认为。既然学生通过自己的操作，发现是不一样的（即三角形的内角和是不同的——观察者注），这就是他们自己的结论，如果我去告诉他们实际上是一样的，他们倒反而会糊涂的。

观察者：那万一学生想不到用"撕、拼"的方法来进一步探究的话，你怎么办？

教师：真的一个学生也想不到用这种方法的话，我可以自己实验给学生看。我可以告诉学生：老师用一种不同的方法来试试看，看看大家的结论到底对不对。

观察者：谢谢。

好了，大概我们现在已经能够回答这样的问题了：结果和过程，究竟哪一个更重要些？

文章来源：节选自 http://www.chinateacher.com.cn/news/2007/0711/4073.asp

**感悟与思考**：案例2和案例1相比呈现出三个鲜明的亮点。首先，教师将教学目标直指探究过程，关注学生在整个学习过程中探究意识的生成和探究方法的发现。其次，尊重学生的探究结论，虽然开头得出的结论是错误的，但教师没有贸然中途打断，越俎代庖，强令学生"调头"，而是巧妙地导引，让学生自我纠错，充分尊重学生学习的主体地位。最后，问题设计精到，明暗交替，线索清晰，步步深入，给学生留出充裕的探究时空。

## 估算岂能先算后估

汪志华

估算是估计数值的意识，主要思想是把握数的大致范围。在估算教学中，对估算的结果和采用方法进行交流是十分重要的。因为，没有交流，不仅难以判断学生估算结果正确与否，也难以判断学生估算方法正确与否，不利于学生估算能力的培养。笔者在《数学》苏教版一年级下册的一道估算题时，曾发生令人啼笑皆非的一幕：

师：请同学们打开课本到第 83 页，看第六题：估算下列各题的结果是几十多。
生 1："42－7"的结果是 30 多。
生 2："37－9"的结果是 20 多。
生 3："65－4"的结果是 60 多。
……
师：你们估算得太准确了，真不简单！
生 4：我们先算一下，再估算，当然正确。

学生的话让我大吃一惊。看来，估算"百分百正确"的背后，学生根本没有掌握估算的方法，更不知道估算的意义。这样的教学，对学生估算能力的培养已毫无意义。我的大脑在飞速运转，该如何扭转这"百分百正确"的尴尬局面？有了，来一道"6□－40"吧！看看小家伙们还怎么用"先算出来再估算的方法"。于是，又有了下面的教学片断：

师：那么，"6□－40"的结果可能是几十多呢？
生 1：这怎么估算啊？
生 2：可能是 20 多吧。
师：为什么可能是 20 多？
生 3："6□－40"反正没有 30，就是 20 多吧。
生 4：对！可能是 20 多。因为"6□"的个位上不管是几，减去 0 都等于方框里的数，不退位，所以可能是 20 多。
师：棒！那么，"8□－40"的结果可能是几十多呢？
生 5：可能是 40 多，因为个位上够减，不用退位。
师："9□－30"的结果可能是几十多呢？
生 6：可能是 60 多，因为个位上够减，也不用退位了。
师："90－3□"的结果可能是几十多呢？

生7：还是60多。

生8：不对，有时是60，有时还是50多呢！

师：怎么"有时是60，有时还是50多"呢？

生8："90－3□"的方框里要是0，结果就是60，方框里要不是0，那就要退位啦！结果就是50多。

师：谁明白他说的意思？

生9：方框里是0时，"90－30"的结果就是60，方框里不是0的话，"0－□"那就不够减了，要退位，结果就是50多。

师：一个同学在估算"75－36"时，说结果是40多，大家同意吗？

生10：不对，应该是30多，"5－6"不够减，要退位，结果应该是30多。

师：另一个同学在估算"7□－36"时，说结果是40多，大家同意吗？

生11：不同意！"7□－36"的方框里是7时，就是40多，要是5时，就是30多。

生12："□－6"够减时，结果是40多，不够减时结果是30多。

生13：如果"□"中的数比6大，结果就是40多；要是比6小，结果就是30多。

师：大家想一想，估算有什么作用？

……

看看眼前小手林立的情景，听听学生有理有据的分析，想想先前"百分之百"的尴尬，我陷入沉思：估算教学首先要教给学生估算的方法，学生只有掌握了估算的方法，才会估算；其次，要让学生体会估算的意义。只有让学生体会估算的意义，明白估算的价值，知道估算的作用，学生才会乐于学习、掌握并运用估算方法去解决实际问题。

文章来源：http://www.chinateacher.com.cn/news/2006/1009/2086.asp

**感悟与思考：**估算重在"估"而不在精确的"算"，这是本节课的"课眼"，是教学的重中之重。当例题设计为"42－7"，不少学生先算后估，失去估算对学生的思考价值。因为，本题没有为学生"估测"的学习方式留出悬疑度、问难的空间，对学生当下的学习状态构不成强有力的挑战。而"6□－40"和"90－3□"的例题设计对学生的估测学习可谓"敲山震虎",学生必须费一番转折,敢于猜测,不断尝试,这个过程促使问题的解决和学习方式的提升,合二为一,相互推升。

# 三、思想王国

## 在触动心灵的思考中发展智慧

谢正明

"智慧和人格在数学活动中生成"。细酌著名特级教师潘小明的数学课《长方形的周长和面积》的教学,让我深刻领悟了这一理念在教学中的落实,于细微处品不凡。

师:(出示两根长 20 厘米和 24 厘米的铁丝)哪一个围成的长方形面积大?

生:24 厘米的铁丝围成的长方形面积大。

生:长的铁丝围成的长方形面积大。

生:还可以说周长长的面积就大。

师:大家同意他的意见吗?

生齐:同意。(师板书:"周长长的长方形面积就大。")

赏析:从学生的生活经验出发,引出"经验性结论"。这里伏下的是一个智慧囊。

师:这句话你们验证过吗?没有验证过怎么知道他的结论是否是对的?你们会验证吗?

赏析:教师把引起学生心智活动作为教学活动的起点,即把教学的目标定位在提高学生的心智水平上。

生:用求面积的方法来验证。(教师分发方格纸,学生画长方形进行验证,然后学生汇报)

生1:我认为是对的,长是 9 厘米,宽是 1 厘米的长方形周长是 20 厘米,面积是 9 平方厘米;而长是 9 厘米,宽是 3 厘米的长方形周长是 24 厘米,面积却是 27 平方厘米。27 平方厘米大于 9 平方厘米。

赏析：这是一个有智慧的学生，他把两种长方形的长都定为9厘米，然后再进行比较，实际上他做了一个控制变量的工作。虽然这属于无关变量的控制，但折射出来的却是科学的思维和方法。

生2：我认为不对，都用24厘米的铁丝来围，如长是7厘米，宽是5厘米，它的面积就是35平方厘米。比27平方厘米大。

赏析：这个学生的发言有三个内涵：一是把生1的智慧进行迁移，把周长变量控制为等长来比较面积；二是思维有了一个移位，用事例验证了一个副命题"周长相等面积不一定相等"，并由此推理：因为周长相等时面积不一定相等，那么周长不同的面积就更有大小不同了，所以说"周长长的长方形面积大"根据不足；三是验证了一个逆向否定命题"面积大的周长不一定就长"。

生3：我认为不对，如长是6厘米，宽是4厘米的长方形面积比长是10厘米，宽是2厘米的长方形面积大。

生4：可以说是对的，也可以说是错的。

赏析：这就是儿童思维的特点：当一个经验出现时，他们会毫不犹豫地作出判断，当两种矛盾的结果出现在他们面前时，他们会重新思考，得出第三个答案。这是儿童认识由片面向全面的发展过程。

生5：可以把结论改一下：周长长的面积就可能大。

赏析：学生的思维有了进步。

师：周长小的长方形面积也可能就大啊！

生6：不一定大也不一定小。

赏析：学生思维已发生了偏离——由讨论对错转向表述现象。

师：你的话我无可指责。回过来，黑板上的结论是对还是错？

赏析：教师很理智，也很机智，教学到了该"收"的时候了。

生7：错的，因为它（指结论）说得很肯定。

生8："就大"（指结论中的词）就是"一定大"。

赏析：学生思维明显转向，科学思想的严谨性在内化。经过这样一番"折腾"之后，学生的思维、认识立刻清晰明亮起来。这就是心智训练的结果。

师：24厘米长的铁丝可以围成多少个不同形状的长方形？（生边说师边在方格纸上演示）

生（急切举手）：长和宽越接近，面积就越大。

赏析：这是思维的火花，像居里夫人发现了镭一样。有了思维的训练，有了心灵的触击，才有智慧的生成。

师：理一理他的思维，说了几层意思？

第一，周长相等不一定面积相等。

第二，长方形越接近正方形，面积就越大。

……

数学教学就是要抓住学生在参与数学学习活动中所作出的数学思考。潘老师把教学目标定位在促进学生的整体发展上，让学生从生活经验引发出"经验性结论"到学生明晰概念，其过程是一个触动心灵、生成智慧的数学思考过程。学生经验性推理结论出现后，受到了教师的质疑，于是学生开始验证，验证中收集了各种事实，看到了明确的结论。但这个结论与学生经验性的推理结论不符，因为他们坚信"周长长的长方形面积就一定大"。这个推测不是勉强说的，而是经过思考的。这样一种思维定势深刻地影响着学生接受的态度，但又不能不承认事实。教师看准了这一触点，教学由此展开，伴随而来的学生的实事求是地分析问题、解决问题的训练也就开始了。

文章来源：http://xkczk.cersp.com/weekly/w0715/200704/153.html

**感悟与思考**：本节课，潘老师对学生整个学习方式的设计和导引效率高。先抛出问题，让学生给出"假设性结论"，通过学生亲自操作对假设进行质疑、评判和重新建构，从而获得结论。虽然这和一开始就给出"结论"相比，似乎没那么"高效"。但潘老师教学的可贵之处就在于，学生要获得的这个结论预先是不确切的，它是"悬浮状态"的，这个结论是被众多问题和条件"包裹"在里头的，学生必须调动所有的学习潜力，像剥竹笋一样一步一步去接近、去尝试，从而获得结论。这个结论是学生的，而前者是老师或是书本的。

## 渔夫是纯朴、善良的吗

### 李培刚

教第十二册课文《穷人》时，我采取分角色有感情地朗读的方法，和学生一起共同学习渔夫打鱼回来和妻子桑娜的对话这部分内容。学生读完后，我试着引导学生体会人物的品质。

学生归纳道："渔夫和他的妻子一样，具有纯朴善良的品质。因为当桑娜把西蒙的死告诉他后，他立即想到了把西蒙的两个孩子抱回来抚养。他也想到了自己一家今后的生活会更艰难，但是他宁愿自己受苦受累，也要帮助他人，这和桑娜的想法不谋而合。所以说，他们夫妻俩都具有纯朴善良的品质。"

该生的体会比较深刻，认识比较到位，我满意地点头，其他的同学也不约而同地点头赞许。这时，有个学主高高举起了手："李老师，我认为渔夫并不纯朴善良！"，这句话把全班同学都惊住了。"因为渔夫要打自己的妻子，他不是一个善良的人！"学生1说这番话时显得挺激动。

说实在的，教学中经常会遇到这类"吹毛求疵"的学生，像这样敢质问和批判著名文学大师作品的，并不多见。我心中一亮：有戏！

"渔夫打了自己的妻子吗？文章中并没有这样的描写呀！"我和全班同学都有点疑惑不解。

学生2："文章只是写了桑娜担心丈夫会揍她，实际上并没有揍。"

学生1："桑娜抱回西蒙的孩子，害怕得不得了。她首先想到'丈夫会揍我的！那也活该！……揍我一顿也好。'如果过去渔夫没有打过妻子，桑娜会想到挨揍吗？这说明他们俩关系不好。"说话有理有据，居然扯到家庭暴力上去了。

学生3："我不认为他们的关系不好。你看，渔夫出去打鱼，桑娜把家里收拾得温暖而舒适，还十分惦记丈夫的安危。渔夫回来后，他们说话也很客气。"

学生1："但他们地位不平等！"又谈到前面学过的课文《宋庆龄和她的保姆》里面的思想去了。

"他们地位怎么不平等了呢？"学生3试着问道。

"桑娜做错了事，害怕得要死，说话吞吞吐吐，不敢抬头看自己丈夫，不敢直接把事情告诉渔夫。这说明桑娜在家里做不了主，地位低下。"

"桑娜没有经过商量，便自作主张，抱回西蒙的两个孩子，自然担心因为这样做会引起夫妻俩吵架。这并不能显示桑娜地位低下。"学生3争辩起来。

学生4："我同意他的说法。桑娜他们一家是因为太穷了，才会产生这样的担心，这也是桑娜所作的最坏的打算。文章这样写，真实、可信，完全符合人物特点，因此，我认为渔夫也是善良的。"

争论的形势显然对学生1不利。我把目光移向他，笑着说："你同意他们的看法吗？"他顿了一下，略显固执地说："我还是认为渔夫也有点不好，至少桑娜这样想会让人产生一种错觉。"

"会有错觉吗？我们一起来读读句子看。"我组织学生反复吟咏体味这句话，再问"有这种感觉吗？"教室里一阵沉默，没有了刚才的慷慨激昂。看来，学生似乎有同感。

"怎样才不会引起错觉呢？"我把"球"抛给了大家。

学生5："李老师，我们改一改，行吗？"

"你想怎么改呢？"我询问中肯定。

学生6："可以把桑娜后面想的删去。"

学生7："我认为可以改成'他会生气的，对我生气也活该，我这是自作自受'……"

学生8："改为'生气'不太准确，改为'发火'要好些。"

"你们太过分了吧，世界级的大文豪托尔斯泰的文章，你们也敢改！"我打趣的话语引来学生的一片笑声。"话又说回来，李老师还是挺支持大家的。诗人臧克家还改毛泽东同志的诗词呢！今天大家讨论得非常热烈，我非常高兴，以后如果有机会，我们就写信把大家讨论的情况告诉编辑教材的叔叔阿姨们，听听他们的意见。"

一场争论终于平息了。我表扬了学生1这种敢于质疑、勇于创新的精神。

课后，我反复回味着学生的精彩发言。欣喜之余，我也自问："今天的课是否放得过宽？脱离文章主题了吗？"我陷入沉思。

托尔斯泰的小说《穷人》要反映的是沙俄专制制度统治下的社会现实，歌颂的是桑娜和渔夫的勤劳、善良，宁可自己受苦也要帮助别人的美好品质。21世纪的今天，我的学生用现代人的思想和价值观来看问题，这和文章中的有些内容发生冲突，才引发了今天的争论。托尔斯泰错了吗？在那个"男尊女卑""父权观念"占主导地位的时代，学生提到的这些现象司空见惯。托尔斯泰这么写，不会冲淡主题，不会影响人物形象。学生1错了吗？在当今全社会提倡尊重人权，反对性别歧视，反对家庭暴力思潮影响下，也难怪学生会产生疑惑。《语文课程标准》提出："语文教育特别要尊重学生的独特情感和体验。"我们每一个教师，面对的是鲜活的学生个体。每个孩子都有自己独特的心灵世界，每个孩子都在用自己的方式解读课文，用自己的语言诠释自己的发现。教师首先应该用发展的眼光看待每一个学生，要尊重学生的思考，尊重学生的发现，尊重学生的多元化理解，甚至尊重学生的批评。其次，面对学生的"另类"表现，教师切忌横加指责，而应该给予正确引导，激励学生标新立异，大胆打破传统思维方式，提出独到、创新的见解。教师应该积极营造一种宽松、愉悦的教育氛围，为学生提供思索、发问、争辩的机会，让学生的思维在不断碰撞中克服"从众心理"，张扬自己的个性，"不唯书，不唯上，不唯师"，培养思维的独特性。

在这一案例中，我为学生的精彩发言和巧妙的"改字眼"活动高兴。我想，认真呵护每个孩子的发现，才会让课堂充满生成的活力，学生思想的火花才会在不断的相互撞击中迸射，语文能力才会在不断争论中得到锻炼和提高。

文章来源：《四川教育》2005（9）

**感悟与思考：** 课堂是各种思想异彩纷呈，各种观点纷至沓来，各种声音百家争鸣，各种色彩争奇斗艳的天地，课堂的自由程度常常决定了学生思维的创造程度。在对话中，我们一定要尊重培植异向对话，在异向对话中聆听与众不同的精彩。与此同时，我们要培养学生"不唯书、不唯上、不唯师"的怀疑精神与批判意识。

## 乌鸦不能有一副好嗓子吗

潘晓晴

最近，学校组织的二年级测验中，有这样一篇短文，题目是《乌鸦和百灵鸟》，文章内容如下：

乌鸦真不明白，百灵鸟为什么能够唱出那么动听的歌来。它想：我要是能像百灵鸟那样，有一副好嗓子，那该多好呀！于是它就去向百灵鸟请教。

百灵鸟告诉乌鸦："要想有一副好嗓子，唱出动听的歌声，得每天清早起得早早的，不管春夏秋冬都要坚持练习，这样长期不断地练下去，一定会获得成功。"

乌鸦还没听完百灵鸟的话，就怏怏地飞走了。

害怕困难的人什么也不会得到。

短文最后出了这样一道题:"如果让你碰见这只乌鸦,你会对它说些什么呢?听了你的话,乌鸦又会怎么做呢?请你想想,写几句话。"

有一半学生写了乌鸦经过自己的劝说,觉得有道理,幡然醒悟,于是去认真练习唱歌,最后终于有了一副好嗓子。一半的学生写乌鸦还是不听劝告,怕吃苦,不愿练习,最终没有练成好嗓子。

阅卷老师为此展开了争论,一方认为想象应该合理,编故事还得与实际相联系:毕竟现在的乌鸦还是没有好嗓子,所以不应当写乌鸦练成了一副好嗓子。还有一方认为两种答案皆可,因为这没有具体的答案,"乌鸦唱出了动听的歌声",这也是孩子美好的想象。

经过讨论,大家还是决定跟学生讲评时,尽量把第一种答案渗透给学生,告诉学生:编童话也得适当联系实际。

然而,我在讲评时,却遇到了学生的质疑,班中一个学生站起来反驳我:"老师,为什么不可以让乌鸦练成一副好嗓子呢?您不是说过,童话都是虚构的,那就不一定要真实的,我们也可以想象成乌鸦最后唱出了动听的歌曲呀?"

学生的话,一下子惊醒了我,确实如此,为什么一定要限制学生的思维呢?让乌鸦有一副好嗓子,表达了孩子们美好的愿望,有何不可?老鼠在我们的眼里一直有着不好的印象,但是在童话大王郑渊洁的童话故事里,却是那么可爱,伴随着许多孩子度过了快乐的儿童时光。

正因为有了丰富而奇特的想象,才有了安徒生童话、格林童话、《一千零一夜》……孩子们的世界才更加多姿多彩。

我们常常有这样的疑问,为什么低年级学生的写话、造句充满灵性,而到了中高年级,只是一些华丽辞藻堆砌起来的空洞无物、千篇一律的文章,毫无新意、毫无童趣可言?

根子应当说还在老师这里。原本想象丰富、思维活跃的童心,因为我们给了太多的条条框框,给了太多的束缚限制,结果孩子心中想象的大树不再枝叶繁茂。庆幸我的孩子很有主见。是的,有时孩子的思维远远走在了我们的前面。作为教师,一定要小心翼翼地呵护孩子的灵性,给学生广阔的空间,只有这样,我们的学生中才有可能出现"小安徒生"、"小郑渊洁"……

文章来源:《小学语文教师》2007(11)

**感悟与思考：** 孩子的世界里有会说话的美人鱼，有会唱歌的丁香花，有彼得·潘的永无岛，有安徒生的红舞鞋……孩子是天生的诗人，孩子是天才的艺术家。教育教学应该为孩子造梦，捍卫孩子梦想的权利。保护孩子的梦想就是保卫民族的想象力与创造力。凡是梦想折翅的地方，再也没有飞翔的天使，也就再也没有伟大的事物。

## 静悄悄的挑战

林志娟

教室里静悄悄的。

刚才还是笑靥如花、热烈生动的一张张小脸在瞬间凝固了，深沉了，沉默了。他们或锁眉凝思，或托腮默想，或翻书捉笔……我微笑着，温柔而又得意地看着他们。古诗词中衬托手法的运用，虽然在平时的课堂中，他们时有接触也略懂皮毛，但让他们反其道而改写之，这还是头一遭。我知道，从我要求他们把《别董大》诗中的反衬之法改写为正面衬托的那一刹那起，他们的头脑被撞击了，许多的问号如肥皂泡似地冒出来，他们的内心正经历着风暴。此时，他们在思考着，安静地进入自己深度的思考。这是我最感兴趣的沉默：一个问题提出来但没有引起立即回应的那种沉默。我确信，这是一个很有价值的沉默间歇。

时间一分一秒地过去。5分钟、6分钟、8分钟……教室里愈发寂静了。后面听课的李老师时不时地用焦急的眼神提示着我，似是期待我发话，扭转局势。陈老师和肖老师正小声嘀咕，估计在交流彼此看法。林老师大概等烦了，正打着呵欠……看着这一切，我渐失了开始的自在。在走道间踱蹰着，孩子们依旧沉默着。渐渐渐渐，我的心在敲击着，下沉着，大块大块的怀疑自心底卷起，我那一颗自信的心开始悬挂焦灼。我的要求是不是太难了？我怎能在公开课上让课堂如此死气沉沉呢？我应该给他们一点提示，给他们一个框架，让他们有"诗"可依？我应该让我的课堂活跃起来，让孩子们开口说话？

我终于无法抑制自己的焦躁，发话了："同学们，刚才通过交流我们已经知道了诗人高适在这首诗中是借悲凉、肃飒之景来抒发昂扬、乐观的情绪，那么如果用正面衬托的手法来写，如若情不变，那么我们得写什么样的景色呢？"

"美丽的。""温暖的。""明媚的。""优美的。""美好的。""生机勃勃的。"孩子们纷纷答道。寂静被打破了,老师们的目光专注了,我的心也实实在在地定了。我趁势追问:"我们以前学过那么多的古诗,有没有描写这样景色的诗句?我们是不是可以移植过来?"

一愣间,班长冰嘉举起了手:"日出江花红胜火,春来江水绿如蓝。莫愁前路无知己,天下谁人不识君。"说完,满是得意自豪。

我点头默许。班里立刻小手如林,火红的热闹在静静的课堂中冉冉升起。"千里莺啼绿映红,水村山郭酒旗风。莫愁前路无知己,天下谁人不识君。""春色满园关不住,一枝红杏出墙来。莫愁前路无知己,天下谁人不识君。""草长莺飞二月天,拂堤杨柳醉春烟。莫愁前路无知己,天下谁人不识君。"……

教室里气氛非常活跃,我却开始后悔,开始失落。这样也算是"写诗的启蒙"?我似乎在头撞南墙瞎跑着。我似乎让鸵鸟的智慧迷住了心扉。我只觉得一片茫茫的虚无。但我的话语依旧兴奋着:"你们可真聪明,标准的'一点通'啊。不过,这样的'诗'组合是盗版的,是次品。我希望大家能经过自己认真的思考,适当化用,写出属于自己的真正的好诗。"话音刚落,下课铃声响起。

布置完作业,(改写古诗:如若景不变情变,那该怎么写?)收拾着教本我正准备离开,学生颜影手拿本子向我走来。"老师,你帮我看一下。"脆脆的声音小心翼翼地探询。"这是我刚才写的。"

"草长莺飞红日暖,春风拂面(意纷纷)。莫愁前路无知己,天下谁人不识君。"

又有几个孩子拥了上来,把本子递给了我。

"千里( )云红日升,青山苍莽我当歌。莫愁前路无知己,天下谁人不识君。"

"春来大地风景好,(            )。莫愁前路无知己,天下谁人不识君。"

……

这就是孩子,我那些为思考得不够成熟而保持着沉默的孩子。我释然了,问题是出在我自己身上。正如大多数人一样,我已习惯于将课堂中的沉默视为自己教学某处出了错的征兆。是我的焦躁误导了我,还有公开课"课堂气氛很活跃"之类的赞誉诱导着我。这学期虽然一直在致力于创建一个既欢迎表达也鼓励沉默的课堂空间,然而这样简单的事情却也这样艰难。

我总是看不清课堂,看不清自己的教学指针。走了一程又一程,始终辨不清哪条路通向"天堂"。课堂深深深几许?它总是给我下一层迷雾,重重复复重。在其间寻寻觅觅,我无力把握,战战兢兢。可我又必须证明自我真实的存在。于是,我总是被拉向两极,极度恐慌。在这节课中,我对于沉默的价值的观念在经受着考验。我设想了一个框架很好的问题,随之而来的却是一片沉寂。我就等啊等,我知道我应该再等等,不要急,可是漫长的等待、过度的安静与听课老师的反应让我最终觉得无助而失控,于是,眼睁睁地看着沉默营造出的学习的开放性因为自己的控制需要而化为乌有。

谁能牵引着我?我还是像孩童一样胆怯幼稚。

**感悟与思考:** 美国教育家帕克·帕尔默在《教学勇气》这本书中说道:"在真正的教育中,沉默是作为一种学生需要内心世界工作时值得信赖的母体,是适合更深层次学习的一种媒介。"教育教学要培养学生沉思默想的学习品质。明敏的教师就会用心解码来自沉默的秘语,且明智地知道,何时进入情境,进入情境多深,何时撤出情境,并作出了适切的回应。

# 主题四 资源利用

"不只是将学生看作教学的对象,同时还是教学的资源;不只是把教师看作知识信息的传递者,同时还是课堂上不同信息的接受者、倾听者、处理者;不只是把教学看作预设计划的执行,同时更是师生、生生相互作用的过程。"所以,一个有意义的教学过程,除了具有学习客观知识的特点之外,还应该成为广大师生共同建构知识和人生的生活和创造过程。只有当广大师生的生活、经验、智慧、理解、问题、困惑、情感、态度、价值观等素材性课程资源能够真实地进入课程、进入教学过程的时候,教师和学生才会真实地感受到教学过程是他们的人生过程,才有可能普遍地恢复它应有的生机和活力。

——吴刚平

人们越来越清楚地认识到,如果没有依托课程资源的广泛支持,再美好的课程改革的设想也很难变成中小学的实际教育成果。实施新课程,无论是国家课程的创造性实施,还是地方课程和校本课程的自主建设,都应该十分重视各种课程资源的开发和利用,使之更好地为促进学生富有个性地健全发展服务。

开发和利用课程资源的基本理念:

1. **课程标准和教科书等是基本而特殊的课程资源**

与纸张印刷时代的要求相适应,教学大纲和教材一直是我国学校教育的主要课程资源,特别是教科书曾经几乎成为唯一的课程资源。随着时代的发展和社会的进步,教学大纲和教材的形式和内容也在不断地发生变化,例如教学大纲变成课程标准,"一纲一本"变成"一标多本"等,但从普遍的情况来看，课程标准和教材等教学材料仍然是最基本的课程资源。当然，这种基本的课程资源具有相当大的特殊性，它们在很大程度上反映着国家的意志，代表了国家对于基础教育的基本要求，为基础教育树立了一个基本的统一标杆和尺度，是政策性很强的课程资源。

教材是教学内容的重要载体，教材的开发和利用不仅要呈现学科知识，还应该考虑如何才有利于引导学生利用已有的知识与经验，主动地探索知识的发生与发展，同时也应有利于教师创造性地开展教学活动，有利于培养学生的创新精神和实践能力、收集和处理信息的能力、获取新知识的能力、发现和解决问题的能力以及交流与合作的能力，发展对自然和社会的责任感。所以，教材的编写应符合课程标准的要求，遵循学生的心理发展特点，精选对于学生终身学习必备的基础知识和技能，从学生兴趣与经验出发，体现社会、经济、科技的发展，尝试以多样、有趣、富有探索性的素材展示教育内容，并且能够提出观察、实验、操作、调查、讨论等方面的建议。

一方面，我们要确认课程标准和教材是最基本的课程资源，重视教材建设，充分发挥教材在教学中的重要作用。在教材的开发和建设方面，需要进行结构上的突破，体现时代发展的多样化需求。但另一方面，又必须认识到教材不是唯一的课程资源。要改变教材作为唯一课程资源的观念，合理构建课程资源的结构和功能。课程政策上要鼓励老师从"教教材"到"用教材教"扩展，使老师成为课程资源的重要决策者。

2. **教师是最重要的课程资源**

课程资源，无论是素材性课程资源还是条件性课程资源，对于课程目标的实现范围和水平都是非常重要的。但是，在课程资源普遍紧张的情况下，究竟哪些课程资源是最为基本的？哪些课程资源在整个课程资源中居于主导地位、对于课程资源结构功能的发挥具有决定意义呢？

可以说，兼具条件性和素材性课程资源两种性质的人的要素在整个课程资源特别是素材性课程资源的开发和利用中起着主导性和决定性的作用。换句话说，教师不仅决定课程资源的鉴别、开发、积累和利用，是素材性课程资源的重要载体，而且教师自身就是课程实施的首要的基本条件资源。所以，从这个意义上来讲，教师是最为重要的课程资源，教师的素质状况决定了课程资源的识别范围、开发与利用的程度以及发挥效益的水平。事实上，随着课程改革和学校内部教育教学改革的深化，教师是教育改革关键性因素的观点，越来越引起人们的关注。许多教师甚至在自身以外的课程资源极其紧缺的情况下，实现了课程资源价值的"超水平"发挥。

因此，在课程资源建设的过程中，要始终把教师队伍建设放在首位，通过这一最重要的课程资源的突破来带动其他课程资源的优化发展。毫无疑问，学生的发展必须依靠训练有素的专业教师，教师必须做好准备以便能给在能力、需要、经验和学习方法各有不同的学生提供优质的教学。应该为教师提供专业发展机会，提高教师进行有效教学的能力。用于这种发展的资金和专业实践，是教育预算的一个重要部分。

当然，重视专业教师资源并不意味着轻视其他人员的作用。相反，一所学校教师的资源优势能否恰当地形成和有效地发挥作用，与以校长为核心的学校领导班子的课程资源意识和能力息息相关。因为教师专业素质的提高是一个长期的持续发展的过程，所以在教师队伍建设问题上应该树立高度的历史责任感。除学校行政人员和教学同仁外，其他支持人员包括资料管理员、实验室技师或维修人员等，他们也发挥着课程资源的作用。同样，学生的经验、智慧、问题和困惑等一旦进入教学过程，他们也就成为课程的重要建构者，发挥着课程资源的作用。

### 3. 教学过程是师生运用课程资源共同建构知识和人生的过程

长期以来，由于课程设计上的封闭性，教师缺乏课程资源的合法决策权，因而也就缺少相应的课程资源意识和开发与利用能力，教师和学生的生活、经验、问题、困惑、理解、智慧、意愿、情感、态度、价值观等丰富的素材性课程资源通通被排斥在教学过程之外，原本十分丰富的教学过程缩减成为单一的传授书本知识和解题技能的过程，一种狭义的"双基"成为教和学的客观对象与目标，教师、学生在课程和教学中的积极性、主动性和创造性被束缚了。

事实上，教师和学生在课程与教学中的主体地位的丧失，不仅否定了教学过程中知识的主观属性，也否定了教学过程作为师生共同的生活过程和人生过程的现实性，而且最终把教学过程窄化为"教教材、学教材、考教材"，甚至滑入"考什么，教什么；教什么，学什么"的怪圈。

应该看到，书本知识是重要的课程资源，具有客观属性，是教师教学和学生学习的对象，对此我们必须重视。但同时，知识也具有主观属性，是人类主观认识的成果，因而也可以是师生在教学过程中共同建构起来的。仅仅把知识当作纯粹的客观对象来学习，很容易把学生学习的知识演变为固定不变的唯一结论或真理，导致教学过程成为一个简单的传授标准答案的过程，广大中小学教师在教学过程中的处境十分尴尬，绝大多数灵敏的学生在教学过程中只能处于一个被动接受的地位，教学过程失去了应有的生机和活力。

　　一个有意义的教学过程，除了具有学习客观知识的特点之外，还应该成为广大师生运用课程资源共同建构知识和人生的生活过程。只有当广大师生的生活、经验、智慧、理解、问题、困惑、情感、态度、价值观等素材性课程资源能够真实地进入课程、进入教学过程的时候，教师和学生才会真实地感受到教学过程是他们的人生过程，是他们生命的有机组成部分，教学才有可能真正地促进学生的健康成长和健全发展，才有可能不断地提高教师的专业发展水平，才有可能普遍地恢复它应有的生机和活力。

# 一、资广源深

## 大便老师

黄春明

如果你是一位老师,不管是现职的、退休了的,或是转行了的,当有人叫你"大便老师"时,你将作何感想?不管你修行有多高,即使不生气,不愉快总是难免的吧。

我就被这样叫喊过,还不止叫一声。那是在台北捷运总站,上下车人潮嘈杂声中,有一位先生,大声连叫了三声。我听见了。首先我还不知道那是在叫我。我也是来往人潮的一分子,再怎么忙,只要一听见有人大声叫喊"大便老师",谁都会好奇地停下来顺着那叫喊人的视线,去寻找那个被羞辱、被叫"大便老师"的,到底是什么样的一副德行。我一下子就找到这个叫喊声的源头,那声音像是冲着我来的。当我看到那个三十岁左右的青年,他的目光和旁边因好奇而驻足的人,同一个目标注视我时,我一下子不知所措地惊慌起来。那位青年,像破冰般,挤开身边的人群,快步向我走过来。

"老师!"他愉快地伸手去握住我还不想和他握手的右手,用双手摇着它。

"你是……"这个人,在我的脑子里,一点印象也没有。稍叫我安心的是,他堆满了笑容,并亲密地拉着我的手,不过还是觉得不自在。

"我是你教我们做大便的学生。"

"啊……"我拉长惊叹以健忘老人滑头的伎俩,利用那一点时间去快速倒带思索,什么教他们做大便的事。很幸运,还不至于患了老年痴呆,总算想起来了。

"……对对对,那是很久很久的事了,啊哈哈哈,对对对,大便大便……"我把迎他的笑脸和话语，故意顺便扫向还在用好奇的目光锁住我的旁观者。这一招有效，我们目光一接触，一个一个都微笑着走开了。

对，确实有这么一件事，当时我客串老师，教一群幼稚园的小朋友用泥土做大便。事情是这样的：

17年前，我曾在中部乡间一家工厂任职协理，公司为员工附设的幼稚园和托儿所，都归我指导。

有一天下午，我去巡园，在教室走廊碰到一位女老师，她小心翼翼地带着一群用盒子装满泥土的小朋友，从田里回来准备进教室。小孩子一碰到泥土，每个人都露出愉快的笑脸，边走边讨论将把泥土怎么着的事，高兴得像一群麻雀叽叽喳喳叫个不停。包括老师在内，他们那种样子，让人觉得很有生机。但是，当那位女老师注意到我在他们背后的时候，我像撞碎了什么似的，老师突然严肃地警告小朋友不要讲话。小朋友因为泥土在手上，也在心上，太高兴了，所以没理会老师，照样叽叽喳喳有说有笑。老师更紧张了。因为我已经跟近了，老师来不及再警告，她改口大声地说："小朋友，你们有没有问黄协理好？"

小朋友这时东张西望才看到我，很陌生而不带感情地东一句西一句地说："黄协理好！"

如果他们刚才那种愉快的样子，是一只精致的水晶玻璃作品，这时都摔碎了。我对自己的出现，觉得后悔，有罪恶感。另一方面也对我们养成无谓地乱怕主管，或是主管滥充权威叫人怕他的这种文化感到心痛。小孩子一下子就被紧张的老师感染，他们也生硬起来。就在这时候，有一个小孩手一滑，盒子一翻，"泼剌"一声，一团泥土掉到地上了。旁边的小孩随着叫了一声："哇！"那孩子惊吓地抬头望着老师。

"太不小心了，快捡起来！"

小孩害怕地蹲下来，准备把泥土捡起来重新放回盒子里，因为大家都围过来看他，他觉得很尴尬。没想到，他不但没捡还站起来，很不自信地指着脚边的泥土，笑着说：

"看！牛屎。"

"乱讲！还不赶快捡起来。"老师更紧张了。但是，小孩子一听"牛屎"，大家都笑着说"牛屎"。老师走过去蹲下来准备替小孩把泥土捡起来。我赶紧叫了一声："老师，不要捡。"老师站起来看着我。我对她笑着说："我来。"然后对孩子们说："小朋友，你们看，像不像牛屎？"

"好像喔！"

"真的好像牛屎，好好玩。"

小孩子你一句、我一句，都说地上的泥土很像"牛屎"，一时僵硬的气氛又恢复生动了。连那一位以为自己惹祸的小孩，也高兴地以他的发现为豪，张望着同学的脸，希望后头的同学也过来看。只有老师还没转过来，而面对失序的情况显得有点不安。

"老师，我们就来一次随机教学好吗？这一节就由我来。"

"好啊，好啊。"老师好像转过来了。她也笑起来。

隔着窗户那一边教室里的小朋友，听到走廊喊着"牛屎"的骚动，注意力也被吸引过来了。只听见里面的老师，用教鞭抽着桌子，大声叫："小朋友！大家看黑板！"

我把拿着泥土的小朋友带到他们教室之后，就跟他们大谈大便起来，原来摸到泥土就满心欢喜的小朋友，又在教室里，开口闭口谈起大便，他们几乎疯起来了。

每一个人都想说说他们见过的大便。

"老师，我家的猪大便，很像一球一球的冰淇淋哪！"有一位男生说。

"好脏！冰淇淋怎么像猪屎？"

"那样子像不像？"我说。

"很像。"

"不像。"

小孩子讨论得很热烈。

"老师，鸡屎很像牙膏。"

"比较像水彩。"

"牙膏！"

"水彩！"

"牙膏牙膏牙膏……"

"水彩水彩水彩……"

"好了，不要吵，你就把它做出来。还见过什么大便？"

"羊！羊！羊的大便很像黑豆。"

记得那一课做了好多种动物的大便，最后连自己的大便也做出来了。有一位同学把泥土和了一些水，弄成一摊稀泥，用害怕又觉得好笑的声音叫："拉肚子的大便啦——噫——好臭喔！"

小孩子一下子都围过去看:"好脏!唷……"

这一节课学生的作品很丰富,也很生动,但是秩序很乱,特别是声音很吵。不过想一想,一群小孩子用泥土做大便,能静悄悄地进行吗?世界上哪里有这样不活泼的小孩,请你告诉我。

所谓的随机教学,除了动机可以随机,内容也可以随机。

我趁这机会教他们一首有关大便的闽南童谣,然后再说明:吃东西吃得太快不能消化,从大便都可以看出问题。

真的,没见过小孩子学习的情绪是这么高昂,这么投入。据说他们回家的路上,在娃娃车里还唱着刚学会的大便歌,害别班的同学羡慕不已。那时我心里就想,这一课,这些孩子一辈子都忘不了吧。但是事过17年,未曾听过有反应,连我都差点忘了。

我跟这位叫我"大便老师"的学生,坐在车站的咖啡厅聊起来。

"老师,你知道我那一次做什么大便吗?"他笑着看我。

"我怎么会知道。"

"我就是做稀大便的那一个。哈哈哈。"

我们都笑起来。旁边的人转过脸来,用眼睛使劲瞪我们。

"你不会因为这样才去学医吧?"

"老师,我不敢说绝对,不过一定有关系。"他没笑,那眼神好认真。接着又说:"老师你没教书很可惜。"

"怎么会。"

"要是我当总统,我一定请你当教育部长。"这当然是开玩笑。

我在心里对自己说:"当什么教育部长?还是当大便老师好。"

文章来源:《福建论坛》社科教育版,2005-08-07

**感悟与思考:** 课程是学生学习的经验与生命的体验。课程资源在生活中可谓取之不尽、用之不竭。善利用者可以点铁成金、刻石成花。"做大便"听起来似乎不能登大雅之堂,可深究之下,"大便老师"巧用教学时机,妙用泥土资源,激发学生学习兴趣,对孩子们进行了一次令他们终身难忘的综合实践活动教育。

## 巧借文本资源化解课堂矛盾

沈天才

那是一节语文公开课,授课教师抽签抽到全校最"差"的班级。听课者除了本校的一些教师外,还有县市的教育专家。主讲人上的是《故乡》一课,这位年轻老师正在想方设法调动学生的学习积极性。在分析"杨二嫂"这一人物形象时,该教师提出一个问题让学生思考:"'圆规一面愤愤地转过身去'这句话中的'圆规'是指谁?用'圆规'来形容这个人你有什么感想?"话音刚落,一个留着长发的学生脱口而出:"'圆规'就是我们班的×××(指一个腿有残疾的同学)。"说完还显出一副自鸣得意的样子。被说的那位同学霍地站起来,满脸涨红,双肩夹着的拐杖中的一支差点倒在地上,眼看他趔趄着要摔倒,坐在他身边的我赶紧一手扶稳他,同时另一只手捂住了他那即将说出脏话的嘴。主讲教师也过来搀扶,脸色气得发白,嘴角蠕动着,正想要批评那个长发的学生。这时候,所有的目光一起集中在这个身体残疾的学生身上,整个课堂弥漫着不祥的气氛。

我小声地对年轻教师说:"让我来说几句话,好吗?"该教师点头同意了。我走上讲台时,所有的目光又齐刷刷地射在我身上,充满了诧异。我温和地说:"请允许我来跟同学们解释这个问题好不好?"同学们异口同声地说:"好!"他们大概希望我这个教他们政治的老师能带来点意外"惊喜"。我接着说:"其实,很多同学都知道'圆规'指的就是杨二嫂。这个昔日的'豆腐西施'为什么会变成'细脚伶仃'的'圆规'呢?是自然的生理现象吗?不是!而是社会的丑恶现象!"停了一会儿,我继续说:"在封建社会里,有一种对女人的审美陋习,那就是女人的脚越细就越美。于是女人裹脚的现象就出现了。杨二嫂年轻时被人称为'豆腐西施',除了人长得漂亮之外,再就是她从小被裹脚,以至于成了今天的'细脚伶仃'。这样的细脚女人,长大以后失去了劳动能力,也就永远失去了谋生的本领。这是封建的审美陋习对女人身体的摧残!刚才那位同学说×××是'圆规',这是对不幸者心灵的摧残啊!当然,也许该同学没有认识到封建社会的这种陋习现象,也许是一种无意的玩笑、无意的伤害,请同学们不要过分在意。我们应保持一颗纯真宽容的心,去审视昨天和今天的美与丑,好吗?"我向同学们微微鞠一躬,做出一个说完的姿态。这时,同学们发出了热烈的掌声。主讲的年轻教师、听课的教师和县市的教育专家，也发出了轻松而会心的微笑。

文章来源：《师道》2007（4）

**感悟与思考：** 这是一节特殊的公开课，使得课堂里的每一个人都卷入了思考，直面着突如其来的矛盾。这是一个相当棘手的矛盾，以当时那么浓烈的火药味和尴尬的气氛来看，当面斥责的导火线一触即发，那么，结果可想而知……紧要关头，文本资源的巧妙运用，既深度解读了文本的本义又昭彰了正义，舒缓了矛盾，显示出以柔克刚、四两拨千斤的韧力。

## 从"一亿有多大"看生活素材的选取

陈燕香

"一亿有多大"是苏教版数学四年级上册安排的一次"实践与综合应用"活动，教学目标是让学生通过对具体数量的感知和体验，帮助学生理解数的意义，建立数感。由于一亿这个数太大，学生很难结合具体的数量获得直观感受。因此，教材在"大数的认识"这一单元后，安排了综合应用的内容，旨在使学生通过探究活动，经历猜想、实验、推理和对照的过程，利用可想象的素材充分感受一亿这个数有多大。教材设置了三个活动，让学生通过"数一数"、"排一排"和"称一称"等实践活动，并借助推算和计算器的计算，使学生联系实际，从不同的角度、用不同方式感受一亿的大小，进一步发展数感。

教材中"排一排"的活动是这样安排的：组织学生从测量10个小朋友手拉手站成一行的长度，通过列表的方式推算出一亿个小朋友手拉手站成一行的长度。为了让学生正确感受一亿个人排列的长度，教材把这个数据与地球赤道长度作比较，让学生用计算器计算，从绕地球的圈数来进一步感知一亿有多大。剖析教材设计的这个活动，有三个方面的不足：

第一，操作性不强。这个活动难于开展，教室空间小，10个小朋友手拉手站成一圈，就占了很大一块地方。

第二，参与面不大。由于教室空间有限，无法组织小组活动，不可能人人都参与活动。

第三，体验性不强。地球赤道全长4000万米，这个数本身就是个大数，而且以赤道的长度为参照物，远离学生的现实生活，学生的体验不深刻。

实际教育语境中,体验是一种产生情感且生成意义的活动,而远离了学生的生活和体验就不能生成相关的意义,培养学生的数感也就无从谈起。怎样的参照物能加深学生的体验呢?在教学中,一位教师对"排一排"这个活动的素材进行改造,创设了如下的活动情境:

1. 谈话。刚才我们通过数一数从时间上感受了一亿的大小,老师还想请你们再来看,老师手上拿的是一枚一角钱的硬币,如果把一亿枚一角钱的硬币摞在一起,你们猜猜会有多高呢?大家都知道我们家乡的塔山公园有一座高25米的吉祥塔,那么一亿枚硬币摞在一起请你估计会有吉祥塔高吗?会有几个吉祥塔高?

2. 学生估计,教师板书。有的学生认为可能有10个、30个,最多的认为可能有120个吉祥塔高。

3. 讨论交流。怎样才能得到一亿枚硬币摞在一起的高度?小组讨论得出先量出20枚硬币的高度,再进行推算。

4. 列表进行推算。

(1) 小组活动:动手量量20枚硬币的高度。学生通过测量得出3.5厘米、3.6厘米、3.7厘米,以3.5厘米为标准进行推算。

(2) 出示表格:各小组依据刚才测量的数据填一填,并反馈推算结果。

5. 感知一亿枚硬币摞在一起的高度。

(1) 一亿枚一角钱的硬币摞在一起有多少个吉祥塔高?通过列式计算得出:175000÷25=7000(个)。看到这个结果,一个学生惊呼:"这么多个啊!完全超出了我们的估计。"

另一个学生说:"如果把这7000个吉祥塔摞在一起,那一定会直插云霄吧!"

(2) 珠穆朗玛峰是世界最高峰,海拔8844米,请你们再算一算:一亿枚一角钱的硬币摞在一起有多少个珠穆朗玛峰高呢?

学生独立列式计算,得出结果:175000÷8844≈20(个)。"哇,珠穆朗玛峰是世界最高峰,已经很高很高了,可一亿枚硬币摞在一起,居然有20个珠穆朗玛峰那么高。"学生发出了这样的惊叹。

在最后一个环节安排让学生在小组里说一说"一亿有多大",表达对一亿大小的感受时,学生发出这样的心声:"通过这节课的学习,我终于明白了一亿真的很大,大得让我们无法想象。"

"我想,一亿这个数虽然写的时候只要写一个1和八个0就可以了,但是这个数在生活中是那么大,真是太奇妙了。"

在这个教学片断中,教师对"排一排"这个活动的素材进行了改造:第一,把测量"10个小朋友手拉手站成一行的长度"改为"测量20枚硬币的高度";第二,把推算后的结果与地球赤道长度作比较改为与本地"吉祥塔"的高度作比较,再通过推算与世界最高峰珠穆朗玛峰的高度相比,强化学生对一亿这个数的认识。显然"测量20枚硬币的高度"这个活动学生容易操作,人人动手测量,课堂上学生学习兴趣浓厚;与"赤道"相比,"吉祥塔"是学生身边具体可感的,作为一个标志性建筑孩子抬头就可望见它,再用世界最高峰珠穆朗玛峰来加深孩子们的体验。这两个素材都具有很强的现实背景,让学生通过推算并借助想象,感受并亲身体验了一亿的大小。学生只有对某个事物有深刻的体验,才会在对事物的真切感受和深刻理解的基础上对事物产生情感并生成意义。

这个素材的选取是智慧的,也为我们如何创造性地使用教材提供了一个生动的案例。"实践与综合应用"领域的一个重要目标,就是让学生体会数学与现实世界的联系,树立正确的数学观。因此,选择"实践与综合应用"题材时需要遵循实践性原则,通过切合学生生活实际的现实问题,加强数学学习与学生生活的联系,激发学生的学习兴趣,培养学生学习的主动性和数学应用的意识,同时,也有助于学生对数学知识本体的掌握,强调数学知识的整体性、现实性和应用性。

文章来源:http://life.cersp.com/classroom/lists/200709/2980.html

**感悟与思考:** "一亿有多大"这个概念对成人而言都有难度,而要让四年级的学生,既要有数学数的理解又要达成个体的切身体验,确实是一个极具挑战教师教学智慧的问题。教师从硬币高度的现场情景创设入手,进一步引导学生关切身边抬头就可望见的"吉祥塔",推算出两者的数量,使得数和具体实物情景相互依托和印证,加深对数量的切身体验,而后情景创设由近及远,推及对珠穆朗玛峰高度的感受,步步为营,圆满完成了学生对"一亿有多大"这个抽象概念的体悟。教师的情景创设真正做到了"垂丝千尺,意在深潭"的佳效。

## 学生叫我"曾剃头"

曾曙光

"欢迎大家升入高中。我姓曾,是你们的历史老师。"我转过身在黑板上写下自己的名字:曾曙光。

下面发出一阵嘈杂声,我回过头来,立刻一片寂静。

"老师的名字很好听?大家羡慕了?"

"才不是咧,他们都说你是'曾剃头'!"一位大胆的学生说。

我一愣,随后微笑着说:"你们这帮新生情报很准确呀,连老师的绰号都知道啦?"

同学们马上活跃起来,有的说自己原来就是学校初中部的,"曾剃头"早就"如雷贯耳"了;也有的说是听高年级学长们介绍的……

我脑子快速转了转,决定放弃原来的教学设计。

"你们知道为什么我会有这个'曾剃头'的绰号吗?"

学生们笑而不语。

"因为我以前是个剃头的!"

"才不是咧!'曾剃头'是曾国藩,你也姓曾呗。"又是一个胆大的。

"大家知道历史人物曾国藩,还知道他的绰号'曾剃头',不错。也许是因为我教学中对学生要求比较严厉的缘故,加上又姓曾,所以有些学生就给我起了这样一个雅号。其实,我和曾国藩还确实有一些联系,曾国藩是我的老祖先!"

学生一听,纷纷要求我快讲讲。

"曾国藩出生于湘乡县荷叶塘(今双峰县荷叶乡),而我的老家也在双峰,离曾国藩的家没有多远。我还专门看了曾氏家谱,我们家族确实是曾国藩的后人。"

"你们对曾国藩了解多少?"我也不能让学生闲着。

"他曾经参与洋务运动和镇压太平天国运动。"

"他是湘军首领,镇压太平天国运动的刽子手。"

"曾国藩是洋务运动的地方代表人物。"

……

"从初中生的角度来打分,你们回答得非常好。但是进入高中以后,对历史人物评价的要求就比初中有很大的提高。请同学们仔细听下面这段话：曾国藩镇压太平军运动，是地主阶级的本性使然，这是他的阶级局限，是他的罪行，但此罪行并不影响曾国藩成为值得肯定的人物。曾国藩参与洋务运动，创办了近代的军事工业，迈出了中国近代化的第一步，在客观上抵制了西方列强的侵略，这一点值得肯定。而且曾国藩治学相当严谨，并能严格要求其子女，对当时和后世均有一定影响。"

我边读边将一些关键词句写在黑板上。

"请同学们品味这段评价文字，想一想、议一议，你认为高中阶段和初中阶段在评价人物方面有什么区别？高中阶段应当怎样来评价一个历史人物？"

同学们七嘴八舌议论开了。

"曾国藩能严格要求其子女，是一位好父亲呀！看来我们初中历史学习时知识面有限，所以对人物的评价就比较简单。"

"曾剃头杀太平军的罪行并不影响他成为一个值得肯定的人物？意外！"

"我明白了，就是说人无完人，每个人都有优点和缺点，看一个人要看他的主要方面。"

……

"大家的发言非常好。就历史人物的评价而言，初中和高中的要求是不同的，在初中阶段对人物的了解层次要求低一些，所以评价时也比较简单；但是在高中阶段，我们的认知能力提高了，评价历史人物，就应更深入、更全面，要用历史唯物主义的基本观点和方法，从正反两方面来分析，努力做到论从史出、史论结合。同学们，这段评价中有很多地方，如'地主阶级的本性使然'、'阶级局限'是什么意思？'客观上抵制了西方列强的侵略'结论是如何得出的？同学们可能一时还不能理解，请大家跟我一起学习中国近现代史，共同去探求这些问题的答案吧！"

文章来源：http://www.chinateacher.com.cn/news/2006/0301/399.asp

**感悟与思考：** 曾老师的名字这一资源竟然引出了一节精彩的历史课，而且促成了师生间的情感交流。教学资源到底在哪里？有时它就近在咫尺，就在眼皮底下，甚至就在我们身上，我们必须不断擦亮捕捉资源的双眼。教学资源究竟怎么运用？时机上，可以是趁热打铁，也可以是守得云开见月明。方式上，可以是精心设计，刻意求工，也可以是不期而遇，借力打力，顺水推舟。

## 二、化误为悟

### 巧用教材中的"错"

魏 星

我的这点想法是在课堂上突然生成的。

教学《第一朵杏花》时,我引导学生欣赏这句话:"春风吹绿了柳梢,吹绿了小草,吹皱了河水,吹鼓了杏树的花苞。"正如备课时所设想的,学生们说出了"绿、皱、鼓"三个词用得妙,有的还引用"春风又绿江南岸"和"风乍起,吹皱一池春水"来说明自己的观点。我正要总结,一位同学冷不丁地提出:

"我觉得'吹绿了小草'中的'绿'字用错了。"

何错之有?我一惊,随即将"球"踢给学生:"错在哪儿呢?"

"和第一个'绿'字重复了。我觉得用'醒'好。春姑娘来了,睡了一冬的小草醒了,探出了小脑袋。"

我听得心头一亮:这是个很好的发现。于是我赞扬了这位同学,并引导他继续探究下去:"你敢于向教材挑战,我很佩服。大家有什么意见吗?"

一石激起千层浪,大家热烈争论后,最后竟形成了"三大派":

①用"醒"好,一是可以避免与"吹绿了柳梢"中的"绿"字重复;二是可以把小草写活,有动感,有诗意;三是用"绿"太俗了,明显是模仿"春风又绿江南岸"这句诗;

②用"绿"好,因为课文写的不是初春,而是杏花开放的时节,小草早已睡醒了,正在变绿,而且,"吹绿了柳梢,吹绿了小草"读起来也挺顺口的;

③用"醒"好,但句序要变,应改成:"春风吹皱了河水,吹醒了小

草,吹绿了柳梢,吹鼓了杏树的花苞。"理由是:春天来了,河水解冻,小草萌生,杨柳吐绿,杏树开花,用"皱—醒—绿—鼓"不但写出了春天景物的特征,还可以展现出时间的推移和变化。

多妙的发现啊!学生的诠释真是慧眼独具,精彩至极!

教材究竟"错"了没有?这显然并不重要。在这个教学过程中,学生所表现出来的不唯书、不唯师、不盲从的批判精神才真正让我十分敬佩。

我的初衷是让学生欣赏这句话,把这个优美句子"输入"到脑海中,积累下来,在以后作文时能"借用"这些语言。没有想到,一个学生竟然向教材"发难",紧接着更多的同学也偏离了原定的思维轨道,加入了"反叛"队伍,迸发出强烈的创新冲动与激情。看得出,学生的思维活了,语言活了,而他们的内心体验也一定是"超级震撼"。

他们的感悟是个性化的,不仅通过阅读"倾听"了文本,还自由"评说"了文本,这不是真正意义上的"对话"吗?通过"对话","文本超越了自身,因为掺入了读者的意义;读者超越了自身,是因为接纳了文本的意义,扩大了原来的视界,又回到了自身,成了一个新我"。这不是真正意义上的语文教学吗?置身于这样的教学情境,我真切体验到了课文再创造的无限快意。

感谢那位说教材有"错"的学生,他让我"触摸"到了新课程的理念:语文教学是学生、文本、教师之间对话的过程,是"创生"的动态过程。文章是人写的,教材是人编的,即使有"错"也是正常的。文本可以有不同解读,学生自然也可以挑战文本。

对教材的错误或引发争议的地方,教师应鼓励学生大胆质疑、修改、再创造,把教材的"错"变成一种财富,一种资源。如,学生可能认为课文中的某些思想有"错",应让他们联系生活进行讨论,来一个"人文内涵的提升";有些课文在语言上可能有"错",应引导学生"咬文嚼字",训练其遣词炼句的能力;有些课文在知识上有"错",应引导学生查阅相关资料,培养学生探究性阅读的能力;有些课文"太老"、距离学生生活太远,应引领学生超越教材,对教材进行批判性质疑,并进行大胆的增删取舍;给学生"自编课文"的权利,从书报上自选课文来读等。

"教材无非是个例子",从"对话"、从"教材的'错'也是一种教学资源"的理念出发,师生才会积极审视教材,个性化地处理和加工教材。这样,学生的自主意识才会得到唤醒和培植,语文素养才会得到真正提高。

课程实施是对话，教材有"错"也美丽。

文章来源：http://ktjx.cersp.com/xswz/jxxs/200712/3887.html

**感悟与思考：**这是一个行云流水、精彩纷呈的案例，教师以教学的宽容胸怀激活了教材中的"错"这一可遇不可求的"资源"。对于教材中的"错"这个资源，教师不是以某种标准加以踩灭，不是以某类教学技巧予以迂回，而是放活学生的主体感思，秉持"一个世界多种声音"的多元价值，达成了师生与文本的平等对话和新价值的生成。

## 错出的美丽

赵　龙

教完《长江之歌》，我发现很多同学在默写课文时把"赞美长江"的"赞"字写错了。"赞"是上下结构的字，上面是两个"先"，这一眼就能看出来。可学生们错就错在这两个"先"字上，因为第一个"先"字悄悄地在笔画上作了变形，最后一笔换成了竖提。稍不留心这一小小的不同就会被忽视，我们班的那些个马大哈即是如此。

在集中订正时，我先将两个"先"字按着它们本来的写法并在一起放大出示，而后我问学生："两个'先'字挤在一起，这样的情形会让我们联想到什么？"有学生马上回答说，像一对形影不离的好朋友。我正准备表扬一番，急性子的小芸站起来道出了一个更绝的比喻，她说两个"先"字写得完全相同，不正是双胞胎的生动写照吗？恰好我们班小菁与小莼就是一对孪生姐妹，小芸的比喻立即引来同学们的同声附和，作为老师的我自然是连连点头称是。

于是，我指着两个已经放大了的"先"，顺势再问学生："仔细观察这两个孪生姐妹，前面'先'的最后一笔却变成了竖提，你们说这是为什么呢？"孩子们被我的"借题发挥"逗得笑出了声，聪明的孩子很快又捧出了合理而又精妙的解释——因为姐姐一直谦让着妹妹，日子久了最后一笔就变了形啦……

借着"孪生姐妹"这一生活中熟悉的事物，我引导学生轻而易举地记住了"赞"字头上两个"先"的变化。不仅如此，我和学生们还罗列出了一大批类似"赞"字的"兄弟姐妹字"——"兢""攒""耀""雌"等等。

在比较与辨别中，学生们对这类字的认识与记忆无疑得到了强化。试想，如果有人将"赞"字写错后，我仅是让他们瞪大眼珠子看清楚再写，或用彩色粉笔标出特殊的笔法大声强调几次，也许他们不会再犯同样的错误，但却压抑了孩童非凡的想象力，失却了寓教于乐的最佳效果。

由此我发现，平和的氛围，鲜活的比喻，给学生增添识字的乐趣不言而喻，做教师的也其乐无穷。这种快乐，不是那种简单地将错字擦去写正确，或高八度嗓音的提醒、强调所能感受到的。因为，这中间有孩子们的智慧在闪烁，有他们的天真与创意在彰显，更有师生间的"心有灵犀一点通"。

文章来源：《江西教育》2007（6）

**感悟与思考：** 说老实话，在读这个案例之前我写的"赞"字也没注意到第一个"先"字在最后一笔上的笔画变形。这个"赞"字在细小处的"错误"，却成了引燃师生点点滴滴智慧灵光的导火索。在这一纠错过程中，学生诗意智慧被激活，主体判读被提升，教师的资源能力得到彰显，教学成就感获得强化。我们有必要重新审视周遭的教学资源，以求变废为宝，变错误为美丽，化腐朽为神奇。

## 莫因小错而乱阵脚

武凤霞

今天听了两节语文课，第二节是二年级一位老师执教一首小诗《假如》。

开课效果不错，学生们积极主动，老师也很轻松。教学在轻松愉快中走进了读课文识生字的环节。这本来是个极为普通的环节，对于有经验的老师来说绝对不会出现什么问题。

可没想到，在老师要引导学生区分"食"和"良"两个字的差别时，问题发生了——

"那么'食'和'良'这两个字放在一起你们还认识吗？"老师在桌子上东翻西找，显然没有找到要找的东西。然后又急急地在黑板上写了两个字。

"同学们，老师写好的字卡忘带了，只好临时写下来，大家看，这两个字谁会读？"

这当然难不住学生，叫起来的每一个学生分辨得都很清楚。

"这两个字有什么不同呢？"老师笑着问同学们。

"'食'字上面有个'人'，'良'字上面没有。"学生们一下子就发现了两者的不同。

"还有哪里有区别呢？"老师继续问，充满了期待，但一连问了几次都没有人举手。坐在后排的我也睁大眼睛、伸长脖子使劲地分辨——没有什么区别。

老师也纳闷了，转向黑板一看："哦。对不起，老师把字写错了，我再改改。"

原来老师把"食"字最后一笔的"点"写成了"捺"，这样下面的字就是"良"字了。学生当然不能发现它们的区别，因为它们本来就是一个字。

老师们哄堂大笑。笑声过后，就有了老师的第二次出错，第三次出错。一节课草草结束。

下课了，这位老师告诉我她很郁闷，不该把写好的字卡忘在办公室。我对她说："忘记带字卡是粗心，但让粗心乱了自己的阵脚是错误，而且是影响教学的关键错误。"

我又对她说："错误本来不大，如果老师发现自己出错了该怎样处理呢？我觉得应该告诉学生：'大家都找不到这两个字还有什么区别，那一定是老师在写的时候出现问题了。快点打开课本，找到这两个字，看谁的眼睛亮，第一个找到的同学做我的老师'。"

学生们寻找辨别的兴趣一定会空前高涨。二年级的孩子，谁不想做老师的老师呢？当学生发现了以后，老师不要让他们急于发言："想做我的老师可不容易啊，需要你能把这两个字默写下来。到讲台上写给我看，还要说给我听，这才是合格的老师呢！"

学生纠正完以后，老师不妨再引申一步："就刚才同学们帮助老师纠正错误这件事，我想你们一定有话要说，说给大家听听好不好？"

学生也许会说到"老师也会写错字"，也许会说到"我们也可以当老师的老师"，还可能说到"有的时候我们不一定完全相信老师"等一类的句子。如此抓住这一次失误，不仅可以提高学生的学习兴趣，让他们真正记住这两个字，而且可以在潜移默化中培养他们的怀疑精神。

错误可能来自学生，也可能来自教师。对于来自学生的错误，我们常常能从容应对，但对于自己的失误，我们有时却不知所措。这里有个所谓的"面子"问题，有些人被所谓的"师道尊严"所困，采用掩饰或回避的方式，结果反而适得其反。其实，如何妥善处理课堂上的错误，恰恰是检验教师素质的好机会。

文章来源：《教育时报》课堂版，2007-10-17

**感悟与思考：** 错误之所以珍贵，其价值有时并不在于错误本身，而在于师生通过集体查错、思错、纠错获得许多新的启迪。一方面可以超越狭隘的教学内容，让师生的生活经验更多地融入课堂中；另一方面可以大大激发学生的课堂参与热情，让"死"的知识"活"起来，让"静"的课堂"动"起来，变单纯的"传递"与"接受"为积极主动的"发现"与"建构"。这不仅需要我们有沉着冷静的心理和从容应变的机智，更需要我们牢固树立"错误资源"意识。

## "错误"的价值

王全忠

人非圣贤，孰能无过？教师当然也不例外。那么，教师应如何面对自己在教学过程中出现的错误呢？

"君子之过也，如日月之食焉。过也，人皆见之；更也，人皆仰之。"这是古人对待错误和改正错误的一种正确认识，无可非议。笔者想说，如果老师不慎出错或者故意出错，一定要让错误体现出价值。

"错误"是发挥教学机智的绝佳机会。

最近，笔者听了一堂数学公开课。当执教老师把练习题投影在屏幕上时，一名学生指出题目中的数值错了。老师检查一番后说："哦，这是一个小错误，这样改一下就好了。"难道老师犯的错误都是可以改正的小错误吗？如果我是这位老师，当学生指出我的错误时，我会平静地说："是吗？请你再做一遍，也请同学们都做一遍。"这时，我会立即调整教学设计，就"错误"做文章。首先，表扬指出错误的学生，然后，让全班学生一起分析错误的原因，寻找改正的途径。

"错误"是开发课程资源的有效途径。

笔者上《桃花源记》一课时，有学生忽然提出"为什么陶渊明写《桃花源记》而不写《杏花源记》"的问题。我当时感觉这位学生无事生非，便没好气地说:"因为陶渊明那时看到的是桃花,如果看到的是杏花,我们今天读到的可能就是《杏花源记》了。"

下课后,当我把"桃文化"三个字输入电脑搜索时,眼前赫然出现了下面一行文字:"广东韶关学院学报编辑部副编审王焰安同志的专著《桃文化研究》是国内第一本有关桃文化研究的著作。"我震惊了,我的"想当然"丢掉了一个重要的教学资源。

第二天,我在课堂上郑重其事地向提问的学生道歉。这节课,我和学生一起查找课文中有关"桃"的词语,一起回忆有关描写"桃"的诗文,学生的学习热情很高。最后我们决定成立桃文化课题研究小组,深入学习桃文化的起源、历史沿革、桃文化"福"的内涵、桃文化"寿"的内涵、桃文化"美"的内涵、桃文化"情"的内涵。在学习过程中,我们认识到"桃"与文化密不可分,"桃"是中国文化中一个鲜活的载体、符号和象征。

随着所收集资料的增加和思考的深入,一份研究提纲日渐清晰。一个月以后,课题小组居然把"桃文化研究"的网页制作出来了。

这件事情让我认识到,教师一定要树立起学生也是教学资源的观点:学生已有的经验是基础性资源;学生之间的差异是互动性资源;学生在课堂上的状态和行为是不同程度的生成性资源。

"错误"是点燃智慧灵光的神奇火花。

李镇西老师教学《在烈日和暴雨下》一课,板书课题时故意把"在烈日和暴雨下"写成"在暴雨和烈日下"。刚一写完,学生就嚷起来:"错了!错了!应该是'在烈日和暴雨下'!老师,您刚好写反了!"听到学生们激动的声音,李老师真是高兴,但是,他故意不认错:"我没有错!是的,我写的课题是和书上不一样,但意思都是一样的。你们看,'烈日和暴雨'是什么短语?"他有意引学生"上钩"。学生异口同声地回答:"并列短语!""对了!既然是并列短语,那么连词前后的部分并没有主次之分,当然可以颠倒一下!"他很得意地说。"不对!"一位女生似乎有些激动,她说着便站了起来,"题目名为'在烈日和暴雨下'而不是'在暴雨和烈日下'是有道理的!因为课文是先写烈日,后写暴雨,这既是天气变化的顺序,也是课文的大体结构,怎么能够随便颠倒呢?"

当学生的智慧灵光被点燃后,李老师故作恍然大悟状:"嗯,同学们言之有理。看来,'烈日和暴雨'还真不能颠倒。好,我接受你们的意见。

谢谢同学们！"一篇文章的内容顺序和结构，李老师利用一个巧妙的"错误"轻松点出。

文章来源：《中国教师报》2007-03-15

**感悟与思考：** 无巧不成书，无错不成学。确实，课堂中的"错误"，有其丰富而独特的价值。一节课中，没有展示出学生的思维误区，没有思考的失误，没有探索的歧路，这样的课看起来一帆风顺，流利通畅，然而，其散射的智慧的能量，其内存的思想的含量有多少呢？错误也是一种宝贵的教学资源！善为师者，总能绝处逢"生"，置之死地而后"生"，使课堂更具生气、生机、生命。

## 主题五　教学行为

　　讲解（教师是讲解人）引导学生机械地记忆所讲解的内容。尤为糟糕的是，讲解把学生变成了"容器"，变成了可任由教师"灌输"的"存储器"。教师越是往容器里装得完全彻底，就越是好教师；学生越是温顺地让自己被灌输，就越是好学生。于是，教育就变成了一种存储行为。学生是保管人，教师是储户。

　　　　　　　　　　　　　　　　——保罗·弗莱雷《被压迫者教育学》

　　教学行为是教学活动的基本实现单位，它是教师引起、维持或促进学生学习的所有行为，也就是教师为了促进学习者完成学习行为而进行的支持性、服务性、指导性的活动总和。它根源于教师对教学过程的本源把握和教师的个人教育信念，是教师教学思想观念集中、生动的表现。教学行为作为无形的纽带，维系着教师的教和学生的学，并直接影响着教学水平的提高和教育目的的实现。

　　基于本主题的故事与案例的剖析，我们可以对教学行为的特性和改善策略简要归结如下：

　　教师教学行为的三大特性：第一，教育性。教师教学生涯中有意或无意间的一言一行，如手中的红笔、口中的话语、脸上的表情、不经意间的举动等等无不深蕴着教育的力量。教师的知识背景决定了学生精神生活的远景，教师的求知态度决定了学生智力生活的高度，教师对待学生质疑的方式决定了学生后续学习的范式……因此，教师需要谨言慎行的教学品质，具备善于倾听来自学生纯真的感情流露、真挚的心灵悸动、独特的心灵告白的教学能力，以圆满完成教书育人的使命。第二，独特性。黄沙如海，找不到绝对相似的两颗沙粒；绿叶如云，寻不见完全雷同的一双叶片。教学行为带有鲜明的个性色彩，呈现迥异的个性风格。教师的教学行为或直陈明述，坦诚自然；或幽默机智，旁敲侧击；或情真意切，如春风化雨；或简明朴实，如清水出芙蓉；或气质如兰，温文尔雅，平易近人……展现出千姿百态的不同特质。第三，艺术性。教学行为是一种向内执求的行为艺术！富有艺术性的教学行为往往能够顺应学情，灵活应变，创造性地运用各种教学方法和手段，而不是僵化机械地进行；能够充分挖掘教学中的艺术因素，不仅讲得明确，而且说得动人；不仅写得正确，而且书得漂亮；不仅是教学时、空、人、物组织合理，而且注重师生双方的心理协调、情感沟通、气氛和谐，达到审美化的教学境界。

改善教师教学行为的三个策略：第一，反思意识是改善教学行为的前提。反思意识是基于提高自我教学能力的强烈愿望。作为处于教学实践中的教师，应该审视自身在整个教学过程中全方位的教学行为，包括教学内容的反思；教学方法的反思；教学效果的反思；师生关系的反思。具备自觉的反思意识，才能以教学主体的身份投入教学之中，才能在反思中学会教学，不断地规划自己的努力方向。教师对自身教学行为的反思可分为教学前、教学中、教学后三个阶段。教学前反思能使教学成为教师专业成长的自觉实践；教学中反思能使自身教学高质高效地进行；教学后反思即有批判地在行动结束后进行反思，能使教学经验理论化。

第二，问题意识是改善教学行为的关键。有了反思意识，尚需问题意识，因为反思产生于问题，如果没有问题的产生，就谈不上反思，也就无法在实质意义上改进教师的教学行为。问题意识就像探测器，能够及时发现教学行为的不足，为教师审视和改进教学行为预留缓冲的空间。问题意识就像指南针，能够帮助教师通过反求诸己、自我省思，探寻出改进的路径和方法，获得专业成长的完满。实践证明，越是具备强烈问题意识的教师，教学行为就会越富实效，教育理论就会越丰富，教学水平就会越高，就越会视教学为一项富有创造性的工作。

第三，下水实践是改善教学行为的根本。改进教师自身的教学行为，不能光说不练，纸上谈兵，需要教师身体力行，亲自下水实践。教师在改进自身教学行为的实践过程中，关键要做实"六个转向"，即从注重知识传授转向学生的全面发展，从以教师为中心转向以学生为中心，由重传授转向重指导，由模式化转向个性化，从重教学结果转向重教学过程，从教师高高在上的权威转向平等交往对话。

总之，改善教师的教学行为不是朝夕之间就能一蹴而就的，而是要在长期的教学第一线的工作中，不间断地进行探索和锤炼。教师的教学行为好坏，直接关系到学生的品德修养和人格养成，直接关系到教师与学生之间的感情深化，直接关系到教师的专业荣誉。因此，作为人类灵魂工程师的教师要特别重视。

## 一、行为心得

### 教然后知困
——由"巴金为何叫'巴金'"想到的

唐群辉

大约还是两年前，我给学生上巴金《激流三部曲》的《序跋两篇》。为了能让学生对巴金先生创作《激流三部曲》的思想精神有一个较深入的了解，且能使这种所谓"枯燥"的课文也变得兴味盎然，我模仿电视访谈的形式，将这节课改成了"巴金访谈录"。事先我将一些准备好的有关巴金生平及创作背景以及与课文内容有关的材料发给扮演巴金的学生，并让他们课前去查阅搜集更多的相关资料以使其对巴金先生有较深入的了解。课上得很顺利，学生很喜欢这种新鲜有趣的教学方式。台下同学争相提问，台上"巴金"从容应答，颇显"大家"风范。当那节课快结束时，一个平时爱钻"牛角尖"的学生李高辉提了一个出乎意料的"难题"："巴金先生原名李芾甘，为什么后来他取了这么一个古怪的笔名呢？难道仅仅是为了与他出生的地主家庭彻底决裂吗？我从字面上也看不出这种倾向啊！"这样的"古怪"问题，我在备课时绝对没有想到，"巴金"先生当然无法应答，于是"绣球"自然抛给了在一旁"遥控"的我。我有一瞬间的尴尬，表扬了这位同学善于思考后，我说课后我去查查或请教别的老师后再给他答复。课后虽查了资料也请教了其他教师，但我依然没找到答案，学生也没再问我，我甚至没多去考虑学生会如何想，问题就这样不了了之。

我渐渐淡忘了这事，去年我有幸参观中国现代文学馆。讲解员是一位年近古稀的老太太胡丹老师——我注意到她的名片上是"义务讲解员"。她很耐心、很热情地陪我们讲解了一上午，看得出，她对现代文学馆、对现代文学作家们倾注了太多的感情。在参观到二楼巴金手稿展台时，她也许是无意间说了一件事：巴金先生早期思想激进，信仰俄国无政府主义。展台内还有一封俄国一位著名无政府主义者1927年用英文写给巴金的书信。据说巴金的笔名即是从当时俄国无政府主义者巴枯宁和克鲁泡特金两个名字中各取首尾二字得来的。说者无心，听者有意，我脑海中似一道电光闪过，兴奋不已。一年半前的疑团终于解开了！回来之后，我很快给李高辉同学去了一封信，告诉他这个迟到的答案。

这件事深深地印在了我的脑海里。我曾上过无数的至今却不能回想起具体内容的课，而这类"尴尬"的瞬间却成为我记忆深处的一个个细节让我刻骨铭心；我也曾遇到过很多品学兼优如今却不能记住其姓名的所谓听话的好学生，但那些善于思考、爱钻"牛角尖"的学生却真正让我终生难忘。从中我想到了很多：今后要多鼓励学生敢于提问、敢于质疑。学问学问，应当包括学会问问题，我们不怕学生提问，就怕他们没有问题。其实，这种爱钻"牛角尖"的学生是真正善于思考、有个性的、富有探索精神的好学生。

另一方面，我体会到了"学然后知不足，教然后知困"的道理。千万别小看了学生，他们思想活跃、视野广阔、求知欲强，想问题想得深、想得宽、想得杂，很多时候会把我们教者"困"住。只有教师自己学而不厌，才能引导学生在知识的海洋里破浪远航。教无止境，学无止境。我感谢我的学生，是他们思想的火花点燃我前行探索的道路，是他们敢于质疑的精神激励我不断学习、不断求知！

文章来源：《基础教育课程》2006（6）

**感悟与思考：** 学而不厌，诲人不倦。教师的知识背景决定了学生精神生活的远景；教师的求知态度决定了学生智力生活的高度；教师对待学生质疑的方式决定了学生后续学习的范式。教学相长，保持虚怀若谷的胸襟，葆育永不衰竭的学习热情，让不断的学习与不断的思考为职业生活供氧，为生命保鲜。

## 他居然不起立

张 凯

一位同事出差了，学校领导安排我临时去初二（6）班代上英语课。面对一个即将接手的新班级，我心里充满了信心和希望，精心准备了给新学生上的第一节课。

我提前几分钟来到教室，一些活泼好动的学生见来了一位新老师，便积极主动地向我介绍班上的情况，更多的学生则是用欣喜的目光看着我。学生的接纳使我从心底里感到高兴。

随着清脆的上课铃声，班长喊了声"起立"，大家齐刷刷地站了起来。正当我微笑着示意同学们坐下的时候，突然发现有一名学生耍滑头没有起立。这肯定是一名特别爱耍小聪明、学习也特差的学生。迟疑片刻后，我还是按计划开始了我的讲课。

在讲到课文中的一处重点句式时，我有意识地用目光扫视了一下学生们，以便从他们的表情中判断出他们是否听明白了。当我的目光扫到刚才那个没有起立的学生时，我发现他两手托腮，眼睛微闭，居然睡起觉来。凭我多年的教学经验判断，他根本没在听课状态。我心里的怒火不打一处来，决定找个机会给他一点颜色看看。

"好了，同学们，谁能借用刚才我们学的句式把黑板上的这句汉语翻译成英语？"同学们纷纷举起了手，我故意把目光定格在了他身上。他依然在"睡觉"。

"那就请这位同学到黑板跟前写出正确答案吧！"我用手指了指他。他好像知道我在指他，突然把眼睛睁开，"坐"着来到黑板跟前。不，是走着来到黑板跟前。直到此时，我才惊奇地发现，他站起来的时候竟然和坐着一般高，个头儿出奇地矮。"难道刚才他起立了，是我误会他了？"我不由得开始怀疑自己刚才的判断是否正确。"不管怎样，上课睡觉总是不对的。"很快我又为自己的生气找到了理由。

他熟练地搬了把椅子，快速地爬了上去，迅速地在黑板上写出了两种都正确的句子答案。我有些发呆，他不是一直在"睡觉"吗？难道我又误会他了？正当我迟疑时，下课的铃声响了。

为了验证我的判断，课后我找到了那位同学，笑着对他说："你是怎么学会的？课上你不是一直在睡觉吗？""老师，我没有睡觉，我只是在思考您提出的问题还有没有第三种答案。"我终于明白了：他不是在耍滑头，而是因身体方面的原因让我产生了错觉；他也没有上课睡觉，是他独特的听课和思考方式让我这个新任课教师产生了误会。

眼见并不一定为实，没有调查就没有发言权。看来，在平时的教育教学过程中，我不应该再轻易对学生做出否定性判断。

文章来源：http://www.chinateacher.com.cn/news/2007/0918/4376.asp

**感悟与思考：** 苏霍姆林斯基说："教师无意间的一句话，可能造就一个天才，也可能毁灭一个天才。"作为教师确实需要谨言慎行的教学品质，我们手中的红笔、口中的话语、脸上的表情、不经意间的举动，可能会影响到学生的个性成长。教师意味着奉献，意味着对学生永葆"将心比明月"的人文情怀。

## 别用眼睛伤害他

### 杨 鹏

幼师毕业后，应聘到一家很大的幼儿园做老师，我满心欢喜，想从此以后，可以过梦想中的生活了，每天守候在一群快乐的小天使身边，简单而快乐。不想，这种生活，却只持续了很短的时间。渐渐地我发现，原来孩子的心里，也藏着属于他们的自私和偏激。一段时间下来，我对自己当初选择的职业充满了怀疑，慢慢地不再信任那些纯真可爱的孩子。因此，对这份工作由热爱开始变成一种职业性的敷衍。

那天我如往常一样给孩子们上完音乐课，坐在办公室里休息。课堂上，两个孩子为谁当领唱吵了起来，所有的孩子都跟着起哄，好不容易把事情处理完了，一堂课也过去了。我正想着刚才课堂上的事，园长进来了，她的身后跟着刚刚在课堂上为当领唱吵得最凶的男孩林嘉文。孩子怯怯地跟在园长后面，却又狡黠地探出身子来偷看我。

园长是个50多岁、有着和蔼面容的老妇人，她微笑着说："小杨，有点事情，我想问你。这个林嘉文小朋友说，刚才上音乐课的时候，你骂他了，是吗？"我的脑子"嗡"的一声，园长的声音是温和的，但在我听来，却像爆炸一般。一个幼儿园老师，最忌讳的就是打骂孩子，纵然这份工作已经让我有了疲惫感，但我也绝对不会那样对待孩子。而林嘉文这个5岁的孩子，竟公然撒谎，并告状到了园长那里。一个不过5岁的孩子，这太可怕了。我一边气愤，一边忍耐着极力辩解："园长，我没有骂林嘉文，我真的没有……"急得眼泪都快要掉下来了。

"别着急，小杨，你先别着急。"园长依旧和颜悦色，"那你能把课堂上发生的事告诉我吗？"

此时的林嘉文，好像也意识到自己闯了祸，小小的身体整个躲在了园长的后面。我将刚才课堂上的事简单讲述了一下："当时只是批评了他，我说：'林嘉文，请不要用那种态度对待其他小朋友，不要用那样大的声音……'我没有骂他！"我再度强调。

园长点点头，转回身来问林嘉文："林嘉文，杨老师是这样说的吗？"躲在后面的林嘉文被园长牵了出来，偷眼看了看我。我以为这个小孩子又要花招撒谎，没有想到，他却用力点了点头，说："是的，杨老师就是这样说的。"我悬着的心放了下来，刚刚松了一口气，却又听到他用再清晰不过的声音，一个字一个字地说："可是老师用眼睛骂我了。"说完，他忽然"哇"的一声哭了。

我的心一下子震颤了。

整个屋子寂静下来，林嘉文最后的一句话，好像一下穿透了我已经不再热爱他们的心。我从来都不曾想过，我，一个学过3年幼儿教育的专业老师，内心那丝微妙的变化，却逃不过一个孩子的眼睛。正像他说的，我用眼睛骂他了，当时因为气愤，虽然我压着没有发脾气，可是我狠狠地瞪了他。这在一个孩子心里，原来是比言语更重的伤害，原来就是一个幼小的心灵，也是不允许淡漠和轻薄的。园长看着我，始终温和地看着，没有说话。不知怎么了，我的眼泪忽然就流了下来，不是委屈，而是自责。这个5岁的孩子，他让我不得不重新审视自己的心灵——一颗一直向往着纯净和爱，却已不再纯净不再爱的心灵。

我弯下身，将正在大声哭泣的林嘉文抱在怀里，说："嘉文，老师错了，你能原谅老师吗？以后老师再也不会骂你了。"

林嘉文紧紧抱着我，一边抽泣着，一边伸出小手擦我脸上的泪。

眼神是一道鞭子，无形的鞭子常常会不知不觉地在幼小的心灵中打下令人一生难以磨灭的痕迹。

文章来源：《人生与伴侣》2006（20）

**感悟与思考**：一种敏感的脆弱常常会唤起我们无限的柔情与责任，甚至会召唤我们内心深处神圣的使命感。当回想童年如果为教师、父母温情的目光所拥抱时，我们就不断地走向并进近教育教学的真谛。教师的一言一行都将如此深刻地铭记在学生的眼里、心里，影响孩子的现在和未来。一位优秀的教师之所以优秀就在于优于心，秀于中。教学是一种向内追求的行为艺术！

## 我要收藏你

许玉兰

我收藏着一本本笔记本，里面挤满了或清秀或隽永或潦草或歪斜的孩儿体，那是孩子们作文中出现的优美词、句、段。不管是哪一种笔迹，都是他们一笔一画用心刻下来的，字里行间闪烁着他们的稚雅、真诚和灵气。在每一本笔记的扉页，都题有一个共同的名字："洒落凡间的精灵——许老师的收藏。"

或许因为我是一名小学语文教师，所以我对学生有一种特殊的情感，对收集学生的文字达到了痴迷的地步。我相信，每个经由孩子笔端流出的文字，都是他们某一时刻闪光的思维、智慧的结晶，是我辛勤耕耘的收获，我视若至宝。

每当批阅学生的作文，都是我最快乐的时刻。我把心静静地安放在孩子们纯净的灵台里，看他们是如何度过自己的时光？如何做自己喜欢做的事情？如何眼看这个多姿多彩的世界？一旦发现让我心动的优美句子，让我吃惊的精彩片断，我便会用红笔在下面画上波浪线，在旁边画一个甜甜的"小笑脸"，在班里郑重其事地宣布："啊，许老师今天在你们的作文里，又发现了许多美妙的语言，它们是洒落凡间的精灵，我要收藏……"然后响亮地读出来，大声念出小作者的名字。这个时候，同学们会情不自禁地鼓起掌来，小作者的脸儿，则比我画的"小笑脸"还要甜美还要灿烂。接着，我拿出我的收藏本，让小作者把他们的美妙句子，工工整整地抄写在上面。

虽然这只是一本小小的笔记本，然而在同学们的眼里，它却珍贵而神秘，每个人都会为自己的文字入选而感到骄傲，感到自己是多么的优秀。通过这本小小的本子，带给他们的是强烈的鼓舞、殷切的期盼。也因为有了这收藏本，每一次作文课都是他们最投入、最幸福的时刻。我知道，他们急切地渴望：我的作文也是洒落凡间的精灵，我要被藏！

记得三年前，有一个叫柯晓娜的五年级女孩，在一篇写景的习作里，只写几句话，但其中有一句是："秋风吹来，一片黄叶在空中飘啊飘啊，舍不得掉下来。"我发现了这个孩子的灵气，心里不禁一阵窃喜。我深知柯晓娜是个缺乏自信心的孩子，她害怕作文，一上作文课她就发愣。我意识到她比谁都更需要一点点鼓励和尊重,比谁都更需要树立起习作的信心。那个句子是她写得最好的一个句子,我决定收藏它。我让她把句子抄在我的收藏本上,并写下了"柯晓娜"这个名字。当我宣布她的名字已进入老师的收藏本时,她微红着脸,咬着嘴唇,眼眶里分明还有些发光的东西。从那以后,她喜欢看书了,作文课上,她发呆的时候少了,文章也越写越长了,时常有精彩的好词佳句出现。那个期末,她悄悄地告诉我,她喜欢作文了,将来想当个作家。

我庆幸,我那时"收藏"了她的那个句子,虽然那只不过是一个笨拙稚嫩的句子,但对于刚学着在文字堆里摸爬滚打的孩子,是多么不容易啊!一个教师,如果永远满怀热忱地欣赏、赞美自己的学生,千方百计地开发其潜在的心智,那么,学生一定会绽放出无比娇艳的心灵之花。

著名儿童作家秦文君说:"教育应是一扇门,推开它,满是阳光和鲜花,它能给小孩子带来自信、快乐。"我用一本本笔记本,用一个个小笑脸,用一句"洒落人间的精灵,我要收藏你"的真诚话语,为孩子的心灵推开了这扇门。

文章来源:《现代教育报》(教学研究) 2007-12-03

**感悟与思考**:每个孩子的内心深处都潜藏着一个神奇的铃铛,细心的教师总能用自己的方式叩响孩子生命中最迷人的乐章。"我要收藏你",于每天的课堂教学生活而言,是生命的彼此珍重与彼此珍藏。因为有你的关注,所以孩子们更专注;因为有你的关心,所以学生们学习更用心……

## 讨论一句话

夏俊山

距下课还有十分钟,我停止了讲课,转身在黑板上写下了两个字"家具",然后说:"昨天,我布置同学们背诵课文,有人畏难叫苦,今天的课堂作业,我们只讨论一句话,容易吧?"

有学生在点头,我在"家具"前又加两个字"中国",说道:"我每添一次字,都请大家齐读两遍,并注意停顿。"于是教室里响起了朗读声:"中国——家具;中国——家具。""发展——中国——家具;发展——中国——家具。"

"发展——中国——家具——有很大潜力;发展——中国——家具

——有很大潜力。"

朗读声停了下来,大家的眼光却仍然凝视着黑板。我丢下粉笔,说:"好,这句话已经完整。大家知道,老师写这句话要表达的意思吗?请同学们互相讨论,自由发言。"

教室里顿时一片议论声。一会儿工夫,就有同学提出质疑:"夏老师,我觉得讲产品,讲经济,不应该是语文课的内容。"

"我要讲的是产品问题吗?请你再思考一下。"我刚示意他坐下,一位女学生很快站起来:"夏老师,我认为你写这句话,是在启发我们,如何去完成作业。"

真是语惊四座!对这个出乎我意料的答案,最好的办法还是让她解释一下,这句话跟完成作业有什么联系。

"我注意到,老师写这句话,是分四个阶段完成的,从易到难,最后才写'有很大潜力'这五个字。这是启发我们,对待作业,要按步骤由易到难去完成。"

"好,说得好!"我的话音刚落,教室里立刻响起了一片掌声。女学生高兴地坐了下去,我却转了话题:"但这不是我要表达的意思。请你把这句话再读两遍,注意句中的停顿。"

教室里响起了甜美的声音:"发展中国家具——有很大潜力。""发展中国家具——有很大潜力。"

她刚读完,又有同学站起来:"我明白了。背诵课文就是要化整为零,先一小段一小段地背,最后整体背,反复背!老师写这句话,其实是教给我们一种背诵文章的方法,针对的是有些人怕背课文。"

我点点头,表示肯定:"你能想到这些道理,真聪明!"教室里又响起掌声。"但是……"我又开始了转折,"同学们有没有注意,刚才她读得不全对。"

教室里突然一片静寂,同学们几乎全愣住了。我只好接着讲:"知道老师为什么要同学们读两遍?因为这句话有两种读法。还有一种读法是'发展中——国家——具有很大潜力'。"

"老师,你是想讲歧义句?""这有些像是在玩文字游戏。"……教室里又热闹了一阵。当看到我一脸严肃,大家一声不吭。教室里很快地安静下来。

"大家想一想,今天,这么多人都没有读对一句话,这是为什么?我的良苦用心,就是要告诉大家,不被思维定势所束缚,我们才能少犯错误,才能有所发现,有所创造。"

"还有,教学相长,刚才几位同学的回答也给了老师很大启发。当然,我想到的不是完成作业、完成课文背诵,而是一个人如何才能达到自己的人生大目标,我们不妨把大目标分解成若干小目标,一个一个去完成,最后实现大目标……"

我还在讲,教室的门响了,亮出了一位教师的脸。哦,对不起,我们都忘了下课。

文章来源:《中国教育报》第4版,2007-11-23

**感悟与思考:** 教学之所以被称之为艺术,就在于教师能够适时捕捉关键性的细节,哪怕是一句话,一个词乃至一个字的细微变化,从而小中见大,深处显功夫,能够于平凡中看出"新奇",于平淡处品出"绚丽",于无声间听出"惊雷",于无味处尝出"芬芳",引领学生在知识的海洋中遨游,从而知而获智,智达高远。

## 太阳可以是黑色的

张海燕

一个母亲带着孩子走到我跟前,说是让孩子跟随我学画。她告诉我,她的孩子画画基础差,画不了什么,喜欢随便"乱"画。可学了两期绘画班,辅导老师说这孩子不适合画画,她不甘心,但又没办法,就经常训斥他,现在他不敢画了。听说我比较有耐心,特意找我给孩子辅导一下。

我望着眼前这个怯生生的孩子,摸着孩子的头,便欣然答应了。为了让他有信心,我给他出了一个最简单的命题——画太阳。孩子似乎找到了感觉,三下两下就把太阳给画了出来。我看形状还过得去,便进一步鼓励,示意他涂上颜色。然而,接下来的一幕却让我,不,也让他的妈妈特别尴尬——孩子竟然把整个太阳涂成了黑色。在一旁的妈妈狠狠地数落他:"傻瓜,太阳哪有黑色的?"教了近十年的儿童画,我见过把太阳涂成蓝色、棕色、绿色的,可他竟然把太阳涂成了黑色,这可是头一遭遇到。我该如何评价呢?显然,没有理论支持这一画法。我也挺生气的,本想责问几句,可望着眼前已被妈妈凶过的孩子,尤其是他那双泪汪汪的眼睛,理智告诉我,应该耐下心来,问问孩子为什么这么画,或许他把太阳涂成黑色是有自己的道理的。

我弯下腰,试着问他:"孩子,太阳在天空是亮亮的,你为什么给涂成黑色呢?"

"老师,今天下雨,天上没有太阳。我想,雨天的太阳应该是黑色的。"

哦!不错,今天是雨天,他把太阳涂成了黑色——原来如此,雨天的太阳是黑色的,他是有理由的,他是动了脑筋画画的。面对这样一位敢于想象的孩子,我没有理由去说他什么。

"好孩子,你说得对!雨天的太阳可以是黑色的。"我接过画,给他画上了硕大的"100"分。孩子笑了,笑得那么甜。

现在这孩子已经深深地爱上了绘画,他的妈妈说是因为我,我欣然不已。

我庆幸于自己的理性。如果那天我没有耐下心来问他,和其他人一样责怪他,或许这孩子将永远告别画笔。作为儿童教育工作者,我们应该做的是引导孩子去了解、认知一个个未知的世界,培养他们探索的欲望和兴趣,而不是非要将孩子按照我们大人的意愿培训成为某一方面未来的专家不可。我们所应具有的是耐心,假如丢弃这一点,我们的教育将是苍白的。

文章来源:http://ktjx.cersp.com/xswz/jxxs/200712/4045.html

**感悟与思考:** 对于孩子的世界,我们成人有着太多的无知,或强不知以为知。于是,我们缺乏足够的耐心倾听孩子的心跳,我们缺乏真诚的信任期待孩子的成长。自然而然的,我们常常借着教育的名义扼杀了天才的萌芽。苏霍姆林斯基先生谆谆教导我们,要尽可能深地了解每一个孩子的精神世界,这是校长和教师的金科玉律。也许,像孩子一样生活着,像孩子一样思考着,这是成功教师最动人的形象。

## 课堂上传出一声尖叫

刘 秀 殷丽萍

某日,历史课堂上,我正讲得神采飞扬,学生听得津津有味。忽然听到一声尖叫,一名女生神色惊慌地站了起来。学生的目光齐聚到这位女生身上。原来,从她的上衣口袋中,爬出一只毛毛虫!这是我刚参加工作不久发生在课堂上的事。当时，由于缺乏经验，处理的结果可想而知，一堂精心准备的好课就这样被搅乱了。事情虽已过去多时，但我一直在苦苦思索着解决此类问题的最佳方案。我把这次突发事件，发在教育网上，寻求同仁们的帮助，没想到一石激起千层浪，不久，便有许多回帖。我归纳了一下，基本上有以下三种处置方式：

方式一，追查型。课堂上发生此等事件，这绝非偶然，虫子是哪里来的，又是怎样跑到该女生口袋中的？想必一定是有调皮学生在搞恶作剧，在故意扰乱课堂教学秩序，这样的事情不查清，这样的学生不"严办"，"课"将不"课"，后果不堪设想。因此，哪怕课临时不上，也要动用询问、检举等一切手段，查个水落石出，还课堂一片青天。

感悟：教师如果这样处理此事，那么课堂将会变为"公堂"，不但其他同学没法听课，师生及当事学生之间的关系也会异常紧张。如果虫子确实是某位同学放到这位女生口袋中的，他又敢于承认，接下来你将抽出大量的时间给这位同学"洗脑"，"课"真将不"课"。如若老师兴师动众，查不出个所以然来，或者被指认的学生拒不承认，咆哮"公堂"，老师将很难收场，其结果只能是小事变大，矛盾激化。所以说课堂绝非"公堂"，老师也不能变"法官"，这样的处理方式不可取。

方式二，批评型。仅仅因为一只小小的虫子，而大呼小叫、大惊小怪，结果影响了全体师生的上课情绪，对这位当事女生应毫不客气，狠狠地批评！若虫子是别的同学恶搞所为，那他当"罪加一等"，不批评难洗"女生"之冤，不批评难消老师心头之气，不批评难服众生之心，惟有批评教育才能给他以震慑，才可以避免以后类似事件的发生。

感悟：批评教育可以，但要建立在理解的基础上。试想作为一名初中女孩，胆子小是很正常的事，当她受到惊吓而情不自禁地发出叫声，也是情理之中。为师者，绝不应以自己的标准去衡量所有的学生，你不怕，不代表他们不怕，发生了这类事，这位女生需要的不是批评，而是真诚的理解、安慰。假如真有恶搞的学生，你当众批评他，结果更多的不是使他认识到错误，而是使他觉得难堪，这种难堪又极有可能转化为抵触、对立。因此，教师虽然火冒三丈，而被批的学生内心深处可能不买你的账，其结果只能是不但耽误了上课，教育效果也事倍功半，因此，这种方式也不可取。

方式三，艺术型。教师从容镇静地走到女学生面前，轻轻拍拍她的肩膀，示意她不要紧张，让她坐下，然后拿起掉在地上的虫子，轻轻举起，语气轻松地说："同学们，看！只不过是一只小虫子，很普通的小虫子！它是专吃瓜果、蔬菜的害虫，今天又跑到这里来吓唬我们的同学，你们说，我们应如何处理它？""踩死它！踩死它！"同学们异口同声。于是轻轻地踩，一场风波就此结束。或问，若虫子要是有人故意放上的，这样处理岂不草率？少安勿躁，待下课后再问清楚也不迟，当下最要紧的是继续上课，你说呢？

感悟：一场可能引发疾风骤雨的突发事件，竟被从容地圆满解决了，真可谓举重若轻，游刃有余。其实老师看似简单的手势、平凡的话语、轻轻的一踩，蕴涵着丰富的育人哲理，体现了高超的课堂教学艺术，也包含着教师对学生的发自心底的真爱！俗话说"教育无小事"，确实如此！一次看似简单的课堂突发事件，竟然有多种迥异的处理方式，产生了多种不同的教育效果，但这恰恰体现了教育艺术的魅力！教师的一言一行、一举一动甚至是一个眼神，都可能在学生幼小的心灵深处留下深深的烙印，愿每一位教育界的同仁，都能谨慎、艺术地去处理课堂突发事件。

文章来源：《黑龙江教育》2007（5）

**感悟与思考：** 面对"尖叫"这一教学困境，是单刀直入、直截了当地批评这位学生的"失范"？或是一声不吭、置之不理？还是迂回曲折、别出心裁地引导？孩子的心灵总是比较脆弱，容易受到伤害并且受伤的心灵还不易愈合。凡是用心保护学生生命中"脆弱"的部位，细心保全学生的人性尊严的，都是教学中的上乘之作。

## 一个中国小学生眼中的美国教育

*刘爱成*

小豪是在中国上小学五年级时随父母去美国的，下个学期就要升初中了。听他讲起在美国上学的故事，觉得很新鲜，于是想和大家一起分享——

一、上学特别"累"。开学了，发书了，全都免费。可是拿到手，全是别人用过的旧书。打开一看，扉页上留下的曾用人姓名至少有10个，好在书本保管得很好，有的与新书差不多。随书下发的还有一张"协议"式的说明，上面写着此书的价格，并说损坏或丢失须原价赔偿。然后签字。这些书每本都像大号字典，很沉，几本书放在书包里根本背不动。同学们都用带轮的行李包拉着走。更糟糕的是上课跟老师不跟教室，每上一节课就得换地方，都得拉着书包满校园跑。其实文化课并不累，累的是体育课。除了星期三，每天都有体育课，三分之一时间在室外活动，篮球、排球、橄榄球……那些美国孩子壮得像牛，"玩"起来不要命，我怎么也抢不过他们，常常不是被他们撞倒，就是自己累得爬不起来。

二、学会了做生意。英语不好，我最怕算术应用题，不过真正理解了，计算也就不成问题了。好在老师非常重视实践。有一次我的数学应用题又没考好，老师说，如果我能把在饭馆里吃饭的账算清楚就给我加分。于是放学后，我请爸爸带我到餐馆用餐。从每样菜多少钱，到加百分之几的税和小费，一笔笔算清。老师很满意，真给我加了分。老师鼓励我们学用结合。每个月老师会根据我们的成绩发"奖金"，最好的学生每月800"美元"，最少的100"美元"左右。老师给我们开"支票"，我们拿"支票"到"银行"兑换"现金"（支票和现金都是老师自己制作的，只能在学校内部用）。然后每月举行一次交易会或拍卖会。学生们从家里把不需要的用品和玩具等带到学校里来卖，也有自己做的小食品。价格要适中，贵了没人买，便宜了同学们会怀疑质量有问题。老师发的"奖金"这时全都派上了用场。不过真功夫还是在校外。学校里来了一批巧克力糖果，老师让我们进行推销实践，带样品找顾客，下定单，收货款，一个月后送货上门。学校根据推销的多少给予打分评级，算成绩。我求爷爷告奶奶才找到5个客户，还好得了个B。对于这一点爸妈好像有意见，在他们看来这似乎有些不务正业，总是一再告诉我只有学好文化课，才最最重要。可是在学校里，光学习好不行，美国孩子根本看不起。在他们眼里，脑子灵，样样行，才算酷。

三、向家长讲解作业。按学校要求，放学回到家，我要主动向家长汇报学习成果，把自己学到的东西讲解给家长听。遇到家长"糊涂"时，还得解释好几遍。按规定只有家长真正懂了，在我的作业上签了字，才算了事，否则第二天到校我交不了差。小时候，晚上是爸妈给我讲故事，如今在这里，每晚我必须给他们读故事，这些故事书都是从学校图书馆里借的。我不光要读，还要解释，每篇都得由他们签字老师才认可。不过，最不容易过的一道关是学校图书馆里的管理员。还书前由她对书中内容提问考核，她根据我的理解打分，成绩交给班主任，一个学期累计算总分。然后再借给我新书。

四、家长会分别开。到美国后第一次开家长会，是我带爸爸去的。去了以后发现，教室里除了老师，没有别人。我以为弄错了。老师笑着让我们进去，然后与爸爸面对面谈起了我。后来我才知道，在这里家长会是分别开的。老师与每个家长大约谈10到20分钟不等。难怪通知上说家长会总共要开两天。当然，每年也有一次家长会是所有家长一起出席的，那是学区里开的，主要是向家长解释期终考试如何进行。

五、表扬为主。在学校，每当我们作业做得不太好，甚至做错了什么，老师总会说："That's OK，but……"意思是说"没什么关系，不过……"老师总是尽量鼓励我们，给我们信心。而我们每做出一点成绩，老师就大加表扬激励我们继续努力。去年1月，我怎么也不会想到自己竟然被评上班里每月一名的"超级明星"，因为，我的英语不是很好。可是老师说这是因为我的学习进步非常快，其他各方面表现也都很好。发奖那天，校长、班主任请我们获奖者共进早餐，并请来摄影师与我们合影留念。受到了鼓励，我越来越努力了，今年5月我又获得了学区的学习进步成就奖。在班里，我的胆子也越来越大。不过与表现欲极强的美国同学比，还显"底气"不足。因为爸爸总是告诉我，要谦虚谨慎，尤其是做错了什么，一定要善于自我批评。可是那些美国孩子总是喜欢表扬与自我表扬，在我看来他们特别自信。

听了小豪的故事我问他，如果他现在回国上学，会觉得如何？他想了想说："我担心文化课会跟不上，因为我知道我以前的那些同学为考高分，读书个个都很玩命。但其他方面会比他们强。"

文章来源：[千龙网] 2003-06-08

**感悟与思考：** 在一些教育文化差异中，我的内心被深深地震撼了：如让学生学会做生意，就是"在做中学"；让孩子们向家长讲解作业，就是"以教人者教己"；家长会分别开的形式就是因材施教……教育教学不仅仅是知识的传递与灌输的过程，它更多的是引导学生自我体验、自我实践、自我发现，参与并探寻生活的意义的过程。

# 二、实践反思

## 程门立雪

杨汉光

《语文》课文上有一个成语故事,叫"程门立雪"。它说的是宋朝有一个叫杨时的人,读书遇到疑问,就去请教老师程颐。杨时来到程颐的家门口时,得知老师午睡还没有醒,他不想惊醒老师,就站在院子里等待。那时正下着大雪,等程颐午睡醒来,杨时身上已经落满厚厚的雪花。程颐非常感动,赶紧把杨时让进屋去。这个成语故事后面附有一个问题:请同学们想一想,这个典故中包含什么道理?

张老师已经看过教参,知道答案是什么,但是故意不告诉学生,他要让学生开动脑筋,自己找到正确答案。他照例请学生们先想想,想好的就举手发言。他的话音刚落,就有个学生举起了手。

这个学生叫王威武,是全校有名的"打架大王",没少给班级抹黑。张老师不相信打架王能找到正确答案,就叫他再想想。王威武却说,我已经想好了。张老师不得不让他发言。王威武站起来,大声说:"这个成语故事包含的道理是,杨时是个伪君子,我们不能像他那样装模作样。"全班同学哄堂大笑。张老师脸色铁青,喝令王威武坐下。同学们看见老师生气了,赶紧收起笑声,课堂上立刻鸦雀无声。接下来,任张老师怎么鼓励,也没有人发言了。张老师只好把教参上的答案直接告诉学生:这个成语故事说明,读书应该像杨时那样,尊重老师,虚心求教。"程门立雪"是尊师的典范,而不是王威武同学说的装模作样。

下课后,王威武跑过来说:"张老师,杨时确实有毛病,我……""是你自己有毛病!"张老师打断他的话说,"你要好好向杨时和同学们学习,不要往歪门邪道上想。"王威武讨了个没趣,就不敢吱声了。

此后，王威武经常翻看"程门立雪"这个成语故事，整天皱着眉头。张老师怕他憋出什么病来，就问他有什么心事。王威武说："老师，你会不会讲错啊？"为了打消王威武的疑虑，张老师破例把教参拿给他看。没想到，王威武竟然怀疑那上面也写错了。张老师很耐心地开导说："课本和教参都是很多专家集体编写的，出版后更有千千万万的专家看过、老师教过、学生学过，即使是小错误，也早就发现更正了。我敢保证，这个答案肯定是正确的。从宋朝到现在，一千多年来人家都说'程门立雪'是尊师，难道古人今人都错了，只有你王威武一个人正确？你不要钻牛角尖了，免得耽误了学习。"

经过这次长谈后，王威武终于不再看"程门立雪"了，张老师以为自己的开导起了作用。没想到，有一天中午，张老师在房里休息，正睡得昏昏沉沉，有人拍打他的房门喊："张老师，快起来，你们班的王威武被晒晕了。"

张老师从床上跳起来，开门一看，王威武果然躺在烈日下，口吐白沫。张老师吓坏了，立刻抱起王威武，飞奔去医务室。校医给王威武打了一针，过一会儿，王威武就苏醒了。

校长闻讯赶到医务室，得知王威武是站在张老师的门口被晒晕的，就严厉批评张老师不应该罚学生晒太阳。王威武软绵绵地说："是我自己晒的，跟张老师没关系。"

校长问他为什么要站在烈日下，王威武说："我去向张老师请教问题，看见张老师睡午觉了。我不想惊醒张老师，就站在门外等他。"

张老师哭笑不得地说："你为什么不站在屋檐下，偏要站在烈日下，你脑子有毛病呢？"

王威武一本正经地说："张老师，杨时也是放着屋檐下不站，偏要站在院子里让雪淋，你说他那样做是尊重老师，我向杨时学习，怎么就成了脑子有毛病呢？"

张老师这才明白王威武站在烈日下的用意，他本想说，杨时被雪淋和你王威武被太阳晒是不一样的，可张老师实在想不出它们不一样在哪儿。

校长不知道王威武的用意，训斥道，故意让雪淋怎么是尊重老师？不懂不要乱讲。

张老师拉拉校长的衣袖，小声说，教科书上确实是这么写的。他顺便把王威武对"程门立雪"的质疑给校长说了，校长想了想，郑重地说：

"肯定是教科书写错了。我赞同王威武同学的意见,故意让雪淋和故意让太阳晒和尊重老师无关,只是做秀而已。就这件事来说,杨时毫无疑问是个伪君子。"

文章来源:《湖南教育》2007(5)

**感悟与思考**: 原封不动,照本宣科,这是文本解读的痼疾所在。一切唯书是听,唯本是上,唯书本是服。真正是"万般皆下品,唯有书本高",不经大脑判断,不受思维验证,不受实践检验。没有想象力,没有创造力,没有生命力。知识成了一堆没有活性的"绝对真理",课堂上教师只能不多不少、不增不减地传递文本中的符号,学生也只能是没头没脑地死记硬背。头脑成了一个等待充满的容器,而不是一把等待点燃的火把。这种机械的知识的搬运,窒息了创意的灵气,消泯了生命中的灵秀。

## 那双失去光彩的眸子

刘荃添

礼堂内座无虚席。

"同学们,请认真读读这些生字新词,并且想一想,在这些生字当中,有哪些是你在读文章之前就认识了的?是怎么认识的?"

一阵琅琅的读词声后,一只只小手举了起来。一只举得高高的小手引起了我的注意。接着,我看到一脸灿烂的笑容,还有一双明澈的眸子,似一泓清泉。我微笑着示意他发言。

"老师,'必'和'须'这两个生字我早就认识了。有一次,在读课外书的时候,我遇到了这两个字,我不知道该怎么读,便去查字典了。通过查字典,我不仅知道这两个字怎么读,还知道了'必须'就是'一定要'的意思。"

"是啊,查字典是认识汉字的一种好办法!"我赞许道,"就请你领着大家读两遍。"

此刻的我暗暗欢喜,颇为自得。这个生字教学的环节是我煞费苦心设计的,旨在将识字教学同学生的生活经验结合起来,让他们认识到识字的天地是非常广阔的,鼓励他们在现实生活中学习字词,养成主动识字的习惯。从课堂反馈看来,这一目标已经达成,而且赢取了良好的教学实效。

"老师,我能用'必须'说一句话吗?"还是那个小男孩,眸子里闪着光彩。

"好啊!"

面对这样的要求我有什么理由不答应呢?何况这也是课后练习的要求,为什么不趁此进行造句的指导呢?我这样想。

"你必须杀人!"

这稚嫩的声音在我听来无异于一声惊雷,刚才高兴的心情消失得无影无踪了。课堂气氛立刻被这不和谐的音符打乱了。全班同学和听课老师也为之瞠目,感到不知所措。

从语法角度看,这个句子没有一点错,但价值取向出现了严重问题。是"打太极拳"搪塞过去?还是"当头棒喝"严厉地批评?抑或"踢皮球",让学生们去讨论,为自己赢得时间做出恰切的评价?前两种显然不行,后者虽好,但又怕节外生枝,陷入无谓的争辩之中。

"这句子虽然没错,但我相信,说这句话的人一定是个大坏蛋!"时间已不容许我思考,仓促之际,我开口说道。迎着那张笑盈盈的脸,我发现眸子里的光彩不见了……

课后,那双失却光彩的眸子总是挥之不去,我感到有些内疚。

这眸子失却了光彩,根本原因还是在于我头脑里"只许成功,不许失败"的思想在作祟。因为是公开教学,我以为只能顺顺畅畅,不能磕磕碰碰;只能留下完美,不能带走遗憾。因此,我担心节外生枝,我唯恐拖堂延时,我害怕一败涂地。思想左右着理念,理念指导着行为。为了获得自己的成功,我让学生陷入了尴尬的境地……

当时,如果我因势利导提出这样两个问题进行追问:这句话你是从哪儿听来的?说这句话的是个怎样的人?这样一来,不就能较好地保护他的积极性和自尊心,巧妙地化解课堂的尴尬了吗?

只可惜……

文章来源:http://www.chinateacher.com.cn/news/2006/1017/2177.asp

**感悟与思考:** 教学是一种遗憾的艺术。开弓没有回头箭,课堂时光是不可逆的,课堂的特定情景是不可再现的,不可能让我们重新来过,只可以追忆、反思,椎存心尖,这也许就是我们必须不断回望自身教学实践、不断精化教学行为的重要原因。

## 真实的谎言,何时是个头

韦 实

12岁的梁小梅聪明伶俐,一天晚上,她的父母都去田里浇麦,把她锁在家里。小梅做完作业,刚躺在床上,忽见一个熟悉的人影破窗而入,接着是翻箱倒柜的声音。黑影临走还叫了一声"小梅",小梅闭着眼睛假装睡死了。盗贼走后,小梅跑到田里告诉爸妈,爸妈又报告派出所,因小梅认得贼人,当夜就破了案。

小梅所在的学校正在开展"素质教育"活动,教师叫小梅讲讲当时的想法。小梅如实讲了自己当时很害怕,脑子里想起看过的一本图画书《狐狸妈妈》,才把窃贼蒙骗过去。小梅的回答,老师显得很不满意。因此老师借此在一次政治思想素质教育课上对学生进行"爱国主义"教育。老师首先讲了黄继光胸口堵枪眼、董存瑞舍身炸碉堡、刘胡兰昂然入铡刀的英雄事迹,还向同学们介绍了近几年社会上宣传的一些勇斗歹徒的英雄,最后说:"梁小梅同学虽然很机灵,最后也抓了罪犯,但是她面对盗贼吓得闭上眼睛的胆怯行为,我们是不能提倡的。我们每一个新中国的少年,都要随时准备着为国家英勇献身,决不能贪生怕死。"从此许多同学都耻笑梁小梅贪生怕死,小梅也认为自己做得不对,思想压力大,精神恍惚,在一天中午,她喝下农药自杀了。　　　　(《济南时报》4月10日)

一个年仅12岁的小女孩,靠着机灵,抓住了小偷;却因为诚实,受到了讥讽,最后她选择了自尽,一个幼小可爱的生命就这样消失了!这一悲剧竟是由老师引起的,更让人感到悲哀。

不要说小偷闯入时呆在房间里的是一个只有12岁的小女孩,就是成年人在这样的情景下也会有恐慌心理。这应该是一个浅显的生活常识,报纸上常有的小偷被抓后失主却不敢指证的报道也可作为一个佐证。那么这位教师为什么要把小梅面对盗贼吓得闭上眼睛这种人之常情的反应特别强调为胆怯行为,甚至说是"贪生怕死"呢?因为没有更多的资料,我无法得知这位教师是否自小就是一位行侠仗义、从来不知道"害怕"为何感受的勇者。至少在我的生活中,我从来没有遇见过这样的英雄豪杰。

不过在读书时我倒是不止一次聆听过类似的教诲。当时感觉到的的确是一种庄严和神圣，在觉得教师的身影越来越高大的同时，仿佛感受到了自己肩上的历史重任。这种感觉现在的孩子可能不会再有，就像故事中那些孩子，他们所热衷的是耻笑不幸的同伴。随着年龄和阅历的增长，残存在记忆中的那份庄严和神圣让我心头隐隐作痛，我觉得自己被耍了：严肃地教导我们要大公无私的人自己却从未实践过"毫不利己、专门利人"；慷慨激昂地要我们"随时准备着"的人自己却从来没有真正做到"无私奉献"；一个课堂上大讲特讲社会主义优越性的政治老师，内心里却对西方的政治制度大加赞赏，课堂上面对学生时的义正词严丝毫不影响课后在同事面前对社会主义做出自以为是的浅薄批判。当我就这些困惑求教于人时，我从他们的眼神里看到的是惊讶、不屑和怜悯，甚至还有愤怒。开始我还不能明白为什么这个问题让他们生气，后来我知道了，原来不经意间，我揭穿了某些人的画皮，真实的谎言被戳穿了，真诚的生活其实只是在演戏罢了，这让人很没面子。后来文学界出了个顽主王朔，我一下子理解了他，尽管我从来也没有喜欢过他。

现实生活的困惑使我对历史产生了浓厚的兴趣，于是我知道了历史上那个鼓吹"存天理、灭人欲"的朱熹，生活作风却是大有问题的；知道了孟德斯鸠曾对中国有个评价："中国人的生活完全是以礼为指南，但是他们却是地球上最会骗人的民族。"（《论法的精神》）知道了"越穷越革命，越穷越光荣"只是为了掩盖政策的失误，平息人民的不满……到了21世纪的今天，还有人振振有词地要求小学生们随时准备着英勇献身。我想，与其说这场悲剧源于老师的"教育做秀"，不如说是源于一种习惯思维，一种可怕的习惯思维。这种习惯思维或以皇帝的利益为中心，或是强调某种社会理想，它唯一不重视的就是人，是普通百姓的喜怒哀乐，是普通百姓的生命与尊严。尽管理论上我们强调了"人民是主人"已有数十年之久了，但在不少人的眼里依然只有官没有民、只有国没有家、只有普遍真理没有人之常情，其实这样的人心里装的只是自己，所以他们更需要唱高调、更乐意唱高调。不但自己唱，还逼着别人一起唱，边唱边监视着别人唱得如何，随时准备着逮住几个漫不经心者以显示自己的忠诚。

为了"入世"，我们花了极大的人力、物力清理了法律法规，凡是不符合世贸组织规则要求的法律法规该废止的废止，该修改的修改，需要立新法的立新法，然后把所有相关法律文件公之于众。我们是不是也应该清理一下我们在思想政治教育包括德育工作上曾经犯过的错误，明确地告诉社会特别是告诉老师们哪些道理依然是有效的，哪些高调可以不必再唱了。这可能会让某些人感到难为情，但与一个12岁的小生命相比，那又算得了什么呢？

什么时候我们的教师能够不再视人之常情为禁区，能够坦然面对现实？什么时候我们的德育能够以将心比心代替居高临下，以平等的探讨代替生硬的灌输，以真诚的关爱代替先验的怀疑？我知道，这一切需要我们教师自身的努力，但仅仅靠教师的努力肯定是不够的。

文章来源：《新观察》2002-06-05

**感悟与思考：** 看似冠冕堂皇的说教的背后是荒谬绝伦；看似崇高伟大的教育的背后是虚假愚昧。我们要站在儿童的立场上，与儿童保持精神的一致性。真正的教育者要设身处地、将心比心地了解儿童。否则，就会强自解人，把自己的世界或成人的世界强加给孩子，甚至就会造成"以理杀人"的悲剧。教育要回归到儿童真实的生活世界，回归到童心文化。

## "老师，您想哪儿去了"

徐　卫

曾听过这样一个故事：

一位年轻的老师在上公开课时，请同学们用"爱"组词。因为这个比较简单，课堂上举手如林。一个同学组的词是"热爱"，得到了老师表扬；另一个同学组的词是"爱惜"，也得到了老师的肯定……这时，一个小男孩站起来，以响亮的声音说："爱情！"课堂上顿时响起一片笑声。老师在哄笑声中狠狠地瞪了那个小男孩一眼，小男孩满脸通红，尴尬地坐了下去……

"爱情"，多么美好的字眼，然而，因为是从小男孩嘴里说出来的，并且是在有许多教师听课的课堂上，因此，他得到的是老师的白眼。

无独有偶，一次，笔者去一个学校听课，见到了真实的一幕：

那节课上的是一篇叙事抒情散文——《再见了，亲人》，描写的是1958年中国人民志愿军最后一批官兵离朝回国时，在车站同朝鲜人民依依惜别的动人情景，赞美了中朝人民用鲜血凝成的伟大友谊。

因为这篇课文感情真挚强烈，语言亲切感人，叙事抒情相互交织，构思精巧别致，上起课来容易入情入境，所以经常成为老师们开公开课时的首选。笔者作为教研员,深入基层听课时,就曾多次听过这一课,并且基本上每次听课都比较满意。然而,这次再听这一课时,却在和谐的乐章中听出了一些刺耳的杂音。

请看下面的课堂实录片断:

师:同学们自由读第二自然段,想想什么最令你感动?
生:(自由读)
师:哪位同学说一说?
生:小金花的妈妈让我非常感动,她冒着生命危险,混进敌占区救出老王,最后又拉响手榴弹与敌人同归于尽了。
师:"同归于尽"是个成语,它的意思是——
生:一起走向毁灭。
师:小金花的妈妈为了救老王,宁愿失去自己的生命,与敌人同归于尽,这说明了什么?
生:说明了小金花的妈妈对敌人刻骨的仇恨。
生:说明了小金花的妈妈不怕牺牲。
师:(赞许地点头微笑)谁还有话要说?
生:说明了小金花的妈妈对老王的感情非常深……
师:(看看后面听课的老师,脸上露出尴尬的神情,赶紧"纠正"学生)小金花的妈妈不是对老王的感情深,而是对志愿军的感情深,大家重说一遍——
生:小金花的妈妈对志愿军的感情非常深……

听课听到这里,我心里"咯噔"一下:孩子说的"小金花的妈妈对老王的感情非常深"错了吗?在8年来的生死与共、浴血奋战、重建家园的过程中,志愿军与朝鲜人民用鲜血与生命凝结成了伟大的友谊。作为朝鲜人民的代表,小金花的妈妈对中国人民志愿军的感情非常深,这不错,但中国人民志愿军是由许许多多老王那样的战士组成的,而小金花的妈妈爱志愿军,正是通过爱一个个具体的志愿军战士表现出来的。这种爱,是一种无私的国际主义的爱,是一种不是亲人、胜似亲人的爱,正是这种强烈的爱,让小金花的妈妈为了救老王宁愿献出了自己宝贵的生命……

看来,老师听到学生说小金花的妈妈对老王的感情非常深,就想到一般的男女之情上去了，她怕学生的"胡思乱想"、"胡言乱语"亵渎了中朝人民神圣的感情，更怕学生思想"误入歧途"，所以赶紧纠正"错误"，把学生引到"正途"上来……想到这里，我不禁摇头苦笑：老师啊！您想哪儿去了？

以上所列举的虽然是个例，但类似的现象在我们的身边并不鲜见。小学生的思想是单纯的，感情也是纯洁的，倒是我们这些当教师的老是从成人的视角出发，想得太多，也想得太偏！其实，很多时候，当孩子说出什么或做出什么"出格"的事情时，面对孩子明亮的眼睛，听着孩子无邪的童音，我们这些教书育人者真的无须太过紧张！

文章来源：http://life.cersp.com/classroom/lists/200708/2532.html

**感悟与思考：** 对答是师生教学对话和交流的常见行为。特别是对话间有涉及"感情"问题的时候要把握好分寸，及时甄别，去伪存真。要善于倾听来自学生纯真的感情流露、真挚的心灵悸动、独特的性灵告白，只要是言之成理，合乎人情，立足文本的情感解读，就应该尊重学生，呵护童心，不宜以成人的视角来淹没孩子的世界。《再见了，亲人》一文学生对小金花的妈妈对老王的感情的悟读，就是从心而出、源自童真的情感体验，弥足珍贵。

## "老师，我还没说完"

### 蓝玉文

一次，有机会看了邻校一位老师教学的"12减几"的公开课，领略了课改带来的春风，感想颇丰；但对其中一片断持有疑惑，现录其下，以期各位探讨。

在教学"12－5"时，一部分学生采用了把12拆成7和5，然后5－5＝0，剩下7，得7；另一部分学生采用把12拆成2和10，然后10－5＝5，再加上2，得7；至于用小棒摆、逐个减或采用接着数等方法，已显得较为劣势了。刘老师也一言概括过了，正准备进入下一阶段，忽地看见有一位男同学的手似举非举，欲言又止的样子。尽管教学时间挺紧，刘老师还是让他说出了自己的想法。"5－2＝3……"还没等他继续往下说，其他学生都持反对意见了："怎么能反过来减呢？错了！错了！"该生听到同学们的笑声，期盼地望了望老师，着急地说："老师，老师，我……我还没说完！"这时刘老师笑着说："看来你还没想好，先坐下再想想吧！"

课后，我找到了这位学生，问他刚才想说什么。他说："把12分成10和2，5－2＝3，然后10－3＝7。"我说："你为什么这么想呢？""因为5比2多3，多算了3个，因此，10要减去3得7。"瞧，他的方法多新颖，思路多清晰呀！由于刘老师只听到上半截，没允许他继续说下去，宝贵的课堂教学资源就这样白白流失了。

记得我看过这样一则故事：一位年轻的妇女带着她4岁的儿子陪着她的父亲一道去春游。儿子口渴了，妈妈从背包里拿出两个苹果，要儿子给外公一个。没想到儿子将苹果拿到手后，在上面分别咬了一口。见到孩子这样，母亲心里很不是滋味，她担心父亲怪罪自己平时没将孩子管教好。

"妈妈……"儿子有话要说，看见妈妈狠狠地瞪着自己，于是将要说的话儿咽到肚子里去了。外公知道孩子这样做一定有他的道理，便紧紧抓住孩子的手，笑容满面地问道："乖孙子，告诉外公，你为什么将两个苹果都咬上一口？"

孩子两只黑葡萄般的眼睛忽闪忽闪着，满脸童真："因为……因为我想把最甜的一个给外公。"外公笑得更欢了。母亲的眼里隐隐闪烁着泪花，既为有这样懂事的儿子而自豪，又为自己刚才的行为感到羞愧。

联想到我们的教师，在教学中能否耐心地倾听呢？小学生由于年龄小，往往心里想到，口中却说不出，或者只说"上半截"话，精彩的却落在后头。老师，您耐心听完了吗？

文章来源：《新课程教学案例》2007（9）

**感悟与思考：** 等待和倾听这两种看似最为普通和简单的教学行为背后，往往深刻地折射出教师的教学观念——"学生究竟在教师的内心最深处是处于一个什么样的教学位置"。教师不仅要有足够的耐心等待和倾听学生有声的话语，让其有机会书写自我，言表内心，"用我口说我心"，而且还要有高度的智慧谛听学生的无声语言、内心悸动、情感心弦。

## "老师,你为什么要问这个问题"

李 英

从前一段时间学生的学习情况中,我发现学生们普遍缺少主动观察周遭生活的意识。于是,我决定用身边的常见事物来激发学生的观察欲望。

上课伊始,我提出问题:"校园中树叶的颜色和形状分别是怎样的?"

根据我对学生的了解,我预计学生应该简单地回答:"绿色的、椭圆的。"随后,我提出我的看法,让学生听了我的看法后带着没有注意观察周遭生活的懊悔去观察校园里的树叶。

我原以为,这样的提问既能激发学生的观察兴趣,也是学生学习观察方法的导入,因此学生是应该能够感兴趣并积极发言的。

但是令人遗憾的事情发生了——没有人发言。

一段漫长的等待过后,有个学生举手了:"老师,你能告诉我们,你为什么问这个问题吗?"其他学生都向他投去了赞同的目光。看得出来,他们也不知道我为什么要问这个问题。

我哑然。我要把自己的教学意图直白地告诉学生吗?我能说"同学们,老师就是要培养你们的观察习惯"吗?

课后,学生的问题总是在我的眼前晃动。反思这个问题,我有了不少发现。

首先,我的课堂提问中还存在着一定的教师话语霸权。课堂上,我是提问者,学生只需要回答我的问题,他们是课堂教学的配角。我的教学理念还是要求学生适应我的教学习惯,而不是我去创造适合学生的教学方法。在落实尊重学生的课堂主体地位的理念上,我还有很长的一段路要走。

其次,学生有权力知道教学目标。学生的提问,折射的是他们希望成为学习的主人,他们希望知道老师要把他们带到什么地方去。

反思自己以前的一些教学设计,为了能够让教学更"精彩",我往往会在课堂上提一些看上去和教材毫无关系,但又有着内在联系的问题让学生解答,随后再告诉学生所要学习的内容。这个过程表面看是一个能够激发学生学习兴趣的学习过程,但实际上在这个过程中我犯了一个错误,那就是课堂的主人——学生往往还不知道这堂课的学习目标是什么,他们在学习的时候很可能就会不知所措，不知道该往哪儿使劲。

即使有时候学生在课堂上回答问题时表现积极，那往往也有可能是一种虚假的"繁荣"。因为从教学的实际情况来看，问题解决的主动权往往还是掌握在我的手上。我在备课过程中发现了问题，然后自己设计出一个解决问题的过程。我是解决问题的导演，学生不过在其中跑龙套，看上去跑得热火朝天，但其实还不知道究竟是为什么在跑。这，也许就是同学提出"老师，你为什么要问我们这个问题"的真正原因。

**文章来源：** http://life.cersp.com/classroom/lists/200710/3020.html

**感悟与思考：** 提问是课堂教学最常见的外显行为之一，而这个教学行为的背后往往隐藏着教师内隐的教学观。其中，最根本的是课堂上师生学习关系的具体厘定和实现问题。师生教学上的平等不是喊出来的，不是教案写出来的，而是在具体的教学情景和行为中用心活化、生成出来的。就本案例而言，课堂提问要注意师生之间话语权的平等、学习知情权的通畅、问题思考权的实现。

## 郑渊洁的教子经

郑渊洁

所谓的差生，是差老师和差家长联手缔造的。

我的儿子亚旗读小学三年级的时候学校开了作文课，一次老师出命题作文《我最难忘的一件事》，我看亚旗愁眉苦脸的，忍不住手痒帮他写了一篇，然后得意洋洋地告诉他等着被老师表扬吧。结果，老师给打了个大大的红叉，说不及格，还说作文怎么可以这样写，命令亚旗重写。我当时一生气，让家里的小保姆又写了一篇，再交上去就成了范文，全班表扬——小保姆实在，写她在街上搀一位老太太过马路。

亚旗的这种待遇顿时让我想起了自己当年的遭遇——因为老师出了个作文题目《早起的鸟儿有虫吃》，我变更了题目，写了篇《早起的虫子被鸟吃》，前后两篇作文一对照，老师越发认定我脑子有毛病。

而随着我这个小学都没毕业的半文盲成了作家，作品卖到6000万册的时候，我开始犹豫是否真的该让亚旗退学回家。我好多天都睡不着觉，因为这是大事，万一亚旗长大了掉过头来找我算账怎么办。我也征求了很多人的意见，但是没有一个人说可以这样做的。

亚旗当时上的是北京有名的重点小学，有天他问我老师漏题对不对，我说肯定不对，那是作弊。这个老师从亚旗一年级一直教到六年级，优秀班主任，年年期末考试给他们漏题，他总能提前拿到考卷，最后一次期末考试，六年级，区里出题他也漏，漏得一字不差。

最后那次考试的时候，我和亚旗决定出口气，老师不是漏题吗？我们就分析哪道题大概多少分，分析完了我们就答几道，然后故意考了一个62分，拖全班的平均分。当时评判老师成绩优劣的标准就是看考试的平均分数，我们一下拉了将近40分，他就没当上第一。

考完试第二天，我告诉亚旗不用去学校了，咱退学。

我开始明白，所谓的差生，是差老师和差家长联手缔造的。我可以努力不去当个差家长，但是我不能保证亚旗不会遇到差老师，重点中学的优秀班主任尚且如此，我不认为他会有那么好的运气去碰到个真正关心学生的老师。

但在犹豫中，我还是给儿子报了名上初中，办了学籍。在8月份入学测试的时候，我在教室外往里看，看着主考的老师们训斥下面的孩子道："你怎么这么笨？""你智商是不是有问题？""这孩子好像有点蠢。"……我顿时不寒而栗，我怎么又把孩子送这里来了？我不能一错再错了，亚旗垂头丧气从考场出来，我吸一口气，告诉他回家，这学不上了，他跳了起来："太好了，早该不上了！"

决定不让儿子去学校以后，我买了整套的初中、高中教材。通读两遍，觉得确实挺好笑的，其中好多东西是不需要对孩子说的，反而该说的它都没说。我认为这里的关键问题是，编教材的人在编的时候都不是给自己孩子编，所以就编不好，毛病非常多。但是我管不了这么多孩子，我只能管好我自己的孩子。我认为不能让孩子一口气读完的教材不是好教材。

我下决心要为儿子编一份教材，一向习惯"裸写"（不查材料写作）的我为给儿子写法制教材时不仅买了《刑法》参考，还买了至少七八本法律专著，经常翻看。我不爱看书，到目前为止，让我彻头彻尾看完的书不超过20本。但为写教材我看了很多书，很痛苦。我在家给儿子布置了间教室，请退休老师给他上课。亚旗可以不需要任何理由就辞退老师，这样最后留下的都是他喜欢的老师。我们的另一个课堂是家附近的刺猬河，我和儿子傍晚常到河边散步，去之前我从电视或者书中临时找几个话题，聊天时假装随意地告诉他，然后我们一起分析讨论，聊天涉及话题千奇百怪。

我给儿子的私人教材总共有三四百万字,其中还分为道德篇、创新和怀疑篇、哲学篇、法制篇等等。这些教材都是用童话手法写的,每部教材同时又是单独的一部长篇童话。

创新与怀疑篇《脚踏实地目空一切的贝塔》,告诉儿子单单把知识死记下来是没有用的,因为很快它就会更新,关键是要掌握方法,还要善于发现它不对的地方,能够否定权威。在我看来,真正为社会作出贡献的人不是那些死记硬背的人。

但是,个性和创造性应该发生在法律允许的范围之内,否则就是自找麻烦,所以教材中法制篇的题目就叫《皮皮鲁和419宗罪》,因为我国刑法共有419项罪名,我就每篇编一个故事,完全用童话的手法把它告诉亚旗:孩子,老爸在人生的道路上提醒你要远离这419宗罪。这就是法制篇的内容。

然后就是安全自救篇《再送你100条命》,告诉他在遇到火灾、煤气泄漏的时候应该怎么办。比如回家闻到煤气味了怎么办,过马路怎么办,游泳时应该注意些什么等等。我觉得这实在是一门第二重要的课。

性知识篇《你从哪里来,我的朋友》告诉亚旗一些最基本的生理常识及两性知识。

这样的教材一共写了10部,几乎囊括了亚旗需要学习的所有科目,写完后,我如释重负,我能做的只有这么多了,能否从中获益,就要看亚旗自身的领悟能力了。

亚旗其实上过大学,三天。有所著名高等学府请我每年去讲几堂课,亚旗可以保送入学。于是2001年9月亚旗就去了计算机系,那时候他玩电脑已经好几年了。最开始学的是C语言,亚旗不明白为什么电脑都不让摸,就拿着本书学C语言。一星期只有几次上机的机会,等到好不容易上了机,老师在上边站着,底下同学们就开始聊QQ。亚旗觉得大学一点儿也不爽,不去了。

就像汽车有保修期,人生也有保修期。人的保修期就是18岁,如果18岁之后还是要由父母管,那就是废品、残次品。

亚旗从游戏开始接触电脑,1994年便开始上网,认识了许多网友,而其中的很大部分便是中国互联网的缔造级人物,亚旗以一个11岁孩子的身份竟然和那些大他十来岁的网友们沟通得无比融洽,在网络这个无形的学校里壮大成长。而且，他学会了赚钱，而且赚的不是小钱。他正好赶上网络爆热的时代，国外的风险投资公司争先恐后往各个网站烧钱，当我还在继续手写稿子的时候，他开始在网络工作室给人做设计和维护，上万上万地赚薪水和卖创意了。

我知道亚旗在赚钱，我从不反对子女赚钱，只是，我没想到亚旗竟然赚了那么多钱。

亚旗18岁生日的时候，我送给他一盒保险套，然后告诉他，从18岁生日以后第二天开始，你就不能再问我要钱了，你所有的东西都要自己花钱，包括住在我家的水电费、伙食费，你都要给我交。我觉得这个绝对不能含糊，就像汽车有保修期，人生也有保修期。人的保修期就是18岁，如果18岁之后还是要由父母管，那就是废品、残次品。

不过，亚旗给自己的生日礼物让我觉得这些话有点多余，他用他这3年来承接网站设计维护所得的报酬以及各个合作伙伴的分红给自己买了辆奥迪A6 2.8轿车，他说他把这些年的收入倾囊而出了，买了车他就穷了。我问他那为什么还要买，他说："穷了，我才有继续赚钱的劲头。"然后他开始开着奥迪继续赚钱，那以后他的确一分钱都没有跟我要过。

2000年，亚旗帮我办了我的个人官方网站郑氏网，随后，他开始撺掇我将自己的童话改编成漫画，我始终认为漫画限制想象力。可在漫画中泡大的亚旗却迅速步入读图时代。从10岁开始，他就怂恿我把童话改编成漫画。其间也常有出版社来和我接触过，但谁也无法动摇我的顽固信念。"我所有的作品卖了6000万册，哪本漫画能卖出这样的成绩？"我振振有词。"你怕改成漫画卖不出去。"亚旗将了我一军。

更要命的是，他说明年我50岁生日，他想送我一辆能够令我心潮澎湃的汽车。他知道能令我觉得心潮澎湃的只有一个悍马。但悍马要一百多万，现在对他来说还比较贵，他得挣钱，才能买到令我心潮澎湃的汽车，所以他要推出我的漫画去赚钱。

在与儿子十多年的拉锯战中我最终妥协，于是决定试试。10月份开始，我接受了写新作的艰巨任务，用了20天时间辛辛苦苦列了100个主题，写出了60篇《迷你皮皮鲁童话》。亚旗拿到作品5天后，把其中的42篇名单还给我，用主编惯有的表情说："这是挑剩的。""我20年没被毙过稿子呢。"我不服气，但在问了亚旗毙稿原因，比较了入选与落选的稿子后，我服了。"你写的那些童话其实也不错，但画面感不是太强。我是根据漫画的要求毙你的稿子。毙了你的稿子，你以后会写得更好。"

我让亚旗中途辍学，并不代表我反对现行的教育制度，相反，在对女儿亚飞的教育过程中，我从未有过也让她辍学回家的打算——亚飞今年才5岁，和她哥哥截然相反，对考试有种狂热，只要一说考考她，马上会扔下最精彩的卡通飞奔过来，考完后的一句表扬可以让她乐滋滋地高兴好久——她是那种可以在考试中获得乐趣的孩子，所以，我会让她一直读下去，按照她自己的说法，要读到博士。

每个孩子都有自己的长处，关键在于做父母的是否善于发现——合格的教师和父母，发现孩子的优点，告诉他什么地方行；不合格的教师和父母，发现孩子的缺点，告诉他什么地方不行。这就是我的心得。

文章来源：《读者》2005（8）（题目有改动，作者郑渊洁）

**感悟与思考：** 学校是一个怎样的地方？是夸美纽斯所讲的"智慧的屠宰场，儿童恐怖的场所"？是思想的王国、还是理想中的太阳城？教师的教育信念与教学行为营造着一切。理想的教师能够长其善，救其失，也就是像郑渊洁先生提倡的，不好的教师用一种方法教五十个学生，好的教师则是用五十种方法来教一个学生。有个性教学的时空才能将学校打造成一个有魅力的地方。

## "我以性命担保她行"

端 木

女儿上高二时，没有和我商量，她告诉我"要分文理科班了，我报了文科"。

我小心翼翼地问女儿："你为什么这样选择呢？"女儿说："老师说我没有数学脑子……"

这话让我怒火中烧，一个为人师者，怎么可以这样摧毁学生的自信呢？"再想想怎么样？我认为老师说得没有道理，你很正常，并没有偏科……""你说没用，反正我得选一个！"我默然。

家长和学生，竟这样只能屈服于现存教育制度而毫无反抗余地——哪怕它是如此荒唐！

每个学期结束后，成绩单上照例有老师的评语，本来这是一个使家长了解孩子的大好机会，可惜，每次都是那寥寥二三十个字，几乎是年年相同的套话——两三个词儿的优点和两三个词儿的缺点——有一次的评语绝对是学生的字体,看来老师自己根本就没有写评语的兴趣,干脆让学生干部代劳了。

有一次女儿回家后很不情愿地告诉我,班主任老师让你晚上 10 点钟给她打电话。我诚惶诚恐地掐着表准点打过去,不出所料,那是一大堆"必须及时改正"的缺点!——老师大义凛然,刀刀见血,听得我头皮直发麻!

女儿问"老师说我什么了",我犹豫了一下:"嗯,没什么了不起的……"考虑到老师对家长说话多少还会客气一点,我难以想象这些话当面对女儿说出来时是个什么气势,我不能再雪上加霜。

尽管我对女儿很有信心,觉得她是一个心智很正常的孩子,品行也没有什么必须矫正的缺陷,但她的理科成绩确实有江河日下的趋势,老师对女儿的评价开始影响我,"也许女儿真是缺乏理科方面的才能?""也许她真是缺乏逻辑思维能力?""也许她学习真的不够努力?"我自己都能感到在给女儿打气时有些言不由衷了。

终于有一天,女儿迟疑地对我说:"爸,我厌学了……"

"是吗?"我沉默无语,内心涌起一片可怕的绝望。我明白错不在女儿,是什么让她苦苦挣扎到高三,却突然丧失了自信和学习兴趣?!她曾是一个多么快乐和不甘人后的女孩儿呀……

所有这些,大概就是当有可能脱离这种教育的机会来临时,我和女儿都没有犹豫的原因。

几乎丧失了学习自信的女儿,在美国会怎么样呢?她在陌生的英语教育环境中将遇到巨大困难,这是我可以想见的,也许她一开始就会沦为班上成绩最差的一名,美国老师会对这样的学生作何评价呢?我简直不敢想下去,并且做好了女儿再上两年高中的思想准备。

仿佛在验证我的预计一样,进入美国高中没两天,女儿就在邮件中告诉我,"大量的单词听不懂,所有的计算、作图都用计算机,我都不会……"第一次美国历史课考试女儿竟得了个"F"。我心情沉重,但别无退路:"这是正常的适应期,你一定会挺过去的!"听天由命吧!

不久,似乎奇迹发生了。女儿那边不断传来好消息,"突破"先从法语开始,女儿首次得了满分!女儿说,一次法语课,有别的老师进来找我们老师,我们老师正忙着,她就跟我聊了两句,我们老师过来以后说"她刚从中国来"。那个老师说"我知道"。我们老师又说"刚来，法语就已经得 100 了"。那个老师感叹："Jesus（耶稣呀）！"这声惊叹让女儿心花怒放。

很快，她的化学又开始频频获满分。女儿给我的信写道：今天化学考试又得了 100。老师判完了卷子以后，拿给别的老师看，然后说："班里没别人这样，这都能当标准答卷了。"正好有别班的人来问问题，他就跟那人说："问 Stephanie（斯蒂芬），她什么都知道。"

女儿的每次邮件，都要写几句老师对她的评价。让我惊奇的是，这些评价无一例外是赞扬，而且往往是在全班同学面前大声地赞扬，"你们要努力呀，否则将来你们都要给斯蒂芬打工去了"等等，女儿说"我都不好意思了"。

这些赞扬有点像兴奋剂，不知为什么，女儿开始自信得让我感到陌生，一些我原来并未发现的特质似乎开始呈现。我不大有把握有资格"指导"她了。

果然，3 个月过去，女儿不经我同意，干脆地告诉我"准备今年就申请大学"，她甚至已经试着考了一次"托福"。我愣了一会儿，觉得女儿有点好高骛远，"托福"能考个四五百分就了不起了，她什么时候见过这个世面呀？

不久，成绩出来了，着实让我大吃一惊，她竟考了 600 多分。这个成绩申请美国的大学绰绰有余。

女儿真的开始申请大学了。她告诉我其中一个必要程序是中学老师的推荐信。与中国的"一考定终身"完全不同，美国对申请入大学的学生采用复合评价，不仅要看你"大学入学资格考试"（SAT）的成绩如何，你平时的成绩也占一定的比例，还要看你有什么特长，甚至做过多少时间的社会公益工作，中学老师的评价也是其中重要的一环。

我大大地担心起来，以往国内老师对女儿的评价言犹在耳，刚刚在美国学校里呆了几个月，美国老师怎么可能了解一个中国孩子呢？

女儿似乎忘了这件事。其后一段时间的邮件里，她绝口不提老师的评价是什么。我想糟了，美国是个信用社会，老师向大学推荐学生关系到自己的声誉，绝不会像中国人通常认为的是个"人情"，拣好话说就是了。也许，美国老师是否愿意推荐女儿都是个问题——女儿不提，我也不好问。

又过了一段时间，我接到厚厚的一封信，是女儿从美国寄来的。打开一看，是4封美国老师给大学的推荐信！我迫不及待地开始读，一种从未有过的震撼油然而生———

**法语老师的推荐信**

在过去的5个月中，我很高兴认识斯蒂芬。她去年10月到沙龙高中读书时，我教她法语。法语对她来说是一门全新的课程（她的第二外语），同时她不得不掌握英语（她的第一外语），还要适应新的文化氛围，但所有这些都没有难倒她。

斯蒂芬是个非常聪明的学生。她在沙龙高中的第一周，就问我放学后是否可以留下，教她以前没有学的功课。令我惊奇的是，斯蒂芬在一个小时内就都学会了。她不时地展示她的语言天赋，在班里成绩最好（从开学第一天起，她的分数没有低于A的）。她对细节和微妙的语法差别有敏锐的目光，能成功地记住新词汇并在文章中创造性地运用。出语轻柔的斯蒂芬能轻松地表达自己的想法。我对她适应困难的法语发音的能力印象非常深刻。斯蒂芬学习勤奋、自觉，总是认真完成作业，以自己的努力和精确超出我的预期。

斯蒂芬是个成熟、友好的女孩。她的同学大部分像大一新生，只有她像大四学生。她在小组中做得也不错，我经常看见她给同学讲解难题。另外，我们课下经常交谈，她既和我分享她的经历，又喜欢问我有趣的问题。

我相信，斯蒂芬在大学里会继续在个人学术方面取得进步，获得成功。对你的2005班（毕业班）来说，她是宝贵的财富。我毫无保留地推荐她。

瑟琳·M·特纳


亲切、自然和对学生细致的观察，竟使我这个看惯了"套话"的人一时间感到既新鲜又温暖，评价可以这样写的呀！

**数学老师的评语**

我很高兴写这封信，并以我的名誉担保，斯蒂芬今年参加了我的初级微积分课程的学习。学习期间，我发现斯蒂芬不仅勤学好问，而且富有同情心。她总是努力、认真地完成作业。她在数学和解决难题方面有显著特长。

斯蒂芬经常以自己优雅而且具有创造性的方式解决难题、完成数学证明。斯蒂芬也常常帮助身边的同学做难题。在校期间，斯蒂芬为了得到问题答案，通常比别人回家晚，有时候她也在学校里帮助别的同学。

学生们尊重她的文静和才智以及她解释问题时的耐心。显然，她在享受着帮助同学的乐趣。有斯蒂芬做学生我很高兴，她在任何校园都会受到珍视。为上述及更多原因，我向贵校推荐斯蒂芬。

特雷西·史密斯

我简直不敢相信自己的眼睛，女儿竟有数学"特长"？还能"优雅"而"创造性"地解决难题？！她不是"没有数学脑子"吗？

**英文老师的评语**

斯蒂芬从不在没有准备的情况下进行学术辩论，她的准备总是全面而准确。她不喜欢大惊小怪，对每件可能的事件都有预测。有的学生考试时爱靠运气"赢取胜利"，获得最佳，但斯蒂芬不这样，她付出的代价是时间和努力，这在她优秀的作业中有所反映。

斯蒂芬不仅仅是学术机器，她对学习感到兴奋。有的学生仅仅是搜集信息，而斯蒂芬在探索智慧。她与困难的概念搏斗；对有挑战性的问题，她不接受简单的答案。她所做的是把不同的想法结合起来，把众多概念放在一起。她不怕在解决难题时碰壁。我很喜欢像她这样有毅力的学生。她能适应高水平的大学学业吗？我以性命担保她行。对此，一秒钟都不应该怀疑！

人格的力量。这就是全部。这就是麦粒和谷壳的区别，这就是斯蒂芬的内在。不自负，不自私，不虚伪，她是积极向上的女孩，能够明辨是非。

斯蒂芬勇于对自己的行为承担责任，当事情不顺利时不找借口。她知道如何自我解嘲，也知道如何关心别人。她不贬低别人，也不利用别人。她尊重人，对人公平、体贴。她具有人格的力量。我就以此来结束我的评价。

约翰·C·科林斯

英文老师对女儿的评价让我目瞪口呆，有哪位老师会对一个学生的品质"以性命来担保"？！无论对学业上的特点描述，还是对内在人格的观察，甚至对女儿未来的预期，这位有博士学位的老师都远远超过了我这个父亲———我感到惭愧，以这样宽阔的视野对一个孩子作出评价，对我，对中国的教育文化来说都是陌生的。

……

读完这些老师极具个性的评价，那个"没有数学脑子"的、只能上文科班的、垂头丧气感到"厌学"的女儿消失了，取而代之的是一个看起来正全面获得进展、甚至有点出类拔萃的女儿！仅仅三四个月过去，女儿简直就像换了一个人，是什么起了如此奇妙的催化作用？

……我已不在乎这些评价对大学录取女儿产生什么影响，但我问女儿，是不是永远不会忘记，曾经有一个叫科林斯的老师在评价自己时说———"我以性命担保她行，对此一秒钟都不应该怀疑！"

女儿热烈地回应："Yeah！！"

文章来源：《教师博览》2001（11）

**感悟与思考：** "我以性命担保她行"，耳边仍时时回想这一掷地有声的话。无限地相信孩子的力量，无限地信任学生的潜能，这是教育教学的真正旨趣所在。建基于人性中"向上、向善、向学"的信念，教师才有可能做出如此坚定而明哲的鼓励。教学原理是一种激发的原理，教学艺术是一种激发的艺术。教师只要将激发赞赏的弓弦拉满，学生生命之箭就会疾驰向远方的目标。

## 两位数学教师与两个女孩的命运

郭元祥

两个天分相近的女孩，在中学时代遭遇两个不同的数学教师，她们的生命理念和生活方式走向了截然相反的道路。

第一个女孩在文学方面有着过人的天分，在读国中的时候，就开始进行文学创作了。但她在数学领域却一直表现较差，数学测验不及格已经是家常便饭了。尽管如此，凭着倔强和不服输的性格，她努力学习数学，终于在一次数学考试中及格了。

面对这个在数学方面取得进步的女孩，数学老师在点评试卷的时候，不仅没有鼓励和肯定这个女孩的努力，相反，当着全班学生的面，讥讽道："你居然及格了，你考试的时候肯定是作弊了！"

听到数学老师侮辱性的评价,这个女孩愤怒了!她的努力没有得到理解,她的不足没有得到老师的尊重,她站起来针锋相对地指责老师的无理评价。

面对来自学生的挑战,这个数学老师毫无歉意道:"如果你不承认考试作弊了,那我马上拿一套试卷来考考你,看你还能不能及格。"这个女孩也毫不示弱:"考就考,我就不相信会再考不及格!"

拿到新的试卷,这个女孩傻眼了。因为整个试卷上的题目全部是她还没有学习的"解方程式"内容,她考了零分。数学老师变本加厉,把她拉到教室前面,用毛笔在她的眼睛上画了个大大的"0",在全班同学面前示众。

国中时代的这种经历,在她倔强的性格中增加了怨恨、漂泊、敌视的成分。

另一个女孩,文学的天分同样突出,读国中的时候就开始发表诗歌,并多次获得过学校和区域的国文比赛奖励,但数学成绩同样比较差。她比较幸运,遇到了一个善解人意、宽容不足、尊重学生的数学老师。为了让这个女孩在国中数学会考顺利过关,数学老师把与考试相关的四个大题目在课堂上进行讲解,特别要求这个女孩把四个题目的解题方法全部背诵下来。第二天,数学会考试卷发下来,这个女孩惊奇地发现,前一天数学老师讲解的四个大题目全部在试卷上,她的数学考了 75 分,国中时期第一次数学考试及格了,也顺利通过了毕业会考。这个女孩从内心里感激数学老师,感激她对学生的理解,对学生不足的尊重。这个经历成为她学生时代最难忘的事情。从此,与人为善、理解他人、关爱他人的不足,对生活充满热情,成为她德性智慧的重要内容。

这两个女孩,前者就是妇孺皆知的三毛,后者则是大名鼎鼎的席慕容。

三毛是聪慧的,但中学时代的教育经历,给她的性格中埋下了不幸的种子。她在释放自己文学天赋的同时,过着居无定所、漂泊不定的生活。中学时代开始形成的倔强、敌视、漂泊的性格,导致她一生难以收获爱情的果实。她追求奇异的生活方式,但不珍爱生命,她过早地、自私地结束了才华横溢的生命。

席慕容是聪慧的,更是热爱生活、尊重生命的。中学时代的教育经历启发她要尊重他人,珍爱自己,理解他人的缺陷和不足。她感慨道:"一个人在弱势的领域能够得到他人的理解和尊重，是生命的幸福。"她一生享受着亲情的温馨与幸福，沉思着情感与爱的美妙，并通过生花妙笔，把对生活、对生命的热爱、对情感的体验，用炙热、细腻、充满人情味的文字，传递给世人。

原来，教育之中的知识学习，不仅仅是个真理问题，更是个关乎人的命运与幸福的问题！

文章来源：http://blog.cersp.com/userlog/20262/archives/2006/215386.shtml

**感悟与思考：** 如果要让心灵来重新定义教师，那么，我将毫不迟疑地说，教师是善于体谅生命的脆弱性并且敏于召唤起生命的完整感的情感细腻的人！我们的教育教学必须重新澄澈，重新返回心灵的天国。在这样的课堂中成长起来的精神才能真切地明白人性的尊严及生命的高贵。尊重人并为人所尊重——生命在此已经占据了教育教学中最重要的"诗眼"。

# 主题六  情境创设

德国一位学者有过一个精辟的比喻：将 15 克盐放在你的面前，无论如何你难以下咽。但当将 15 克盐放入一碗美味可口的汤中，你在享用佳肴时，就将 15 克盐全部吸收了。情境之于知识，犹如汤之于盐。盐溶入汤中，才能被吸收；知识需要溶入情境之中，才能显出活力和美感……情境教学解决的是学生认识过程中的形象与抽象、实际与理论、感性与理性以及旧知与新知的关系和矛盾。

教学情境是指以直观方式再现书本知识所表征的实际事物或者实际事物的相关背景，是学生认识过程中的形象与抽象、实际与理论、感性与理性以及旧知与新知的关系和矛盾。创设情境既要为学生的学习提供认知停靠点，又要激发学生的学习心向。这是情境的两大功能，也是促进学生有意义学习的两个先决条件。基于对本主题所涉及的情境创设案例的思考，对有价值的教学情境的创设要点大体可以归纳如下：

主体性。创设学习情境的根本目的是充分发挥学生学习的主动性，促进学生学得更透彻。事件应是学生日常生活中的事件，问题应是学生遭遇的问题。教师认为不存在问题的情境，学生可能有疑问；反之，教师以为学生会困惑或感兴趣的事件，学生的实际情况可能并非如此。因此，学习情境要关切学生的生活世界，应在保证学生的主体地位的前提下由师生来共同建构的，不能由教师单方面硬压给学生。不能尊重并体现学生主体性的情境创设是低效乃至失效的学习情境。

生活性。新课程呼唤科学世界向生活世界的回归，强调情境创设的生活性，就是要理顺学生生活世界与科学世界的相互关系。因此，情境创设要关切学生的现实生活,注重联系学生生活的现场性,注意融合学生宝贵的经历体验,善于从学生鲜活、真实的日常生活事件中发现、挖掘学习情境的丰富资源。

形象性。强调情境创设的形象性,其实质是要解决学生形象思维与抽象思维、感性认识与理性认识的关系。我们所创设的教学情境,首先应该是感性的、可见的、摸得着的,它能有效地丰富学生的感性认识,并促进感性认识向理性认识的转化和升华;其次,应该是形象的、具体的,它能有效地刺激和激发学生的想象和联想,使学生能够超越个人狭隘的经验范围和时间、空间的限制,既让学生获得更多的知识、掌握更多的事物,又能促使学生形象思维与抽象思维互动发展。

学科性。情境创设要能够体现学科特色,紧扣教学内容,凸现学习重点,体现学科知识发现的过程、应用的条件以及学科知识在生活的意义与价值的一个事物或场景。只有这样的情境才能有效地阐明学科知识在实际生活中的价值,帮助学生准确理解学科知识的内涵,激发他们学习的动力和热情。学科性是教学情境的本质属性。

问题性。有价值的教学情境一定是内含问题的情境,它能有效地引发学生的思考。情境中的问题要具备目的性、适应性和新异性。"目的性"指问题是根据一定的教学目标提出来的,目标是设问的方向、依据,也是问题的价值所在;"适应性"指问题的难易程度要适合全班同学的实际水平,以保证大多数学生在课堂上都处于思维状态;"新异性"指问题的设计和表述具有新颖性、奇特性和生动性,以使问题具有真正吸引学生的力量。

情感性。情感性指教学情境具有激发学生情感的功效。第斯多惠说得好:"我们认为,教学的艺术不在于传授的本领,而在于激励、唤醒、鼓舞,而没有兴奋的情绪怎么能激动人,没有主动性怎么能唤醒沉睡的人,没有生气勃勃的精神怎么能鼓舞人呢?"教师入境入情,才能使学生的心动情发,与作者的情感产生心灵的共鸣。

悬疑性。学习情境要促进学生智力活动的展开,吸引学生的注意力,关键是要提供学生感兴趣的问题。因此,悬疑性是有效学习情境创设的根本特征。教师在讲授了知识内容之后,再呈现与之相关的情境以印证所传授的知识。严格说来,这不是学习情境,只是一个无须质疑的证据,很难激发学生的思考。另外,一些教师平铺直叙地把情境呈现给学生,不加分析和提示，对情境中是否包含问题不予关注，这违背了设置学习情境的初衷与主旨。

真实性。根据课堂教学的需要，从学生的日常生活中选取学习情境，也意味着学习情境具有真实性，其中所包含的问题是真实的问题。只有在真实的学习情境中，学生才能切实弄明白知识的价值。如果仅仅对知识进行转化，或者仅仅对真实的生活场景给予简单虚拟，就很有可能设置一些虚假的问题，从而消解学习情境应有的功能。

典型性。要求对诸多事件进行评估，选择最具典型意义的事件作为学习情境。这样的事件所包含的问题最适合知识教学的需要，最能激发学生智力探索的兴趣；同时又能产生冲击性效果，最能吸引学生的注意力，引起学生的情感共鸣。

总之，教学情境是课堂教学的基本要素，创设教学情境是教师的一项常规教学工作，也是新课程与教学改革的重要追求。我们要从促进学生有意义学习的高度，创设体现学科特点和儿童年龄特征的既简洁有效又生动活泼的教学情景。

# 一、有效的情境

## 未成曲调先有情

陈 弋

翻开《树林里》这篇文章，第一次读就被深深吸引住了，这是一篇美得让人震颤的文章。树林带给我们的永远是美好的遐想：清新的空气，欢叫的虫鸟，酸甜的野果，摇曳的野花……树林像一支歌，似一幅画，是一首清纯的诗。走进树林一颗心也随之安静了下来。

多想在课堂上让孩子们跟着我一起走进树林，去倾听，去分享，去观察，去思考，去和林中可爱的小动物们交朋友。可是，在钢铁城市中长大的孩子，他们的生活离树林越来越远了。哪怕一年一度的春游和秋游，孩子们总是背着沉甸甸的装满零食的书包，在几个指定的公园，玩几个指定的项目然后回家。他们能和树林交上朋友吗？怎样才能让他们也爱上树林呢？

"未成曲调先有情"，要想让学生走进文本，和文本交上朋友，老师首先应该先喜爱和走进文本。于是，我决定带上课文走进树林，去和树林交朋友。于是在森林公园的竹林里，在旗山风景区的树林里，在江滨公园的榕树下，我学着课文里的样子静静地听，细细地看，学着"走进树林，找一块石头坐下来，静静地听，静静地看，静静地就像一棵树一样"。

带着树林的清新与美好回到文本中思考：怎样把树林美好的情境在课堂上重现？于是在设计课件的时候，我精心选择了和树林有关的图片和音乐，特别是配乐的选择更是煞费苦心。为了把美丽而又静谧的树林呈现在孩子们面前，同时也为了更好地配合师生的情感朗读，我先后跑了许多家音像制品商店，购买了许多有关的配乐，有钢琴曲、小提琴、大提琴、二胡、古筝的演奏曲目。一首首倾听，一首首比较，真是百里挑一呢。最后终于找着了一首舒缓的钢琴曲。曲子里伴有清脆悦耳的鸟叫、虫鸣和潺潺的水流声。整首乐曲如梦似幻，烦躁的心灵仿佛得到洗涤与安顿。静静的心儿也融入到自然中去。

于是，上课伊始，我先让孩子们闭上眼睛认真倾听这首优美的乐曲，让他们说说听到什么，再猜猜仿佛到了什么地方？

孩子们闭着眼睛专注地听着，抢着回答：听到小鸟的叫声，听到溪水的流动声，好像来到了小溪边，树林里，森林里。当孩子们慢慢张开眼睛，展现在他们面前的是一幅幅树林美丽的画卷：郁郁葱葱的，溪水潺潺的，色彩斑斓的，白雪皑皑的。从孩子们陶醉的神情中，我能感受到他们正在走进树林，在这样的情境中把课题美美地读一读，认真地写一写，水到渠成呢。

在《树林里》的课堂上，多媒体创设的情境贯穿着课堂的始终。让小朋友们和树林里的小动物交朋友。孩子们对着屏幕大声呼唤小动物的名字，在孩子们的欢笑声中，屏幕上的动物、屏幕下的孩子成为了朋友。

为了让小朋友们感悟到观察需要仔细，要"慢慢地走，细细地看"才会有更多的发现，和孩子们分享老师的发现：躲在叶丛中的小蜗牛，草丛中盛开的雏菊，落叶堆里长出的小蘑菇。孩子们的眼睛睁得大大的，清新可爱的画面让学习趣味盎然。

在学习课文"在树林里，要走得很轻很轻，因为小动物一听到声音就会躲起来的"时，再次运用多媒体创设情境：秋天的树林，地上铺满厚厚的金黄的落叶。邀请小朋友们一起到树林里走一走。要怎样走呢？为什么要走得"很轻很轻"呢？孩子们回答："我们不要吓跑胆小的兔子，不要踩着弱小的蚂蚁，不要吓飞歌唱的小鸟。"可是小动物见了人为什么会害怕会逃跑呢？引导孩子们进一步深入思考。于是孩子们谈到人类给动物和自然带来的破坏与伤害，又谈到树木是人类的好朋友，它们给人们带来的好处以及破坏环境带来的灾难，再顺理成章地感悟到人与自然要和谐共处的道理。

伴着优美的配乐和树林的美景再把课文变成一首小诗，和孩子们一起投入地朗读。最后和孩子们带着收获和思考走出树林，去河边，去山上，去田野，去公园。告诉孩子们无论身在何方，只要"静静地听，细细地看"就会发现许多可爱的生命，和可爱的生命交上朋友。

文章来源：http://www.oklink.net/a/0007/0730/xiaohua/011.htm

**感悟与思考：** 生活情境是教育教学的丰实的土壤。离开了生活的真实场景与学生作为个体的人的情感体验，教学的情境的创设可能就变为海市蜃楼，也许炫人耳目，然而，终究是虚幻不真的。陈老师从学生的生活实际出发，引学生走进自然，走进生活，使情境的创设充满森林的气息及生动的色彩，极大地激发了学生的学习兴趣与热情，丰富其学习的内涵。

## "千米"的认识

### 彭明谋

"千米"这个长度单位是学生很难掌握的，学生不知道 1 千米有多长。你说 1 千米就是 1000 米，有 1000 个 1 米那么长，但是在二年级的学生心目中，根本没有 1000 个 1 米到底是多长的概念。1 厘米可以用手指比划出来，1 米可以用两只手比划出来，那么 1 千米呢？

我们学校的操场跑道是 300 米，课堂上，我带着学生亲自去走 3 圈再加 100 米。太阳下，学生走得满头大汗，真真体会了 1 千米有这么长，原来走 1 千米和走 1 米有巨大差别。终于明白，千米这个较大的长度单位原来有这么长。

虽然这要花上 1 节课，但是在这种情景下，学生对 1 千米的认识是坐在教室背"1 千米＝1000 米"这样的进率所无法比拟的。情景教学是抽象的数学概念教学必不可少的一环。

文章来源：http://acad.cersp.com/3002/1078135.aspx

**感悟与思考：** 案例生动而大胆，大胆而真实，真实而有效。本案例中教学情境的创设有"脚踏乡土地，头顶乡土天"的资源意识，有深切关照"学生学习与体验"的人本情怀，有"因势利导、就地取材"的智慧与胆略，千米之遥仿佛近在咫尺！

## 身着唐装去上课

### 刘月英

身着雍容华丽的唐装，迈着优雅的步子，我面带微笑地走进七年级（4）班教室。

"哇，老师，好靓呀！"

"老师，你穿唐装真漂亮！"

我示意同学们静下来："刚才一位同学认出老师今天穿的是唐装，那唐装有什么特点呢？今天老师给你们当一回'唐装模特'，你们要注意观察哦！"

就着讲台当T台，我走了几脚"猫步"，来了个"优雅"的造型。

同学们欢笑。

"老师，我能不能摸摸您的衣服？"女生晶晶小声请求。

"当然可以！"我边回答她，边走到她的课桌前。周围同学也来了兴趣，猜测这套唐装的面料。

"老师的衣服面料是丝绸的，好柔软好细滑。"

"晶晶的感觉不错，唐装一般都用织锦缎面料。老师的这套衣服也是的。"说话中我回到讲台："现在大家说说唐装有什么特点？"

一位同学说："唐装的领子好玩，是站着的。"

"对，服装术语叫'小立领'，很好，继续。"我及时肯定。

"扣子也好玩，像麻花拧在一起。"另一位同学赶紧讲出自己的发现。

"对，你的比喻很精彩！这种扣子术语叫'直角扣'，即'盘扣'，扣子由纽结和纽袢两部分组成。"

"唐装很'中国'，很……很……嗨，我说不出来，反正大家都知道。"一位男同学红着脸支吾，引起大家一片会意的笑声。

"嗯，同学们不但说出了唐装的基本特点，还道出了唐装的本质。非常不错！那有谁知道这种很'中国'的服装为什么叫唐装呢？"

"唐装就是唐朝的服装呗！"

"什么呀！那'唐人街'上走的就是唐朝人了？"

"我是说，这种服装的样式是唐朝时的样式，所以叫唐装。"

"不对吧！我在电视里看到的唐朝服装不是这样子的。"

……

同学们的议论中，有一位同学的话引起了我的注意："刚才有位同学提到电视剧中的唐朝服装，这说明她看电视不光是注意了情节，而且还特别观察了剧中的服装道具。大家说说，你们在电视里看到的唐朝服装都是什么样的？"

"好长好宽的袖子，还有拖地的长裙，都是纱做的，很飘逸！"

"唐朝人穿衣服很开放，领口开得很低。"

"同学们观察得真细致,虽然电视剧中人物的服装与历史事实有些偏差,但唐朝服装的确有这些特点,和我穿的'唐装'不一样,也就是说唐装并不是指唐代的服装。唐装应当是中式服装的通称,中式服装是相对西式服装而言的。这里面又有一个问题,中式服装就叫中式服装呗,干吗还要叫'唐装'?"

"老师,我知道,就像在美国、东南亚等华人居住区被称为'唐人街'一样,是因为唐朝是中国历史上最让中国人值得骄傲的朝代。"

"说得真好,其实服装本身也是历史,唐代是中国封建社会的鼎盛时期,和唐朝有过友好往来的国家和地区达三百多个。灿烂的中国文化,通过他们传到世界各地。下面让我们一起来欣赏雍容富丽的唐朝服装吧!"

播放幻灯片:唐朝穿裙衫的妇女,蛾眉高髻,纱衫长裙,手拿拂尘,扭身戏犬,真切再现了唐朝服装的魅力及悠闲的宫廷生活场景……

"雍容富丽的唐朝服装从一个侧面折射出唐朝社会的两大特点——繁荣与开放。唐朝社会有多繁荣?开放程度有多高?从下节课开始,我们将通过学习第一单元《繁荣与开放的社会》来探讨这个问题……"

执教班级:河北省黄骅市第二中学七年级(4)班

文章来源:http://www.chinateacher.com.cn/news/2006/0301/397.asp

**感悟与思考:** 教师身着唐装,现身说法,使得教学情景的创设真实、生动,有力地推动了学生对唐装乃至对唐朝的思考和追寻,为后续的教学做伏笔。教师把准了情景创设的两个要点。首先,目标清晰,方向感强,紧紧围绕教学重点,做到既开门又见山,既承前又启后。其次,直观生动,几脚"猫步",来了个"造型",让人身临其境。

## 让年轻和思维一起跳跃

杨德昌等

"听说我们的新班主任是个小老头呢!"

"是啊,据说很严肃,真怀念我们年轻可爱的 Green 老师啊!"

还没走进三年级(1)班的门口,我就听见一帮小家伙们在屋子里叽叽喳喳吵个不停。他们原来的班主任小王调走了,我这个教了大半辈子书的老杨接过了这个全校最活跃最难管的班级。

小王是全校最年轻的老师，刚刚师范毕业，年轻和朝气吸引了学生，学生对他很认同，亲切地称呼他为"Green 老师"。我知道，越是这样，意味着我这个老教师越难以走进这帮小家伙们的世界，越难获得他们的认同。

"上课！"我一个箭步跳上讲台。

"老师好！"全班同学都睁大了眼睛看着我。他们肯定没有想到，新来的"老班"居然身手这样敏捷地出现在他们面前。

"同学们，我是你们的新班主任，很高兴和大家成为朋友。在正式讲课之前，我想先给大家讲讲我保持年轻的奥秘。"我故意顿了顿，"一个人的衰老，面貌不是主要的，心态和思维的衰老才是可怕的。别看我外貌老得多，我的心态和思维说不定比大家还年轻呢！"

此话一出，便看到几个前排的小家伙不服气地撇起了小嘴。我微微一笑，从口袋里摸出一副扑克牌："要不，我们打牌比试一下，怎么样？"

班里的气氛一下子活跃起来，同学们都高兴地喊了起来："好！""好！"

"今天我们玩的这种牌叫'快算二十四'。玩的时候，只保留数字牌，分成四份，同学们以座位为单位分三组，我自己一组，每组一份，各组每次出一张，每张牌都要用一次，并且不准重复，最先算出结果为 24 的为赢家。"

我看到学生们一个个兴奋得摩拳擦掌，一副跃跃欲试的样子。

很快我和我的学生进入了激烈而刺激的扑克竞技中。他们眼睛眨也不眨地盯着讲台前面的我和三个学生代表。我们刚刚把手里的牌亮出来，就听得下面在小声地嘟囔"5 乘以 6 得 30，30 与 8……""6 和 8 相加……"每次，在他们还在出声或不出声地念叨时，我则笑着把计算方法说了出来。一连几次，都是如此，让学生们知道了什么叫"姜还是老的辣"。这时，教室里传来了阵阵"啧啧"的赞叹声。

眼看火候已到，我趁机对学生们讲："其实，这个游戏有一个技巧，那就是前面一章学过的交换律和结合律的应用。两个数相加或者相乘，交换加数、乘数的位置，和、积不变，这一规律叫做交换律；三个数连加、连乘，改变运算顺序，和、积不变，这就是结合律。在计算的时候，我们脑子里首先要储备关于 24 的一些常见的组合，比如 4 乘 6、3 乘 8、2 乘 12 等等，计算的时候尽量往这些组合上凑。"

学生们若有所思地随着我的解说点头。

"数学是一门锻炼思维的好课。数学美体现在我们生活的很多方面，只要我们留心，就能发现它的美妙之处，除了今天的'快算24'，还有很多，比如鸡兔同笼问题、高斯算法等，都可以训练我们的思维，让我们变得越来越聪明、越来越年轻。老师希望以后我们一起学好数学，保持年轻，好不好？"

不用听学生们的回答，从他们那一张张灿烂如花的笑脸上，我知道，凭着一副扑克牌，我成功地实现了自己的目标。让生活的乐趣充实枯燥的课堂，让思维的灵光在课堂上摩擦出闪亮的火花，让"死"的知识"活"起来，让年轻伴随着思维一起跳跃，这就是创造课堂教学不老神话的奥妙所在。

文章来源：《山东教育》2007（3）

**感悟与思考：** 问题性是情境创设的内潜动力。情境在思维的深层处吸引人心的力量，就是悬而未决的疑问在逗引、在闪烁着。为什么我们的一些课堂常常缺乏撼人心魄，让人迷恋的东西呢？很大程度上是问题情境的设置显得浅薄，没有思考的内在张力。情境创设之妙在于引人入胜，动人心弦。情境深入人心的力量，其要旨就在于于不知不觉间，让人沉潜在文本中欲罢不能，使人沉迷于课堂生活中身临其境，心入其境。

## 二、低效的情境

### 少些"追风",多些思辨
——关于"创设情境"的一段教学经历与思考

贲友林　张齐华

在一次教研活动中,我选择了"7的乘法口诀"作为教学内容。如何引入?我一直在琢磨。当寻觅的目光聚焦于一个星期有7天时,心中有些"得意":这和孩子们的生活息息相关,是多么贴近生活的教学素材啊!由这样的现实问题引入,"符合"新课程理念。于是在教学时,我的设计是,呈现问题:一个星期是多少天?两个星期呢?三个星期?并通过填表呈现1~7个星期的天数,继而提问:1个7是多少?2个7呢?"21"是怎么得到的?几个7相加得28……以此为新课的学习做好准备。

试教如上展开,课堂却不如愿。孩子们时而游离、时而冷漠乃至木讷的眼神告诉我,创设这一现实情境,未能激起他们的一丝兴趣。这给我的激情与期待泼了一盆冷水。课一结束,很是纳闷的我迫不及待地追问他们,为什么在课堂伊始显得没精打采?他们沉默不语。

为了打破窘境,我和他们聊起了与课堂无关的话题,在不经意间问他们喜欢看什么电视节目,他们七嘴八舌说到"蓝猫"、"哪吒"、"汤姆和杰瑞(猫和老鼠)"等,尽是动画片中的角色。我若有所悟!回家后又问上二年级的女儿,与7有关的动画片或童话故事有哪些,女儿脱口而出:7个小矮人。课堂引入,我有了新思路。这真是:当一扇门关上时,孩子的话为我打开了一扇窗。

**感悟与思考:** 为什么情境"符合"文本要求,却不受儿童欢迎?其实,我们早就明白:我们成人认可,儿童未必认同。创设情境,我们不能一厢情愿、自以为是,要考虑儿童的心理需要,用儿童而不是成人的眼光来观察他们的内心世界和外部环境，用他们易于亲近的、易于接受的途径、方法来设计教学。算几个星期各有多少天，这是现实问题，但这种现实更多地指向成人的现实，对儿童来说却不一定有意义。

再次试教，我的设计改为：先和孩子简略地聊聊"看过哪些童话故事"，然后用多媒体出示白雪公主、7个小矮人的图片，让学生数一数小矮人是不是7个，接着让学生计算7的连加……学生的眼神亮了，小脸红了，片刻之后，他们的神情又回到常态。

我又一次追问自己：如何调整设计，让孩子的注意力集中到数学问题上来？我有了第三次"行动"，有了如下让学生"心动"的教学片断：

屏幕动画先后出示白雪公主和并排站立在草地上的7个小矮人，每个小矮人手里拿一个气球。

师：请看屏幕——森林里，有一位漂亮的公主，是谁呢？她有几位好朋友，又是谁呢？

学生脱口而出：7个小矮人。

师：数一数，7个小矮人都来了吗？

随着学生数数，小矮人下方依次出示1至7，再依次出现7、14、21三个数。

师：7个小矮人每人手里拿着一个气球。观察气球上的数，你发现了什么？

生：后一个数比前一个数多7。

生：第一个数是7；第二个数是7加7，两个7相加是14；第三个数是21，3个7相加是21。

师：接着往下写，是哪些数呢？

学生回答28、35、42、49，屏幕从第四个气球开始依次出示各数，教师追问是怎样想的。

师：我们一起把这组数读一读。

学生读。

师：这些数都与几有关系呢？

生：7。

师：对！这组数都与7有关系！（板书：7）

师：从这组数中，我们能看出：1个7是多少？2个7呢？"21"是几个 7？几个 7 相加得 28？……

　　学生回答后，教师组织学生看着屏幕中的数说一说：1 个 7 是 7，2 个 7 是 14……

　　师：今天这节课如果我们学习乘法口诀，将学习——

　　教师随着学生的回答完成课题板书：7 的乘法口诀。

　　上课之后，听了南京大学郑毓信教授的一场报告，他的一段话引发我们对上述教学片断进行对照性反思：好的"情境设置"应满足一个基本要求，就相关内容的教学而言，特定情境的设置不应仅仅起到"敲门砖"的作用，即仅仅有益于调动学生的学习积极性，还应当在课程的进一步开展中自始至终发挥一定的导向作用。

　　"白雪公主和七个小矮人"对这节课知识的学习并没有太多的作用，至多是蕴含了 7，但对于小学低年级的儿童来说，这块"敲门砖"以喜闻乐见的童话故事为背景，以美丽画面为视觉冲击，成功地起到了组织教学的作用，学生"一见而惊，不忍弃去"。7 的连加的准备题改编成找规律，再填空：7、14、21、（　）、（　）、（　）、（　）；富有挑战性的数学问题贯穿于儿童熟悉的白雪公主、七个小矮人的故事中。学生快乐地观察、推理、记忆，情绪化地经历着探求几个 7 叠加是多少的过程，为后继的自编口诀做准备。这是否可以解释为"在课程的进一步开展中自始至终发挥一定的导向作用"呢？

　　我们又对第二次试教后的失败与第三次教学后的成功进行对照性反思——白雪公主和七个小矮人的故事，为学生的学习活动创设的是场景，而非情境。在这一场景中，呈现"找规律，再填空"的数学问题，才让学生步入了我们数学课所追求的有着"数学味"的情境。数学中的"情境"与现实生活中的"场景"是两个内涵不同的词语。场景，更多地指活动主体置身于其间的物质的、外在的、客体的存在对象，注重的是外在的"场"。情境，更多地关涉活动主体所拥有的"心理的、内在的、主体的"体验、氛围，更重视主体内心的感受。如果说场景是物理意义上的存在，那么情境应表现为心理意义上的存在。场景具有客观性，是一个看得见、摸得着的教学背景，它可以是现实生产、生活材料，也可以是学科问题等。

文章来源：《人民教育》2006（8）

　　**感悟与思考**：　当学生的数学学习活动抛锚在情境中，就会表现为激发学习兴趣，唤起对知识的渴望与追求，伴随着积极的情感体验，关注数学问题，并进行思考与求索。由此观之，课堂教学情境不应只存在于课堂教学伊始，而应是充满课堂教学的整个时空，只要有学习活动的进行，就有相应的学习情境，它应当是多维度、全方位的。

## 教学情境的无效

冬雨徐来

在最近举行的全省小学品德与生活、品德与社会课堂教学观摩活动中，我聆听了一些优秀青年教师执教的优质课。在为教学活动的精巧预设、课堂生成的精彩展现、学生情感的有效调动而喝彩之余，我也感到有些课堂教学情境的创设存在问题。我试着对这些教学情境作一些分析，探讨一下如何使教学情境远离"无效"。

**课例片断一：人教版《品德与社会》四年级上册第一单元第二课《我们的生命》**

教师在引导学生感受"生命的诞生"时，先播放了一段母亲痛苦生产时的录像，然后让学生进行产房门前的"换位体验"，即模拟婴儿的奶奶和爸爸在听到婴儿降生的第一声啼哭时的兴奋状态。教师说明此意后并无学生响应，只好勉强指派男女生各一名上台表演。伴着教师一声"孩子生了——开始表演"，两名学生极为忸怩地抬起双臂作雀跃欢呼状，动作与神态显得十分生硬难看。

品德与社会课的教学应立足于学生的现实生活，引导学生用自己的眼睛观察生活，用自己的心灵感受生活，从而获得良好品德的养成与社会性发展。但是，这并不等于说教学中一定要将某些现实生活的场景原样复制到课堂上来，也不等于说情感体验就非得用表演的方式来实现。更何况不少学生没有在产房前焦急等待的经历，即便是按照教师课前的要求去观察过，也极难逼真地表演出来。

我想，教师播放一段反映婴儿降生前后在产房门前等待的家人的神态录像，也一定能使学生对"生命的诞生"有所感悟，这种感悟要比让他们凭空表演获得的情感体验深刻得多。

**课例片断二：人教版《品德与社会》四年级上册第四单元第二课《走**

近残疾人》

教师播放电影《隐形的翅膀》片断后，让学生体验失去双臂的主人公用嘴叼着笔写字的艰辛，并提出要求："请同学们把双手放在背后，也用嘴巴叼着笔，写下自己的名字，再谈谈你们的感受。"学生开始体验了，只见不少学生嬉笑成一团，有的偷偷用手扶着笔写，也有的借助手臂的力量来执笔。

多数学生还没有了解匆匆而过的几个镜头是些什么内容、主人公失去双臂的原因以及生活中遭遇到的辛酸与困苦时，就仓促地开始了情境体验，怎么会有真情的投入与切实的感受呢？我认为，教学情境的创设必须有相应氛围的营造以及情感的有效调度与铺垫，情到深处自然真，情境创设要达到震撼学生心灵的"浓度"与"火候"时，方能有效引导学生的学习。

**课例片断三：人教版《品德与社会》三年级上册第四单元第一课《我是谁》**

教师先利用课件展示了部分生活照片，引导学生感知自己和身边的人在不同的场合有着不同的"角色"。接着他创设了一个游戏情境——抢凳子。游戏规则是：6个同学围着5条凳子转圈，在老师叫停时没能抢坐到凳子上者被淘汰；每一轮淘汰一个人，同时也拿掉一条凳子，然后开始新一轮的游戏，抢坐在最后一条凳子上的人获胜。游戏过程中，台上体验的学生神情专注，抢座很激烈，底下的学生兴奋不已，加油助威声不绝于耳。游戏结束后，教师抛出两个问题：从这个游戏中你懂得了什么？在哪些场合我们不能抢座位？

课后，我翻看了这位教师的教案。他在教案中写道，创设该游戏情境旨在让学生了解自己在生活中会充当不同的"角色"，而不同的"角色"就有不同"要求"。该游戏情境分明是让学生体验到了生活中处处有激烈的竞争，稍不留神，自己就可能因为"抢不到座位"而被淘汰出局，沦为生活的失败者。显然，这个教学情境在设计意图上就偏离了本课的主题。

文章来源：《教育时报》课堂版，2007-12-12

## 触动学生的灵魂

邱晶晶

怎样的一节课才算是一节好课？怎样的一节语文课才称得上优质语文课？如同课堂教学评价表上所列举的各项：课堂气氛活跃，师生关系融洽，课堂纪律好……这算得上是一节好课吗？教学内容上，突出了重点，突破了难点，抓住了关键，揭示了规律，算得上是一节好课吗？授课课型合理，教学环节紧凑，运用"启发式"、善于引导，甚至，板书设计合理，书写工整规范，采用现代化的教学手段，演示操作熟练等，算得上是一节好课吗？按理说，如果每一节课都能做到"课堂教学评价"上所要求的各项，已经很不容易了，可是我总隐隐觉得还不够，好像少了点什么！

最近听了一节语文课《迢迢牵牛星》，一开始，教师以新潮网络恋爱语言引入，然后进入牛郎织女缠绵悱恻的爱情故事，学生同样异常兴奋。特别是最后让学生续写牛郎织女在今天相会的场面时，学生们的热情更是空前高涨，各种奇思妙想层出不穷。他们为牛郎织女设置了种种相会的场面，如视频聊天、煲电话粥等，不一而足，有的甚至登台表演，真是笑声阵阵、热闹异常。可是，坐在最后一排听课的我，心却紧紧地揪着：《迢迢牵牛星》，这可是一出动人的悲剧啊！悲剧的力量跑到哪里去了？

我常常问自己，对学生而言，若干年后，我教给他们的东西，他们还能记住哪些？能记住哪些呢？抖一下灵魂，大概只有触动灵魂深处的那一点点吧！因此我想，以后在我的课堂上，我宁愿拒绝所谓的"活跃氛围"，拒绝表面的浮华，而去追求生命最深处的感动。

文章来源：《师道》2007（10）

**感悟与思考：** 细细读完《迢迢牵牛星》这节语文课的情景创设，让人不得不引发这样的思索：教学情景的创设需要把准感情基调，任何一篇课文都有或显或隐的感情基线，景必须与情相吻合，同声相应，同气相求，做到到什么山唱什么歌。教学情景的创设需要消除时代的落差，认知的隔阂，使得教师、学生与课文三者在同一时代背景下积极地对话和深度地理解。

# 主题七  教学智慧

对于我们来说，这里最重要的一点是詹姆斯提醒了我们，正是机智这一实践性的概念才确定了教师在教育时机的所作所为。机智是一种教育学上的机智和天赋，它使教育者有可能将一个没有成效的、没有希望的、甚至有危害的情境转换成一个从教育意义上说积极的事件……教学和抚养后代真正的东西是发生在生活本身当中，你必须信心十足地知道在具体的情境中什么时候该说什么、做什么或者不该说什么、不做什么。因此教育的智慧和机智可以看做是教育学的本质和优秀性，我们不妨说智慧构成了教育学的内在方面，而机智则构成了教育学的外在方面。教育教学的结构就像机智的结构。

——马克斯·范梅南《教学机智——教育智慧的意蕴》

没有智慧，我们就缺乏透过琐屑与繁杂洞察精深与微妙的能力。没有智慧，"教育"就只是心灵和精神的一种牵累，一种"认知结果的堆积"。教学智慧是教师个体在教学实践中，依据自身对教学现象和教学理论的感悟，深刻洞察并敏锐机智、高效便捷地应对教学情境而生成融通共生、自由和美的境界的一种综合能力。它突出表现在以下五个方面：

深刻。"为了顺利地完成自己的任务，一个教师应当掌握深刻的知识"（赞科夫）。深刻不是说仅把教材看懂，而是把教材看穿、看透，挖掘出教材的精髓。教师钻教材钻得深，悟出来的道理就透彻，这样讲起课来就能够讲在点子上，微言大义，让学生听起来轻松，嚼起来有味，发人深省，从而起到"一语破的、一语解惑、一语启智、一语激情"的佳效。

独到。教师对教材要有真知灼见，能够于平凡中见新奇，发人之所未发，见人之所未见。从心理学角度来说，独到见解实际上是一种创造性思维，这种思维的特点之一是首创性。首创性只承认第一，拒绝雷同和模仿。特点之二是独创性。独创性是思维最宝贵的品质，任何新见解、新观点、新理论、新方法都是独创性思维的产物，教师的创造性教学源于教师的独创性思维。

广博。苏霍姆林斯基在《给教师的一百条建议》中说："教师所知道的东西，就应当比他在课堂上要讲的东西多十倍，以便能够应付自如地掌握教材，到了课堂上，能从大量的事实中选出最重要的来讲。""在你的科学知识的海洋里，你所教给学生的教科书里的那点基础知识，应当是沧海一粟。"的确，教师不仅应该是他那一门学科领域的专家，也应该是博览群书的饱学之士。五洲四海，古今中外，上下五千年，纵横八万里，他都应该有所涉及。这样讲起课来才能纵横捭阖，左右逢源，信手拈来，旁征博引，妙趣横生，见地别具，吐语不凡，让学生收到"听君一席话，胜读十年书"的奇效。

启发。启发是有条件的，就事论事、照本宣科是谈不上启发的。只有当教师对教材有深刻、独到的见解，并对自己要讲的一切烂熟于心、确信无疑，"使其言皆若出于吾之口，使其意皆若出于吾之心"，才能在课堂上拥有可供发挥能动性的自由度，才能真正做到游刃有余、指点有方、循循善诱，才能使课堂教学散发出磁性和魅力。这才是真正意义上的启发。启发的最高境界是以灵性启迪悟性。富有灵气的教师善于激疑布惑，诱导学生向着未知领域探幽析微，把学生带进"山重水复疑无路"的困境，然后或抛砖引玉，或画龙点睛，或点拨指示，或目示点头，或取喻明理，使学生对问题心领神会，如入幽微之境，突见柳暗花明，豁然开朗。

机智。教育机智是教师在教学实践活动中的一种随机应变的能力。俄国教育家乌申斯基曾说："不论教育者怎样地研究了教育学理论，如果他缺乏教育机智，他就不可能成为一个优秀的教育实践者。"任凭事先如何周密地设计，教师总会碰到许多"非预期性"的教学问题，教师若是对这些问题束手无策或处理不当，课堂教学就会陷入困境或僵局，甚至还会导致师生产生对抗。而富有教育智慧和机智的教师面对偶然性问题和意外的情况，总能灵感闪现，奇思妙策在瞬间激活，机动灵活地实施临场应变。教育机智就其实质而言乃是一种转化师生矛盾的艺术，是一种正确处理教与学矛盾的技巧，其要诀是避其锋芒、欲扬先抑、欲进先退、变换角度、以智取胜，表现在语言艺术上则是直话曲说、急话缓说、硬话软说、正话反说、严话宽说。

绝招。教师的绝招是教师教学特长中的特长，是对某种教学技艺的精益求精、千锤百炼以至达到炉火纯青的地步，是一种令人叹为观止的教学智慧。有的教师上数学课从不需要圆规、三角板等教学工具，但画出的几何图形却分毫不差；有的教师能根据课文的叙述，在黑板上信手挥来，画出栩栩如生的图画，再现课文优美意境，令学生惊叹；有的教师一手潇洒流畅、秀丽多姿的板书，使学生羡慕不已、反复临摹、不忍擦去；有的教师幽默风趣、妙语惊人，让学生在轻快的气氛中领悟深刻的哲理，步入知识的殿堂。

新课程改革热切呼唤教师的教学智慧！

# 一、成全的智慧

## 一首歪诗的风波

徐吉志

要学生做的事,教职员躬亲共做;要学生学的知识,教职员躬亲共学;要学生守的规矩,教职员躬亲共守。

——陶行知

陶行知是我国近代教育史上伟大的教育家、杰出的教育思想家。他以毕生精力投身于旧教育的改造,探索中国人民教育的新路。他认为,一位优秀的学校管理者——校长就应该保持与师生的广泛沟通和接触,与师生产生密切的联系,在沟通中消除隔阂,形成共识,增进友谊;在接触中了解师生,倾听心声,解决问题,在交往中交流思想,融洽感情,传达信息。这既是校长的为人之道,也是校长治校的重要策略。

陶行知是这样说的也是这样做的。"一首歪诗的风波"可以让我们领略他走进学生、与学生平等对话的民主意识和令人折服的育人艺术。

那天,育才学校音乐组的壁报《小喇叭》新的一期又出刊了。壁报前人头攒动,看热闹的人越来越多。一定是有哪位高水平的创作发表了,学生们边看壁报,边议论,外围看不到的人使劲往里挤,里面的人又不愿让。于是有人建议:"读一下,读一下吧!"只听见一个油腔滑调的声音开始朗诵了:"人生在世有几何?何必苦苦学几何。学习几何苦恼多,不如学习咪嗦哆!"一时间,歪诗不胫而走,传遍了全校,引起了学生们的争论,多种评价,褒贬不一。

其实,陶行知早就看了这首歪诗。但他没有马上对这位小作者进行简单粗暴的批评教育,也没有马上召集学生进行集体训话。而是在次日,邀请小作者到了自己的办公室，和他促膝谈心。他先是与小作者共同研究探讨了人与数学的密切关系。从吃饭、穿衣谈到音阶频率的振动，从种田、做工讲到国家大事，哪一件都少不了数学，离不开数学。因此，人人要学数学，数学对我们就像人类离不开空气、水分、阳光和食物一样的重要。小作者听了陶校长的谆谆教导，连连点头说："校长，我这下真的明白了你为什么要我们同学把学好语文、数学、外语、科学方法论这四门功课作为开启文化宝库的四把钥匙的道理。我检讨……"

陶行知马上接过话头说："现在我们是民主讨论，不是开批评会，你能认识问题，提高思想，就是进步。"小作者满怀信心地表示："我们音乐组的不少同学都有这种思想，让我去说服他们！"陶校长眯着双眼笑了，放心地说了一句："好啦！我们今天的民主探讨就到此结束。"一场风波就这样化解了。

陶行知先生的这个故事启迪我们：教育学是人学，是塑造人的心灵的艺术。校长除了要主动深入学生、走进学生的心灵之外，还应带动老师深入到学生中去，让师生拥有真正的"精神交流"。教育者只有倾听学生的声音，和学生交朋友，共同学习提高，才能达到有效的教育。

文章来源：《人民教育》2007（20）

**感悟与思考：** 陶行知先生的"四块糖果"的故事广为人知，"打了人"居然还获得表扬与奖励。在常人看来甚至是匪夷所思、不可理喻，然而，用心体察其智慧在于：以诚交诚，以心交心，以信取信。正如他对于"一首歪诗的风波"的处理，就是别出心裁，立足于通过个体教育来影响集体活动。教育教学的艺术是爱的艺术，教育教学的智慧是爱的智慧。

## 一年级的爱情

刘艳坤

一年级的语文课上，学习《识字7》。按照我的设计，学生学习记忆生字"情"。我问学生："同学们，这个字你是用什么方法来记住呢？"

生："我是用加一加的方法来记住的，我们学过了竖心旁，再加上一个'青'草的'青'字，就是'情'字。"

生："我是用比一比的方法来记住的。我用学过'清、请'来和'情'作比较，它们只是偏旁不相同。"

"同学们的方法都很好,谁可以给这个字口头组词语呢?"我接着往下引导。

生:"心情。"

生:"事情。"

……

突然,意想不到的事情发生了。

一个学生站起来:"爱情。"这句话可捅了马蜂窝。立刻,有的学生哈哈大笑,有的不好意思地掩嘴偷笑,教室里乱了起来。看来大家知道这个词的意思,我也没打算多说。可是,我完全没想到的是,突然有人对同桌说:"哈哈,爱情!你和张梦有爱情了,你死定了,哈哈……"同桌一听,气坏了,马上站起来还击:"你才有爱情呢!"

又是哄堂大笑,我也笑了,问:"你们知道什么是爱情吗?"

生:"我知道,就是爱一个人。"

生:"爱情就是拍拖(广州话:恋爱)。"

那位被"嘲笑"的小家伙说:"爱情就是男人爱女人,女人爱男人呗!"

我说:"哦,是这样子啊。那老师是女人,你是男子汉,老师平时很爱你,这是爱情吗?"

"是。"不假思索的回答后突然醒悟:"嗯?不是吧?你应该和你的老公有爱情的。"哈哈,他们什么都懂。

马上有同学"帮腔":"爱情应该是两个人一样大才可以有爱情的。"

我问:"嗯?那我可就不懂了,我爱你们不是爱情,那是什么呢?能不能用一个其他的词语代替呢?"

这时大家一下子安静了下来。

我接着说:"听老师说说,看有没有道理。老师爱同学们,老师把同学当成自己的亲人,自己的孩子,这不是爱情,应该是亲情,因为你们是我的亲人。对吗?"

同学们幸福地点头表示同意。

我又接着问:"现在再来说说同学和同学之间,男同学和女同学之间的爱,应该用什么词语呢?"

"友谊!"有位同学小声说。

"对!非常正确!是友谊,也可以说成是友情。"

"老师，我可以把同学当成我的兄弟姐妹了吧？那么可以说是亲情呢？还是友情呢？"有个孩子问。

"当然可以啊！你和同学之间亲如兄弟，有亲情，也有友情啊！"

"哦，我明白了。"

看着天真、纯情的孩子们，我说："同学们，老师希望我们就像一家人一样，好好相处，让我们班级充满亲情、友情吧！"

"还有真情！"一个孩子高兴得大叫。

"嗯，对！还有真情！"

文章来源：《教师之友》2003（10）

**感悟与思考：** 一年级的孩子们在谈"爱情"，真是令人猝不及防啊！应该如何面对这些？置之不理或是当场制止都不是有效的策略。任何过于直截了当的做法，往往是欲益反损的。看似轻而易举地解决了，然而其"后遗症"有时还会随之而来，更让人难以招架。刘老师的正视而迂回曲折的做法值得借鉴。峰回路转之后，自有无限风景，自有无穷意味！

## 老师的腰围

### 魏振强

在一所小学听数学课。女老师40多岁，胖胖的。讲完厘米、分米和米的概念后，她让学生们测量桌子、铅笔和手臂的长度。两分钟后，被点名的同学报出答案，都得到了表扬，张张小脸涨得红红的，嘴巴笑成了一朵朵花。那些没被点到名的学生着急了，有的站起来，有的跳着脚，有的甚至爬到凳子上，高举着手："老师，快叫我，快叫我！"

桌子、铅笔和手臂的长度都量过了，老师说，我们再找找别的东西测量一下。老师的话刚说完，我旁边的那个一直没得到机会的瘦男孩"噌"地站起来："老师，我想测测你的腰围。"

教室里一下静了，同学们都转过头或侧过身看着这个瘦男孩，而后又把目光对着老师。老师低头看了一下自己的腰，然后静静地看着那个学生，笑道："好啊，你来量吧。"

小男孩拿着尺子，飞快地跑到老师跟前。他用手按住尺子的一端，让尺子在老师的腰上翻着跟头，翻了好几趟，他说出了一个答案："87厘米。""不错，他量得很认真，答案也比较接近。但是，其他同学有没有更好的办法，测得更准确一些？"她的话音刚落，一个胖乎乎的女孩站起来说："老师，我有，我用手。"

小女孩已开始往老师跟前跑了。老师问："你用手怎么量呢？"小女孩说："我一掌是11厘米，我看是几掌就知道了。"老师笑了。小女孩的手在老师的腰上爬，爬了一圈之后，她就报出了答案："89厘米。"

"有没有更好的办法？"笑容在老师的脸上绽放。教室里静悄悄的。片刻之后，前排的一个小孩站起来："老师，你把腰带解下来，我们一量就知道了。"

我没想到这个小小的孩子会想到这种聪明的办法。老师肯定也没想到，我看到她在大笑，真正的开怀大笑。老师一边笑，一边真的解下了腰带。

小同学量出的是90厘米，这当然是最准确的一个答案。老实说，这位老师并不漂亮，但这节课却是我听过的最漂亮的一节课。

文章来源：《中外文摘》2005（16）

**感悟与思考：** 面对学生的近乎调皮捣蛋的"不情之请"，教师是疾风骤雨式的斥而退之，以保全所谓的"师道尊严"？还是充耳不闻自顾自地继续预定的教学任务？还是……机智的教师在突如其来的困境中，不是按习惯与常规处理，而是另辟蹊径、出奇制胜。而这机智的核心是教师葆有一颗赤子之心。

## "朽木"的春天

蔡 成

新学期第一堂课，上课铃响过后丁班仍闹哄哄的。新分配来的蔡老师站在讲台上，瞅着在课桌间追打的调皮学生，心里暗暗叫苦。答应校长担任丁班班主任后，有老教师悄悄告诉他，丁班是将同年级各班所有"害群之马"抽出来集中到一起的班级。蔡老师努力镇定下来，说："同学们静一静，新学期第一节课，我们不进行新课程，听我讲故事。"这话很见效，嘈杂的教室很快安静下来。

"1993年，在广州发生了一个前半截上了报纸，后半截却没大肆公开的故事。"这个开场白把学生们的好奇心勾起来了，他们纷纷竖起了耳朵。

"在广州某工地，民工从泥土中挖出了一根百年老树的树干。有记者将此写成新闻刊登在报纸上,很快有专家赶来,证实那确实是一棵百年老树,更发现这棵没有腐烂的树干竟已躲藏在地下 400 年。专家敲敲长达 50 多米的树木,摇头了,400 多年没有腐烂成泥,这是奇迹,可惜它的木质已疏松,派不上用场了。工程承包人为难了,因为民工们表示,要把这棵树移走,得增加劳务费。民工们掰着手指说要租用吊车、大型运输车……3000 元是最少费用。工程承包人不愿多支付这笔费用,拼命压价。正闹得不可开交,有名看热闹的木匠提出,如果给 1500 元,他愿意把木头搬走。"

蔡老师讲到此处,问:"同学们,谁能告诉我,木匠拿那根破木头有什么用?"

学生们七嘴八舌答:"木头没法用,他是想赚那笔搬运费。""买回家当柴烧。"……

蔡老师笑了:"第一,木匠无法赚取搬运费,在广州连垃圾运去填埋场也须交填埋费,而搬运一棵 50 多米长的大树 1500 元搬运费远远不够;第二,当柴烧也不可能,广州市里当然无须烧柴,若运到乡下农家,拿这运输费去买柴火还有剩余……事实是,木匠把这棵快要腐朽的百年老树卖了,得了近 3 万元。"

同学们面面相觑,无不露出惊异的神色。在同学们急不可耐的催促声中,蔡老师道出原委:"木匠先跑去与多家保温瓶厂和陶瓷工艺品厂签下购销合同,然后将老树加工成 11 万个保温瓶木塞,1000 多个陶瓷工艺品的盖子;连淘汰出来的碎木板,木匠也没放过,他将碎木板故意弄成奇形怪状,在上面印了细细的一行字:'500 年修得一相逢。此木取自 500 年前古树。'再穿上红绳当艺术品销售。光最后这一项,木匠就赢利 1 万元!"

"哗——"学生们使劲鼓掌。蔡老师趁热打铁,面对情绪高涨的学生甩出一席话:"同学们,我刚来学校,就听到不少老师提醒我,称我们班'有些同学朽木不可雕'。可是,通过我今天仔细观察,我没发现一根朽木!每一根木头都有属于自己的春天!"

"同学们,朽木确实不能用于雕塑,但只要巧妙运用智慧,不也照样能发挥其价值么?何况,我们班没有朽木!"蔡老师指着几名同学继续热情洋溢地说,"这位同学刚才跑回座位的速度很快,努力练练后说不定能获块短跑金牌;还有这个英俊小生,脸上表情变化起来好丰富,长大后去演小品，我看超过赵本山都有可能；坐最后一排的那个高个女生，始终很冷静，这种稳重性格非常适合经商……"

掌声、笑声在丁班响成一片，在以往听惯众多老师对他们"朽木不可雕"的批评声后，他们第一次听到了充分肯定他们、全面认识他们、并热切鼓励他们的声音。下课铃响后，同学们起立，蔡老师开心地发现，所有的学生，都把腰挺得很直，将头昂得高高的！

两年半后的高考，原本有"差生集中营"之称的丁班竟也有几位同学考上了名牌大学！当即将奔向大学校园的学生来向蔡老师道别时，每个人都说了这么一句："蔡老师，谢谢您的木匠和朽木的故事。"

文章来源：《演讲与口才》学生版，2005（12）

**感悟与思考：** 我们没有智慧，但我们可以借用智慧。其实借智的前提是识别智慧，发现智慧的存在与价值，从而孕育教师自身的睿智。蔡老师就是这样一位善于发现智慧，以智慧故事引领学生进行人生探索的人。一位有智慧的教师永远怀揣着对学生未来的憧憬和发现，因为"生命不能被保证"，"什么才干都没有，什么事都干不来的人是不存在的，问题在于要发现、显示、爱惜、培养每个学生的独特的个人才能"（苏霍姆林斯基）。

## 怎样对待这"一瞬间"

### 高起录

五年级思想品德课正在进行着。同学们读完课文以后，我提出这样一个问题："请同学们认真思考：平时你见到的哪些行为是诚实的，勇敢的？为什……"

"呼"的一声脆响，打断了我的提问，这响声很显然是火柴枪发出的。

这突如其来的脆响，使同学们有的捂起了耳朵，有的吓得嗷嗷直叫，有一个女同学竟惊吓得从板凳上跌了下来。

一分钟过去了，教室又恢复了安静，静得可以听到每个同学急促的呼吸声。

我目光严厉地搜索着发出响声的目标，没有反应。我开始发问："刚才的响声是谁发出的？"我。"坐在教室最后面的刘小溪同学边说边低着头站起来。我不看则罢，一看又是这全校闻名的"老大难"，当时真把我的嘴都气歪了。

说他"老大难"是因为他学习成绩差，不守纪律。家长对他没办法，学校屡次教育也没啥效果。去年春天的一个星期天，为了掏麻雀，他竟把学校瓦房上的瓦拆了一大片。事后老师找到他批评他。而他却不以为然地说："我再把瓦重新安上就行了吧！"他从不知什么叫害怕，也不知难过是什么滋味。因此同学们看不起他。凡教过他的老师见了他不是摇头，就是叹气，对他失去了教育的信心。

眼前这件事该怎么处理呢？大概因为今天他对错误的认识比较主动，因此，我极力抑制着自己的感情，平静地说："把你的火柴枪送到前面来。"

"不！我不给！我不是故意的，真的！是枪走了火。"他说得既干脆，又焦急，脸憋得通红。

我要，他不给，形成了顶牛局面。

同学们似笑非笑地瞅着我，像是说，别的老师都管不了他，你能管得了吗？我急得在讲桌前来回走了两圈，猛然，黑板上的课题《什么是诚实，什么是勇敢》启发了我：今天刘小溪的行为不是完全可以通过理论联系实际的课堂形式来解决吗？这真是机不可失。于是我镇静下来，温和地说："刘小溪，你先坐下吧！"我又把目光转向全体同学说："同学们，刚才刘小溪的行为，哪些是诚实的，哪些是勇敢的？请大家发表自己的看法。"

同学们纷纷举手。

李杰说："刚才他主动承认响声是他发出的，这就是诚实，从这一点上说明，小溪有了进步。"

李芬接着说："他说响声不是故意弄的，是枪走了火，如果他不摆弄，枪是不会自己走火的。这里他表现得不诚实，是为自己的错误辩护。"

"他承认响声是自己发出的就是勇敢。这一点比我强得多。前些天校长还讲有人在学校大门上乱写乱画，实际上乱写乱画的就是我，可我始终不敢承认，怕挨批评……"凌肖还没说完陆平就干脆利落地抢着发表了自己的意见："我对凌肖的看法有意见，犯了错误承认是应该的，那算不得勇敢。在战场上奋勇杀敌，有了危险不畏惧那才是勇敢。"

"我同意陆平的意见。不过小溪刚才说的响枪不是故意的，我从他刚才的言语、表情上看，他说的是真的，我看小溪还是诚实的。"张伟接着说。

李小艳站起来愤愤地说:"什么诚实、勇敢全都是嘴上说的,刚才老师要没收他的火柴枪他为什么不给?难道这也是勇敢吗?"

……

"哎!刘小溪,我问你,刚才大家说了半天,你有什么想法,可以表个态吗?"班长王莉亮开嗓门大声说。

不知是谁像哥伦布发现了新大陆似的,惊奇地小声嘀咕起来:"看哪!刘小溪哭了。""真的,这可是新鲜事!"

这时,只见刘小溪慢慢站起来,双手托着那把精致的小枪,缓缓走到我的面前,抽噎着说:"老师,把它交给您,狠狠批评我吧,我错了!"我一愣神,紧接着带头鼓起掌来,教室里响起一阵热烈的掌声。

同学们向小溪投去了赞许的目光。我明确地阐明了自己的观点:"大家应该学习刘小溪同学这种诚实勇敢的精神。"面对老师的鼓励和同学们热情信任的目光,刘小溪的两只泪眼变成了两口奔涌不息的"泉眼",泪水喷涌而出……

课后,在我的记事本上写下了下面一段话:意义障碍过多妨害了刘小溪的进步,教育的最佳时机抓得不准,错过了对他教育的良好机会。要抓住最佳教育时机,作为一名教师,平时就要注意细心观察,深入了解每个同学的性格特点,尤其对后进生更要注意发现他身上的闪光点(哪怕只有一点点)。要不失时机地进行表扬、热情地鼓励,要培养他的自信心,树立他的自尊心,在同学中树立他的威信。对于他的缺点,或单独,或公开辨明是非;或批评,或谈话,讲清道理,或创设一定的情境让他去实际锻炼。如果孩子做错了事情,或者他的所做、所为、所言,不合自己的心理;或者与自己心理正好相反,甚至产生顶撞现象,做家长的,当老师的,这时将会产生愤怒的情绪,很可能就会像火山一样突然爆发,如果真是这样,同志,你错了!就是这将要爆发感情冲动的"一瞬间",才是教育的最佳时机。如果你采取的是粗暴、冷酷、辱骂,甚至是触及皮肉的手段,那么久而久之,孩子就会变得怯懦、孤僻、顽皮,甚至会使他走上毁了自己的邪路。这就是我从刘小溪身上得到的一点体会。

文章来源:刘永增等主编《捕捉最佳教育时机》,辽宁师范大学出版社,1995版

**感悟与思考:**"这将要爆发感情冲动的'一瞬间',才是教育的最佳

时机"。"时机意识"是教师高超教学智慧的特征之一。教师教学智慧对"老大难"学生的教育、感化常能做到"天时、地利、人和"三者的统一,以发挥最佳时机的教育力量。"天时",高老师审时度势,在刘小溪硬顶牛的局面下,抓住本节课的主题《什么是诚实,什么是勇敢》,顺势而为。"地利",握紧教室这一现场性平台,就地解决,力避时过境迁。"人和",充分发挥班集体民主化的舆论力量,发挥"人心齐,泰山移"的效应,从而达成理想的教育效果。

## 给学生一个"台阶"

王玉英

　　学完《泉水》(人教版)一课,我检查学生对生字的掌握情况,让学生把自己学会的字写在黑板上,展示给同学们看。郭敏第一个冲上讲台,她一连写了"泉"、"杜"、"股"几个字,在写"结"字时,只写了"纟",却怎么也写不出另一半来,急得汗都渗出来了。下面的同学把小手举得老高:"我写!""我写!"是请一个学生来帮她写呢?还是我提示她一下呢?我举棋不定,我怕做得不好会伤了她的自尊心,打击她的学习热情。

　　我向窗外望望,灵机一动,说:"同学们先不要着急。郭敏一时想不出来,是因为她太紧张了。我想让她站在教室门口,向远处眺望一下,放松放松,她一定会想出来的。"于是,郭敏在教室门口边思索边左顾右盼。果然,她很快就蹦跳着跑回讲台,十分认真地在"纟"的旁边写上"吉"。

　　我问:"郭敏,你是怎么想起来的?"郭敏红着脸说:"我是看到校园墙上'团结求实'的标语才想起来的。"我趁机对学生们说:"你们看,郭敏到门口站一站就把这个字写出来了。所以呀,生活中处处有汉字,处处有学问,我们在学习上要做一个有心人,多观察,善发现,就一定会有更大的进步。"

　　在后面的10多分钟里,郭敏听课特别认真,还多次举手向老师提问,一双大眼睛不时地望着我,眼里满是自信,当然还有感激。也许今天这件小事,会让郭敏永远记住了"结"字的正确写法,学习兴趣也会大大增强。

文章来源:《江西教育》2007(4)

　　**感悟与思考:**　多一种解决问题的办法,便会多一个成功的学生。给幼小的孩子一个"台阶",看似随意的举动,保护的却是孩子稚嫩的自尊心,点燃她心中对知识的渴望,唤醒她求知的欲望,收获的自然是她对成功的弥足珍贵的自信心。

## 二、关爱的智慧

### 天使的翅膀

佚 名

很久以前,有一个小男孩,他非常的自卑。因为他的背上,有着两道非常明显的疤痕。这两道疤痕,就像是两道暗红色的裂痕,从他的颈子一直延伸到腰部,上面布满了扭曲鲜红的肌肉。所以这个小男孩,非常非常地讨厌他自己,非常害怕换衣服,尤其是体育课,当全部的小孩子都很高兴地脱下又粘又不舒服的制服,换上轻松的体育服装的时候,小男孩都会一个人偷偷地躲到角落里,用背部紧紧地贴住墙壁,用最快速度换上体育服装,生怕别人发现了他的背部有两条这么可怕的疤痕。

可是,时间久了,他还是被其他小朋友发现了背上的疤。"好可怕喔!""怪物!""不跟你玩了!""你是怪物!""你的背上好恐怖。"……天真的小朋友们,无心的话往往最伤人,小男孩哭着跑出教室以后,从此再也不敢在教室里换衣服,再也不上体育课了。

这件事发生以后,小男孩的妈妈特地牵着他的手,去找级任老师,小男孩的级任老师是一个四十岁、很慈祥的女老师,她仔细地听着妈妈说起小男孩的故事。"这小孩在刚出生的时候,就生了重病,当时本来想放弃的,可是又不忍心,一个这么可爱的生命好不容易诞生了,怎么可以轻易地结束掉?"

妈妈说着说着,眼睛就红了:"所以我跟我老公决定把小孩给救活。幸好当时有位很高明的大夫愿意尝试用动手术的方式挽救这条小生命,经过了几次的手术,他的命好不容易留下来了,可是他的背部,也留下这两条清楚的疤痕……"

妈妈转头吩咐小男孩:"来,把背部掀给老师看……"

小男孩迟疑了一下，还是脱下了上衣，让老师看清楚这两道恐怖的痕迹，也曾是他生命奋战的证明。老师讶异地看着这两道疤，有点心疼地问：

"还会痛吗？"

他摇摇头："不会了……"

妈妈双眼泛红："这个小孩真的很乖，上天让他生下来已经很残酷了，现在又给他这两道疤，老师，请您多照顾他，好不好？"

老师点点头，轻轻摸着小男孩的头："我知道，我一定会想办法的……"

此时老师心里不断地思考，要禁止小朋友取笑小男孩，只能治标，不能治本，小男孩一定还会继续自卑下去的……一定要想个好办法。

突然，她灵光一闪，摸了摸小男孩的头，对他说："明天的体育课，你一定要跟大家一起换衣服喔……"

"可是……他们又会笑我……说……说我是怪物……人家不是怪物……"

小男孩眼睛里头，晶莹的泪水滚来滚去。

"放心，老师有法子，没有人会笑你。"

"真的？"

"真的！相不相信老师？"

"……相信……"

"那勾勾手。"老师伸出了拇指，小男孩也毫不犹豫地伸出他小小的右手。

"我相信老师……"

第二天的体育课，很快就到了，小男孩怯生生地躲在角落里，脱下了他的上衣，果然不出所料，所有的小朋友又露出了讶异和厌恶的声音。

"好恶心喔……"

"他的背上长了两只大虫……"

"好可怕，恶……"小男孩双眼睁得大大的，眼泪已经不听话地流了下来。

"我……我才不……不恶心……"

这时候，教室的门突然打开，老师出现了。

几个同学马上跑到了老师面前说：

"老师你看……他的背好可怕，好像两只超大的虫……"

老师没有说话，只是慢慢地走向小男孩，然后露出诧异的表情。

"这不是虫喔……"老师眯着眼睛，很专注地看着小男孩的背部。

"老师以前听过一个故事，大家想不想听？"

小朋友最爱听故事了，连忙围了过来："要听！老师我要听！"

老师比着小男孩背上那两条显眼的深红疤痕，说道，"这是一个传说，每个小朋友，都是天上的天使变成的，有的天使变成小孩的时候很快就把他们美丽的翅膀脱下来了，有的小天使动作比较慢，来不及脱下他们的翅膀。"

"这时候，那些天使变成的小孩子，就会在背上留下这样两道痕迹喔。"

"哇……"小朋友发出惊叹的声音："那这是天使的翅膀啰？"

"对啊。"老师露出神秘的微笑，"大家要不要检查一下对方，还有没有谁的翅膀像他一样，没有完全掉下来的？"

所有小朋友听到老师这样说，马上七手八脚地检查对方的背。可是，没有人像小男孩一样，有这么清楚的痕迹。

"老师，我这里有一点点伤痕，是不是？"一个戴眼镜的小孩兴奋地举手。

"老师，他才不是，我这里也有红红的，我才是天使……"

小朋友们争相承认自己的背上有疤，完全忘记取笑小男孩的事情。

小男孩也是，他原本哭红的双眼，此刻早已停止流泪。

突然，一个小女孩轻轻地说："老师，我们可不可以摸摸小天使的翅膀？"

"这要问小天使肯不肯啰。"老师微笑地向小男孩眨眨眼睛。

小男孩鼓起勇气，羞怯地说："好。"

女孩轻轻地摸了他背上的伤痕，高兴地叫了起来："哇，好软，我摸到天使的翅膀了！"

女孩这么一喊，所有的小朋友像发了疯似的，每个人都大喊："我也要摸！""我也要摸天使的翅膀！"

一节体育课，一幅奇特的景象，教室里几十个小朋友排成长长的一排队伍，等着摸小男孩的背。小男孩背对着大家，听着每个人的赞叹声、羡慕的啧啧声，还有抚摸时，那种奇异的麻痒感觉，他的心里，不再难过了。小男孩脸上，泪痕还没干，却已经露出了久违的笑容。一旁的老师，偷偷地对小男孩比出胜利的手势，小男孩忍不住，格格地笑了起来。

后来，这小男孩渐渐长大，他深深感谢着老师一句"这是天使的翅膀"让他重拾信心。他高中时还参加了全市的游泳比赛，得了亚军，他勇敢地选择了游泳。因为他相信，他背上那两道伤痕，是被老师的爱心所祝福的。

文章来源：《大众阅读报》2004-02-24

**感悟与思考：** 为真情祝福的人是幸福的！祝福他人的人也是幸福的！是什么让伤疤变成天使的翅膀？教师的良苦用心，用的是什么心——是一颗母性与智性交融的心，散发出生命的芳香。教育就是教师这般柔情万种、心有灵慧的呵护、滋养着孩子的自信、快乐、成长与幸福。并且，我们也满心欢喜地幸福着所有人的幸福。

## 天空不再下雨

徐新民

刚放学，忽然下起了雨，淅淅沥沥，丝毫没有停下来的意思。哎，真是倒霉，昨天考试，学生的平均分不如别班，现在，我没有带伞，老天居然下起雨来。下吧下吧，反正我心灵的天空也正阴雨霏霏。

雨越下越大，我漫不经心地走进雨幕，任由风雨吹打着我疲惫的身心。突然，一个男孩冲了过来，把他的伞撑在我的头顶，为我营造了一方晴空。原来是性格内向、言行拘谨的他。

我教他们班数学才几天，就听其他任课老师说，他成绩一塌糊涂，常考个位数。我也发现，他自卑、怯懦，下课后总呆愣在自己的座位上，似乎不敢多说一句话，不敢多走一步路。

记得第一次请他上黑板默写几个数学公式，他手足无措、满面通红、极不情愿地走上讲台。只听同学们在窃窃私语："太阳从西天出来了，喊他默写？""真是丢人现眼，不拿零分才怪。"他满眼蓄满泪水，无助地望着我，目光中贮满痛苦与羞赧。我投给他鼓励的目光，拍拍他的肩膀，说："我知道你作了充分准备，只是当着同学们的面默写你很紧张，别怕，哪怕默写对一个公式也是你的进步。"结果，四个公式他真的只对了一个，但我带头给以热烈的掌声。

我了解到，自打进入初中以来，老师从没喊他答过问题，更没让他上过黑板。平时作业，他可交可不交。就是交了，老师也从来不批改，只笼统写上三个字："不及格。"老师瞧不起他，同学讽刺挖苦他，他是班级中可有可无的多余人。现在，大家的掌声或许会使他内心的孤寂和沉闷消失，沉积许久的坚冰也会有所消融吧。

下课后，我送给他一张纸条："别封闭自己，打开心窗吧，快乐正注视着你。少一些烦恼，多一份努力，给生活灿烂的微笑，你会发现你心灵的天空原来正艳阳高照。"

这以后，他变了，我一到教室，他就走出座位，来到我身边，默默地看着我，有时还敢大着胆子跟我说几句话。渐渐地，他告诉我，父母离异，均不再管他，他十分孤独，加上同学嘲笑，老师厌弃，使他几乎要丧失活下去的信心和勇气。"不过，老师，你放心，我不会再犯傻，你理解我，我有什么心事，可以跟你讲。告诉你，老师，我最喜欢上你的数学课，我想在下次的考试中取得六十分。你这么辛苦，我不能再拖你的后腿……"

伞下，他滔滔不绝，一脸的真诚，与先前蜷缩在教室一角的他形成了鲜明的对比。没想到我小小的关注与鼓励，扫却了他心头沉积的阴霾，换回了他生活态度的转变和学习上的进步。孩子的心是透明的，不含任何杂质与灰尘，你对他真心一点、平等一点、关爱一点，他就会心满意足、受宠若惊。与学生的真诚信赖、渴求进步相比，平均分不如人家又算得了什么呢？教师活在世界上，就是与学生共存的。我坚信，一生与学生相伴，时时撒下理解与信任的种子，将会收获万里晴空，我和学生的天空将不再下雨。

文章来源：《教育有乐》2005

**感悟与思考：** 罗兰曾说："生命赋予每个人不同的使命，没有人生来是没有用的，在这个世界上……没有不可爱的人。"教师的教育智慧就集中反映在对同一片蓝天下学生平等权理念的秉持。这种平等是无条件的，不管是城市的还是乡村的，不管是沿海的还是内陆的，不管是富裕的还是贫穷的……这种平等又是具体的，她把学生视为是具体的、鲜活的、存在着的人，而不是把学生当成一个抽象的、生硬的、静止的人。教师对每位学生的关切应是"我的眼里只有你"的实在，而不是"目中无人"乃至只见"人"而不见"生命"的空洞。

## 教育应是一扇门

董文华

一位小学特级教师应邀到外地讲课。礼堂里坐着上千名听课的教师，还有临时从附近学校"借"来的学生。要读课文了，学生齐刷刷地举起了小手。老师随意点了一个胖胖的小男孩儿。这个学生一开口就把句子念错了。老师柔和地提醒他看清楚再念，他居然结巴起来。邻座的一个男生忍不住笑了，举手想替这个同学读，但老师没有应允。老师耐心地鼓励胖男孩儿重新读，胖男孩儿的额头渗出了汗水，总算把这个句子念顺了。

老师示意他坐下，然后走到那个发笑的学生身边，问他："你想评价一下他的阅读吗？"那个男生站起来，口齿伶俐地说："他急得满头大汗，才把一个句子念好了。"老师笑着说："应该说，他为了念好这个句子，急得满头大汗——请你带个头，我们一起用掌声鼓励他，好吗？"

相信每一位教师都遇到过这样的情境。这位特级教师用自己的睿智维护了弱者的尊严，给了强者仁爱，同时也给了所有的学生看世界的眼睛，如同阳光轻轻吻住花蕾，怠惰的双脚从此有了快乐前行的理由。这让我想起了英国著名哲学家怀特海在《教育的目的》一书中所写的：所有有实际经验的教师都知道，教育是一个一分钟一分钟、一小时一小时、一天一天耐心地掌握细节的过程。教育及文明都是建立在细节之上的，在看似微不足道的地方稍加点化便可能点石成金，在常人不屑一顾之处匠心独运便可能峰回路转。

教师应该尊重学生，而尊重学生的最高原则就是平等地对待每一位学生。如果教师在课堂上有意无意地强化了学生之间的某些差别，就会在一些学生的心中留下卑微的阴影，在另一些学生的心头播下自高自大的种子。教育应是一扇门，推开它，门外满是阳光！

我想这位特级教师用自己的行动，向我们诠释了什么样的教育是我们追求的理想境界。

文章来源：《教育时报》2007-07-04

**感悟与思考：**教师的教学智慧表现在什么地方？其中一个根本的落脚点就是他是怎样对待学生的。深富教学智慧的教师能把和学生"平凡"的学习相处变得"不平凡"，她以发自内心尊重学生的人文情，转化为具体的言行,让一个读不好课文的学生以自己的力量寻回了自我感,请忍不住笑了的学生对同伴的努力表示鼓励,使得两位学生找到了各自人生中所需要的部分,班级洋溢着师生平等互助的情怀。

## 没有教不好的学生

霍懋征

我们的学生虽然都是孩子,但他们也有人格,也有尊严,老师和家长是不可以用有辱人格的话来对待孩子的。宰予因为白天睡觉就被孔子骂为不可雕的"朽木",这本身就是不对的。孔子是讲究"有教无类"和"循循善诱"的,但是只因为"宰予昼寝",就说他是"朽木不可雕",这是孔子教育思想中最不可取的一条。孩子上课睡觉,为什么?是困了,还是病了?还是因为老师讲课没有趣味?老师应该提醒他、关心他才对。随便用有辱人格的话来嘲笑,只能对孩子造成伤害。

老师对学生首先要有爱心,要一视同仁地爱每一个学生。老师对孩子还要有信心,要相信每个学生都是好孩子,都想学好,都能学好。存心学坏的孩子是没有的。教育孩子有如春雨润物,疾风骤雨只能水过地皮湿,不但滋养不了"根",而且还容易损伤"苗"。古人说:"精诚所至,金石为开。"又说:"锲而不舍,金石可镂。"这应该是教师和家长教育孩子的座右铭。有了这种至诚的爱,有了这种坚持不懈的精神,我们的教育就会成功。有了这种爱心和毅力,脑瘫儿可以上大学,可以被邀出国留学;有了这种爱心和毅力,弱智儿可以培养成音乐指挥家;有了这种爱心和毅力,装有假肢的残疾人可以翻跟头、叠罗汉,可以成为杂技明星。这些虽然是个别的,但却证明了爱的力量和锲而不舍的价值。残疾儿童尚可成才,我们怎么能轻言这个孩子"笨死了",那个孩子"不可救药"呢?我们怎么可以随便说这个学生"朽木不可雕",那个学生"不是读书的料"呢?饭不熟是因为火候不到,树不直是因为管理不善。不是孩子学不好,而是我们的功夫没有做到家啊。

有一年春天,我们班来了个插班生,叫明明,是个白胖小子,老实厚道,很爱劳动。值日扫除、植树浇花,他都走在前头。他喜欢数学,也爱唱歌、踢足球,就是语文不好。书面作业写得倒很工整,但是,只要让他口头回答,就颠三倒四说不清楚了。他的背书作业也总是完成不了任务。

我觉得很奇怪，按照他的智力，不至于这样呀？于是我把跟他住在同院的一个女孩子找来，了解明明在家的情况。那个女孩说："明明的爸爸可凶了，老骂明明是笨蛋。他在家里像个小耗子，都不敢大声说话。"知道了这种情况以后，我就赶快去家访。我告诉他爸爸妈妈，孩子在学校爱学习、爱劳动、守纪律，只是胆子小，口头表达能力差点儿。希望家长能配合老师的工作，让孩子在家多读书，多背书，多跟大人说话、交流。但是，得到了家长的支持，并不等于解决了问题。

有一次，我让同学们背诵老舍先生的散文《草原》的第三段。我想，明明肯定又背不下来。放学的时候，我走到他跟前小声说："你知道老师今天留的什么作业吗？"他说："知道，老师让我们把《草原》的第三段背下来。"我马上肯定地说："你记得很清楚，今天回家好好地读读课文，明天我请你在班上背书。"他笑着点了点头。

第二天一到校，我看他在整理书包，就问："你会背了吗？"他摇摇头，没说话。这是我意料中的事。我没有生气，亲切地问："你昨天回家念书了没有？""念了。我念了好几遍了，还背不下来呢。"他小声说。"好吧，今天先不叫你背。上课的时候，你先听听同学们背得怎么样，好吗？"他轻轻地"嗯"了一声。

上课的时候，我先让全体同学齐声背一遍。这是一种预习，也给下面背书的同学先创造个轻松的气氛，壮一壮胆子。然后是点名背诵。当同学背得好时，我就注视一下明明，意思是说："你听听同学们背得多好，你要努力呀！"等他的目光与我的碰在一起的时候，我便给他一个鼓励式的微笑。

下课以后，他在院里玩儿，我问他："你听同学们背书，觉得怎么样？"他不好意思地说了句："我比不上他们。"

下午放学的时候，我把他叫到办公室请他念书，给他分析课文的意思，再次告诉他背书的方法。临走的时候，我又说："今天回家后，再好好读读书，我相信你一定会背得跟他们一样好的。"

第三天早上，我又找他，他还是不会背，我压着"气"，告诫自己现在绝不能生气，更不能批评，要设法调动他的积极性。于是我心平气和地说："你现在给老师念念好吗？"他念得虽然比较熟练，但离背诵显然还有距离。

第四天一早我又问他："今天可以背了吗？"他说："会背两句。""那你先背给老师听听好吗?"他把"小羊上了山丘……"这两句背了一遍。我立刻用赞赏的口气说:"今天很有进步。待会儿上课的时候你就背这两句。"

上课了,为了鼓励同学们重视口头作业,我向全班同学说:"咱们先集体背一下《草原》第三段,要有感情。"集体背完以后,我说:"谁能再把第三段的前两句背一背?"很多同学都"刷"地举起了小手。这时,我定睛看了看明明,意思说:"做好准备,下面该你背了。"然后我说:"现在我们请明明同学来背,好吗?"在同学们欢迎的掌声之后,他很有感情地背了起来。

下课后,他兴奋地在操场上奔跑,还大嚷:"我会背了,我会背了!"我见他这样高兴,又对他说:"今天你背得真不错。同学们给你鼓掌,你觉得怎么样?"他仰起小脸儿兴奋地说:"老师,明天我一定都背下来,我保证。"

果然,到了第五天,他把整段课文都背下来了。这是一次艰难的训练,也是一次漫长的等待。但是孩子成功了,我也成功了。真是"精诚所至,金石为开"啊!从那次以后,我再也没有为他的背诵作业着过急,而且他还常常追着我问:"老师,今天的课文背不背呀?"

**文章来源**:梁星乔主编《没有教不好的学生——一代名师霍懋征爱的教育艺术》,中国大百科全书出版社,2003版

**感悟与思考**:"没有教不好的学生"这是一条教师育人的崇高理念,但理想和现实是有落差的,以什么来消除这个落差,实现师生教学生活的完满呢?霍懋征老师以高超的教学智慧,让学生的生命焕发出质感的亮光。首先,有耐心。活文纳洛斯有言:"耐心是希望的艺术。"正是耐心使得明明找到了自我的确证。其次,有爱心。鲁迅先生坦言:"教育根植于爱。""有了爱,便有了一切"(冰心)。

## 不要漏掉学生的名字

许 丽

做了这么多年的老师,我也积累了一些应对突发事件的"教育机智"。比如,在点名时碰到了不认识的字怎么办?一位"前辈"曾向我面授机宜:先故意把他们的名字漏过去,等被漏掉的学生站起来问时,就故意

说:"你叫什么名字呀,我怎么会没看到?"如此这般,既巧妙地知道了学生的名字,又避免了在学生面前露怯。

这个方法,几乎已成了教师们的"真实谎言",可能很多教师都知道并沿用,但不久前我却读到了这样一个小故事。新学期开学,一个老师在点名时,被"赵志枨"这个名字难住了。前两个字已经读出口了,这第三个字到底读什么呢?他想凭感觉读一个音,又怕读错了。一时间觉得非常尴尬,最后,他老实地告诉学生:"对不起,这个字我不认识,大家能告诉我吗?"说着他把那个"枨"字工工整整地写在黑板上。"我叫赵志枨。"一个男生站起来大声说。伴着他响亮的回答,教室里响起了热烈的掌声。这掌声是送给真诚的老师,因为学生们见惯了原来那种虚伪的"教育机智"。

读完以后,我不禁有些惭愧。我一直以为学生不过是小孩子,经常为自己的一些"教育机智"沾沾自喜,现在才知道,学生的眼睛是那么的雪亮,亮得可以看透老师的心灵。

老年人有一种迷信的说法:带孩子经过坟场之类的地方时,一定要把孩子的眼睛蒙上,因为孩子的眼睛是雪亮的,什么都看得见。迷信归迷信,可有些时候,孩子的眼睛确实是雪亮的,他们最能看出我们的虚伪。面对这些鲜活的生命,我们必须真诚。

生物学家巴甫洛夫说过:"永远不要企图掩饰自己知识上的缺陷,即便用最大胆的推测和假设去掩饰,这也是要不得的。不论这种肥皂泡的色彩多么使你们炫目,但肥皂泡必然是要破裂的,于是你们除了惭愧以外,是会毫无所得的。"在现代信息社会中,教师不再是知识的垄断者和独裁者,而是和学生一样,是新知识的不断学习和追求者。学生们喜欢的不仅仅是教师渊博的学识,同时还有教师有血有肉、有笑有泪的率真品格。在学生面前,教师不必也不能虚伪,唯有放下知识的权威身份,主动走下威严的讲台,走到学生中间,尝试建立一种民主平等的教育,才能真正地赢得学生的信任和爱戴。

小心啊,不要轻易"漏掉学生的名字",因为你同时漏掉的,还有学生对你的信任和爱戴。

老师一直都在谆谆教育学生,做人要诚实。可是教师自己却由于虚荣心作怪,不愿放下知识权威的架子,不愿放下教师所谓的"面子",做起了一个"包装"起来的教师。时代要求我们要更新观念,与时俱进,做一个真实、真诚的教师，用教师的真诚呼唤学生的真诚。

文章来源：《人民教育》2004（7）

**感悟与思考：** 美国有位教育学者专门研究如何记住学生姓名专题，引起许多人的关注。名字是通向学生心灵世界的第一道密码。经由名字传递着彼此的信息，师生间的生命与精神发生了有意义的链接。正因为如此，于永正老师也深有感触地给教师们建议：尽快地记住学生的名字。教师如果为了一时的"面子问题"，故作聪明地"漏了学生的名字"，结果是聪明反被聪明误。教学机智是在真诚的交流与真实的关注的基础上生发出来的。

## 孩子，大胆地喜欢吧

唐先俊

近日，总感觉班里有点异样，一些和我很亲近的学生，见我时总是躲躲闪闪，尤其是一些成绩较好的学生。

果然不出我所料，那天，我刚上完课，回到办公室坐下，一个胆子较大的学生怯生生地来到我面前，好像要说什么，却欲言又止。我见他那模样，忙说："你有事吗？不怕，有什么尽管向我说。"在我的鼓励下，他开口了："老师，班上有一些同学传字条。""什么字条？""就是写一些……一些……他们写'我喜欢你'。"

"都有哪些人传字条？"我心中一惊。

"有好些人呢！有A，有B，还有C……"呵！都是我平时信任的学习较好的学生呢！难怪这些孩子最近见了我躲躲闪闪。

"好的，这事儿我知道了。谢谢你给我讲这些情况！你回教室吧。不过，先别对别人讲，好吗？"

十来岁的孩子，懂什么喜欢？这事还得处理。但是一定要讲方法，不然，可能还会适得其反。我在心里酝酿好一个办法——

下课后，我首先走进教室，把我最信任的男生A叫到了一个僻静的地方。我双手扶着他的肩，叫他看着我，我也和蔼地看着他："你喜欢老师吗？老师可是十分喜欢你的！""喜欢！""如果你有事儿，会对老师讲真话吗？""会！""我想知道，你在班上有喜欢的女生吗？"他的脸一下红到了脖子根。"没……没有。""哈哈，对老师说谎了吧！别害怕，老师不会批评你的。再说，有喜欢的女生很正常呀。"

听了这话，他低下的头一下子抬了起来，眼里发出惊喜的光。"你是个有才干的同学，我想欣赏水平一定不错，说出来让老师给你参谋参谋？""老师，我有！"他小声地讲了起来，"她是我们班上的D。'为什么喜欢她'，我觉得她成绩很好，遵守纪律，歌也唱得好。""哦，不错嘛！很有眼光的。喜欢优秀的人，自己也会更加优秀的。"

"你是怎么喜欢的？能讲讲吗？""我给她写了字条。""字条上写什么了？""我喜欢你！""还有别的吗？""没有！"他看我不信任的样子，继续说："老师，真的没有了！""老师相信你。不过，写字条可不对了。你想，大家都是天天见面的同学，用得着写字条吗？""爸爸有喜欢的女性朋友吗？他们是怎样喜欢的？"我话锋一转。"有。张阿姨，还有李阿姨……他们有时约很多人一起玩，一起吃饭。那次，爸爸还帮李阿姨办了一件事。""爸爸喜欢妈妈吗？""喜欢！""想想看，爸爸对妈妈的喜欢和对张阿姨、李阿姨的喜欢，一样吗？""不一样。""是的，爸爸对张阿姨、李阿姨的喜欢，是朋友间的喜欢，朋友间应相互友好，相互帮助。而对妈妈的喜欢是终身相守的喜欢，它需要给妈妈相伴一生的郑重承诺，同时，还要承担起抚养子女、照顾父母的重任。因此，对妈妈那样的喜欢可不能随便去说。它需要我们自己有一定的工作能力、生活能力，甚至经济基础以后，才能说的呀。说说看，你对D的喜欢，是哪一种呢？"他认真地想了想说："是爸爸和张阿姨他们那一种的。""既然如此，又何必写字条，何必躲躲藏藏呢？你们不是应该像爸爸和张阿姨、李阿姨一样相互友好、相互帮助吗？"然后，我给他布置了一项任务，回家问问爸爸，是什么时候喜欢上妈妈的。

如法炮制，在一天之内，我分别找相关学生谈了话，也都布置了同样的任务。放学了，在孩子回家以前，我分别给他们的家长打了电话，向他们讲明事情的原委，并叮嘱他们千万别动声色，一定配合孩子完成好我布置的任务。第二天，正好有一节队会课，我早早走进教室。课件上展示出"我喜欢的一个异性同学"几个字，下面是一男一女两个同学手牵手向前走的图画。看到这个画面，孩子们顿时议论起来。

我站在讲台上，示意大家安静后，说："怎么？大家觉得奇怪吗？其实这是很正常的事。咱们班有那么多优秀的男生，也有那么多优秀的女生，大家相互欣赏，相互喜欢，相互友好，相互帮助，这是再正常不过的事了。哪些孩子有喜欢的异性同学，敢给大家讲讲为什么喜欢吗？"教室里再次议论起来，我再次示意大家安静，并把目光投向了我信任的 A 同学。在我鼓励的眼神下，A 走上了讲台，讲起了他对 D 的喜欢。待他讲完，我对着大家说："同学们，A 是一个追求上进的孩子，他喜欢的同学也是一个品学兼优的学生。我们难道不能为他的这种独特的眼光鼓掌吗？"在我的提议下，教室里响起了热烈的掌声。"还有哪些孩子有喜欢的异性同学呢？"五六个学生纷纷走上了讲台。"孩子们，想想看，你的爸爸、妈妈有他们喜欢的异性朋友吗？谁来讲讲他们是怎样喜欢的？"

教室里再次热闹起来，不少学生谈到了父母和异性朋友的友好交往。我再一次把爸爸是否喜欢妈妈的问题提了出来，在此，我组织大家讨论了两种喜欢是否一样的问题。随着讨论的进程，我出示了课件的第二幅图——一对亲密相伴的夫妻和由他们引出的箭头指向的四个老人与一个孩子。并让他们说说爸爸是什么时候喜欢妈妈或妈妈是什么时候喜欢爸爸的，想想为什么他们要在那时才开始相互喜欢。生动的讨论让孩子们明白了两种喜欢的不同内涵以及父母式的喜欢所应具备的基础与承担的责任。

我趁热打铁："孩子们，其实，你们今天的喜欢是一种多么纯真的同学之情啊！这是人生之中纯美的情感，我们应该正确认识它，并好好珍惜它！孩子们，大胆地喜欢吧！敢把你们喜欢的异性同学的名字喊出来吗？"还真有不少学生喊出了他们喜欢的同学的名字呢。接着我用幽默的语调说："大家可要不断追求进步呀。你们看，他们喜欢的都是优秀的孩子。你要是没有本事，人家可不会喜欢你啦！"从此以后，字条现象没有了，见到我躲闪的孩子没有了。看着男女同学间大方而快乐地交往，我真的很开心！

文章来源：《今日教育》2007（10）

**感悟与思考：** 爱情教育在中小学课堂近乎空白。爱情的话题在中小学被视为洪水猛兽，大家讳莫如深。许多教师一听学生们在"谈情说爱"就大惊小怪，不分青红皂白一棍子"棒杀"。案例中的"我"灵机一动，顺水推舟对孩子进行了一次别开生面的情感教育、爱的教育，化堵塞为疏导，化消极为积极，化被动为主动。

# 主题八　师生关系

师生关系缭绕于校园的每个角落，伴随着每位教师的教学生涯。"每个学生内心深处都有他自己的一根弦，弹出自己的调子，因此要想让那颗心与心的话语相呼应，就得使我们自己能和上这根弦。"师生关系是这根弦上心与心的音符，吟咏出教育教学永恒、迷人的主旋律。师生关系是课堂成功的基本元素，"上课，这是教师和儿童的共同劳动，这种劳动的成功，首先是由师生关系来确定的"。师生关系是一种精神的对话，"教育必须在对话中进行"。基于平等对话，达成师生精神世界的敞亮，完满人格的生成，人性智慧的显发，独特个性的塑造。

——苏霍姆林斯基《给教师的一百条建议》

教师与学生的关系是贯穿整个教学过程的最基本、最重要的一对关系。师生关系是课堂教学最重要的生态环境，教师对学生的态度不仅对学生的学习而且对学生的人格发展都具有直接影响，新课程要求建立充满人性关怀的、民主平等的新型师生关系，营建师生共同发展的教学关系，培养学生独立性和独立学习能力。基于本主题的故事与案例的阅读，我们可以对良好师生关系的鲜明特征简要归结如下：

平等对话。它强调师生人格的平等，即师生之间只有价值的平等，而没有高低、强弱之分。在对话中，教师与学生作为有生命的、具有平等地位的人，相互尊重彼此的独特个性，自由而持久地交换意见，共享不同的个人经历、人生体验。在对话中，教师与学生共同学习民主和平等的观念，学习尊重差异、尊重生命。由此，教师与学生之间就形成了真正的人与人的关系。只有在这样的师生关系中，学生才会体验到平等、自由、民主、尊重、信任、友善、理解、宽容、亲情与关爱，同时受到激励、鞭策、鼓舞、感化、召唤、指导和建议，并形成积极的、丰富的人生态度与情感体验。

和谐民主。和谐民主的师生关系强调教师与学生是处于平等地位的、拥有完整生命的人。师生关系应是一种相互尊重、相互理解、相互欣赏下的民主关系，是一种相互学习、相互要求、共同参与的合作关系，是一种相互独立、富有个性、共同发展的和谐关系。因此，教学中的师生关系不再是"人—物"关系，而是"我—你"关系。教师不再是特权式人物，而是与学生站在同一感情基线上的平等中的首席。

真诚交往。交往是活动的最基本形式，亦是人的最基本的精神需要之一。交往不是静态的社会关系的总和，而是动态地表现出来的主体之间的相互作用。师生关系是一种平等、理解、双向的人与人的关系，这种关系得以建立和表征的最基本形式和途径便是交往，从而师生交往便构成了教育实践的重要基础和前提条件，它贯穿在教育实践、人文实践的过程中。离开了师生交往，师生关系就只是外在的，而不能成为教育力量的真正源泉，甚至会成为教育发展的阻力。新课程改革热切地呼唤教师：将自己真实的、完整的人格面对学生"言传身教"，真诚地与学生交往，给他以帮助，并且指导他理解生活、感受世界。放下师道尊严的架子，抛开"判官"的面具，走近学生，与学生平等交流，真情倾听。这也是教育教学取得成功的关键因素之一。

相互理解。所谓相互理解，是指师生双方消除彼此之间的误解，增进彼此之间的了解，达到相互体认、彼此信赖、互相依存、共享知识的目的。理解型师生关系重在以"理解"为基点，引领师生追寻崭新的生命意义。理解型师生关系建立的过程，也就是师生双方将对方以"活文本"的形式加以理解的过程。这种特殊的"活文本"不是符号化的构成物，而是共时的、共在的人的真实存在。师生在这样一种教育生活中体验到真实的关系，把握和创造自己的生活世界。学生通过理解教师这一"活文本"，可以从中体悟到教师对自己的期待，从而积极面对生活、面对世界、面对未来；教师通过解读学生这一"活文本"，可以从自己真实的教育生活中体味到学生心灵的渴望，感受到自身教育工作的神圣和尊严，从而不断对自身提出更高要求。

共同学习。教师与学生成为彼此之间积极互动的同伴，意味着互动，意味着参与，意味着相互建构。传统的严格意义上的"教师教"和"学生学"，将不断让位于师生互教互学，将形成一个真正的"学习共同体"。在这个共同体当中，"学生的教师和教师的学生不复存在，代之而起的是新的术语：教师式学生和学生式教师。教师不再仅仅去教，而且也通过对话被教，学生在被教的同时，也同时在教。他们共同对整个成长负责"。

总之，师生关系是学校中最基本的人际关系，是学校教育教学活动的基本方式。营建良好和谐的师生关系的意义决不仅仅是教育或教学活动的背景、条件、手段，它的价值也不仅仅是完成教学任务、促进知识教学的工具性价值。师生关系的深层意义就在于使置身于其中的每一个人，把经过交往形成的知识、经验、精神模式、人生体验等作为共享的生存资源，发展智慧、情感、意志、精神等完整人的一切方面，使每一个人不断获得完善自我的力量，不断使自己成为完整的人。从生命的本义上促成师生心态的开放，潜能的激活，主体性的凸现，个性的彰显，创造力的解放，生命的完满，最终达成共同的精神成长与人生价值的实现。可以说，创设基于师生交往的互动、互惠的教学关系，是本次新课程教学改革的一项重要任务。

# 一、师生相长

## 三位作家的回忆

林清峰

在教育史上,有许多值得追忆的故事,是今人不应该忘记的。这些经典的故事蕴涵的思想和智慧,对我们今天的学校管理、教育教学依然有借鉴的价值。希望各位专家、校长、教师及关心教育的人士,将您听到的或看到的或亲身经历的打动心灵的教育故事写下来,故事可大可小,意在让历史告诉今天,让历史告诉未来。

**肖复兴:好老师就是好舵手**

著名知青作家肖复兴在他的回忆录《触摸往事》中曾讲述他在北京汇文中学就读时的一个故事,故事的大意是:那一天,我在英语课上往日记本上抄写我孤芳自赏的新作。由于一心想完成自己的"创举"(早日写满一整本),以至全神贯注、物我两忘,直到老师走到我的身旁,从我的手中拿走日记本。下课铃响,他把日记本夹在讲义里,头也不回地离开教室。我知道,他一定是找班主任去了。没有猜错,放学时,班主任让我到办公室。没什么可辩解的,等着挨批吧。我像一条犯了错的小狗耷拉着尾巴、垂着头,等着听候老师那惯用的雨打芭蕉般的批评。但是,这一次我却猜错了,老师非但没有批评我,还让我坐下来,指着日记本说:"写得不错,坚持写了这么多,不容易啊!"这时,我提到嗓子眼的心才放了下来。更没想到的是,他竟然对我说:"我想把你的日记本送到校史展览室展览一下,你同意吗?"那一年,正是学校建校 90 周年,自己的作品能进校史室展览,当然是一份难得的荣誉。当时,我虽然对老师感激万分,但是却什么话也没说出来。我那本墨绿色漆皮的日记本展出了。偷偷看到老师和同学翻看时,我心里就漾出一种异样的感觉,那是后来我的第一本书出版时都无法相比的感觉，那是一种成功的感觉，一种愿望那么快就实现了的感觉，一种自信心像船帆被风吹满，船儿轻轻地荡漾在水中的感觉。可谁知只有一个星期，日记本却不翼而飞了。我非常伤心，外人看来可能是敝帚自珍，但毕竟它融进了我的心血、心愿与渴望。我至今仍清晰地记得当年班主任安慰我的话，他表达了两点意思：一是说我写得还不错，要不别人干嘛拿去，我应当高兴才是；二是告诉我李时珍开始写《本草纲目》时，一大半手稿都丢失了，后来还是坚持写完了，所以，让我千万不要灰心，坚持写下去。

每当想起这件事，我都自然而然地想到这样的问题：如果当时班主任拿到日记本后就批评肖复兴（当然也是为他好），而不是鼓励他把日记本拿到校史室去展览，那会是一种什么结果？如果肖复兴的日记本被人拿走后，老师不是那样安慰他，同时以此为契机再一次鼓励他，那又会是一种什么结果？好教师永远会捕捉到好的教育契机，这是一种教育艺术。好教师是好舵手，他总能把你人生的小船，恰到好处地引向宽阔的水域。

**高洪波：神奇的微笑**

当代儿童文学作家高洪波在他的回忆录《也是一段歌》中回忆过一段上小学时的经历：那是一节自习课，老师因事出教室不过10分钟的时间，我的邻桌就开始打破宁静，一会儿扮鬼脸，一会儿又背着手学老师走路。他的姿态想必十分滑稽，同学们都开始嬉笑，继而哄堂大笑。当时我正拿着一本连环画，只管在白纸上描摹书中的人物。邻桌看我不受诱惑，也不捧场，便过来故意碰我的手肘。我们便摔倒在一起，同学们在一旁开心大笑。突然，一切静了下来。我从地上爬起来，几乎能感到老师愤怒的目光像是要穿透脊背。果然，老师冷冷地发话道："你们俩，出去。"我感到屈辱又感到罪有应得。

第二天早上，我走进教室，老师正坐着批改作业。我小心翼翼、忐忑不安地走过他的身边。他望了我一眼，冲我笑了一下，目光中早已消逝了怒意，接着继续做他的事了。这个笑容是那么亲切、那么温暖！我至今都忘不了。一个犯错误的小男孩，就这样取得了老师的宽容和谅解。在我头顶上的乌云刹那间散得一干二净，世界顿时变得明亮和谐。我觉得在老师的微笑中，自己变成了一个好孩子，或者本来就是好孩子。

感谢作家40年之后，回忆那一个温暖的微笑，更难忘那一个微笑所产生的伟大效应。我执著地认为，那笑容是每一位教师的专利，是专门为学生保留的。她像一笔遗产，像一宗财富，存于学生童年记忆的宝库。能享受这宗财富的人，必定是一位幸福的人，一个重感情且敬重师长的人。作为教师，当我们须发苍然时，有什么礼物能比孩子们真诚的追忆更珍贵呢？

**从维熙：狂放教师的大胆预言**

年逾古稀的著名作家从维熙在其回忆录《走向混沌》中有这样一段追忆：当年我在读的通县附中新来了一位语文教师，他为我们上第一节课时，居然一反老夫子们的教学常态，在黑板上一连写下三个人的名字：胡风、冯雪峰、田秀峰，然后狂妄不羁地对我们说："中国有三峰（凤），乃胡风、冯雪峰、田秀峰。鄙人即田秀峰也！"听惯了"老八股"讲课的同学，面对此情此景一个个瞠目结舌。而我却对这位老师的狂放神态十分欣赏。因为他上第一节课时，就表现出他对中国现代文学的熟知和他的反传统的教学模式。上作文课时，他也与其他教师不同。他叫同学们自由命题。他的道理是：自由命题可以使思维任意奔驰，不受命题之约束。他的作文教学，其特点就是极大限度地诱发学生的形象思维，这给了我极大的创作激励。记得在那次自由命题作文中，我写了一篇名为《青青的河边》的作文，文中除对夏时的城郊芦苇塘进行了细腻的描写之外，还写了一个家居白洋淀、水性十分好的姓陈的同学，写了他在浪中击水的自由自在，写了他在芦苇中与同学们嬉戏时的幽默诙谐。没想到的是，这篇习作竟使自誉为中国"三峰"之一的田老师如同醉酒。他神采飞扬地朗读了我的这篇小文。尤使我难忘的是，这位戴着金丝边眼镜的老师，还向全班预言："从维熙同学在文学上必将大有造诣！"之前，我一直很自卑，是田老师给了我自信。从自卑到自信的心理转轨，无疑对我今后的发展起了重要的作用。现在说起，不过是一篇小小的作文，竟然对我的精神世界起了那么大的催化和辐射作用，就像一簇浪花，深藏着沧海的神韵；就像一滴水，折射出人生的朝阳。后来田老师曾说，他人生最大的快乐，就是在他的学生中，出了我这样一位作家。

这段追忆告诉人们：教师慷慨的赞美之语会强化、放大学生的优势，给孩子自信的力量。同时它也提示我们，教师和父母实无必要过多地匡正孩子的自我选择，更无须煞费苦心地为孩子设计这样或那样的道路。最重要的是要有能力鉴别孩子的资质和禀赋，并使其发光发热继而成为电闪雷鸣。

文章来源：《中小学管理》2007（1）

**感悟与思考：** 也许，谁也未曾料想到：细节的培植成就伟大。有无限的风光就在教师的目光中，教师微笑的目光成就了学生的前程；看似夸大其辞的鼓励与表扬以其勃发不可遏制的力量改写了孩子的命运……教育教学上的奇迹总是令人不可思议，但细细思量，也并非无迹可寻：这些美好故事的起点都非常美好地系于教师身上。感谢所有为教育增添无限想象的教师，也感谢为神奇的生命成长作见证的人！

## 生命中重要的他人

毕淑敏

做完了第一个游戏，是不是觉得有些累？自派侦察兵窥破内心，这不是一件轻松的工作。第二个游戏，程序上相对简单一点，但分量也不轻，游戏名字叫做"谁是你的重要他人"。

有人会问，什么叫"重要他人"？

"重要他人"是一个心理学名词，意思是在一个人心理和人格形成的过程中，起过巨大的影响甚至是决定性作用的人物。

"重要他人"可能是我们的父母长辈，或者是兄弟姐妹，也可能是我们的老师，抑或萍水相逢的路人。童年的记忆遵循着非常玄妙神秘的规律，你着意要记住的事情和人物，很可能湮没在岁月的灰烬中，但某些特定的人和事，却挥之不去，影响我们的一生。如果你不把它们寻找出来，并加以重新的认识和把握，它就可能像一道符咒，在下意识的海洋中潜伏着，影响潮流和季风的走向。你的某些性格和反应模式，由于"重要他人"的影响，而被打上了深深的烙印。

这段话有点拗口，还是讲个故事吧。故事的主人公是我和我的"重要他人"。

她是我的音乐老师，那时很年轻，梳着长长的大辫子，有两个漏斗一样深的酒窝，笑起来十分清丽。当然，她生气的时候酒窝隐没，脸绷得像一块苏打饼干，木板样干燥，很是严厉。那时我大约十一岁，个子长得很高，是大队委员，也算个孩子里的小官，有很强的自尊心和虚荣心了。

学校组织"红五月"歌咏比赛，要到中心小学参赛，校长很重视，希望歌咏队能拿好名次，为校争光。最被看好的是男女小合唱，音乐老师亲任指挥，每天下午集中合唱队的同学们刻苦练习。我很荣幸被选中，每天放学后，在同学们羡慕的眼光中，走到音乐教室，引吭高歌。

有一天练歌的时候，长辫子的音乐老师，突然把指挥棒一丢，一个箭步从台上跳下来，东瞄西看。大家不知所以，齐刷刷闭了嘴。她不耐烦地说，都看着我干什么？唱！该唱什么唱什么，大声唱！说完，她侧着耳朵，走到队伍里，歪着脖子听我们唱歌。大家一看老师这么重视，唱得就格外起劲。

长辫子老师铁青着脸转了一圈儿，最后走到我面前，做了一个斩钉截铁的手势，整个队伍瞬间安静下来。她叉着腰，一字一顿地说，毕淑敏，我在指挥台上总听到一个人跑调儿，不知是谁。我走下来一个人一个人地听，总算找出来了，原来就是你！一颗老鼠屎坏了一锅汤！现在，我把你除名了！

我木木地站在那里，无法接受这突如其来的打击。刚才老师在我身旁停留得格外久，我还以为她欣赏我的歌喉，分外起劲，不想却被抓了个"现行"。我灰溜溜地挪出了队伍，羞愧难当地走出教室。

那时的我，基本上还算是一个没心没肺的女生，既然被罚下场，就自认倒霉吧。我一个人跑到操场，找了个篮球练起来，给自己宽心道，嗨，不要我唱歌就算了，反正我以后也不打算当女高音歌唱家。还不如练练球，出一身臭汗，自己闹个筋骨舒坦呢！（嗨！小小年纪，已经学会了中国小老百姓传统的精神胜利法。）这样想着，幼稚而好胜的心也就渐渐平和下来。

三天后，我正在操场上练球，小合唱队的一个女生气喘吁吁跑来说，毕淑敏，原来你在这里！音乐老师到处找你呢！

我奇怪地说，找我干什么？

那女生说，好像要让你重新回队里练歌呢！

我挺纳闷，不是说我走调厉害，不要我了吗？怎么老师又改变主意了？对了，一定是老师思来想去，觉得毕淑敏还可用。从操场到音乐教室那几分钟路程，我内心充满了幸福和憧憬，好像一个被发配的清官又被皇帝从边关召回来委以重任，要高呼"老师圣明"了。（正是瞎翻小说，胡乱联想的年纪。）走到音乐教室，我看到的是挂着冰霜的苏打饼干。长辫子老师不耐烦地说，毕淑敏，你小小年纪，怎么就长了这么高的个子？！

我听出话中的谴责之意，不由自主就弓了脖子塌了腰。从此这个姿势贯穿了我整个少年和青年时代，总是略显驼背。

老师的怒气显然还没发泄完，她说，你个子这么高，唱歌的时候得站在队列中间，你跑调走了，我还得让另外一个男生也下去，声部才平衡。人家招谁惹谁了？全叫你连累的，上不了场！

我深深低下了头，本来以为只是自己的事，此刻才知道还把一个无辜者拉下水，实在无地自容。长辫子老师继续数落，小合唱本来就没有几个人，队伍一下子短了半截，这还怎么唱？现找这么高个子的女生，合上大家的节奏，哪么容易？现在，只剩下最后一个法子了……

老师看着我，我也抬起头，重燃希望。我猜到了老师下一步的策略，即便她再不愿意，也会收我归队。我当即下决心要把跑了的调扳回来，做一个合格的小合唱队员！

我眼巴巴地看着长辫子老师，队员们也围了过来，在一起练了很长时间的歌，彼此都有了感情。我这个大嗓门儿走了，那个男生也走了，音色轻弱了不少，大家也都欢迎我们归来。

长辫子老师站起来，脸绷得好似新纳好的鞋底。她说，毕淑敏，你听好，你人可以回到队伍里，但要记住，从现在开始，你只能干张嘴，绝不可以发出任何声音！说完，她还害怕我领会不到位，伸出颀长的食指，笔直地挡在我的嘴唇间。

我好半天才明白了长辫子老师的禁令，让我做一个只张嘴不出声的木头人。泪水憋在眼眶里打转，却不敢流出来。我没有勇气对长辫子老师说，如果做傀儡，我就退出小合唱队。在无言的委屈中，我默默地站到了队伍之中，从此随着器乐的节奏，口形翕动，却不得发出任何声音。长辫子老师还是不放心，只要一听到不和谐音，锥子般的目光第一个就刺到我身上……

小合唱在"红五月"歌咏比赛中拿了很好的名次，只是我从此遗下再不能唱歌的毛病。毕业的时候，音乐考试是每个学生唱一支歌，但我根本发不出自己的声音。音乐老师已经换人，并不知道这段往事，她很奇怪，说，毕淑敏，我听你讲话，嗓子一点毛病也没有，怎么就不能唱歌呢？如果你坚持不唱歌，你这一门没有分数，你不能毕业。

我含着泪说，我知道。老师，不是我不想唱，是我真的唱不出来。老师看我着急成那样，料我不是成心捣乱，只得特地出了一张有关乐理的卷子给我，我全答对了，才算有了这门课的分数。

后来，我报考北京外语学院附中，口试的时候，又有一条考唱歌。我非常决绝地对主考官说，我不会唱歌。那位学究气的老先生很奇怪，问，你连《学习雷锋好榜样》也不会？那时候，全中国的人都会唱这首歌，我要是连这也不会，简直就是白痴。但我依然很肯定地对他说，我不唱。主考官说，我看你胳膊上戴着三道杠，是个学生干部。你怎么能不会唱？当时我心里想，我豁出去不考这所学校了，说什么也不唱。我说，我可以把这首歌词默写出来，如果一定要测验我，就请把纸笔找来。那老人居然真的去找纸笔了……我抱定了被淘汰出局的决心，拖延时间不肯唱歌，和那群严谨的考官们周旋争执，弄得他们束手无策。没想到发榜时，他们还是录取了我。也许是我一通胡搅蛮缠，使考官们觉得这孩子没准以后是个谈判的人才吧。入学之后，我迫不及待地问同学们，你们都唱歌了吗？大家都说，唱了啊，这有什么难的。我可能是那一年北外附中录取新生中唯一没有唱歌的孩子。

在那以后几十年的岁月中，长辫子老师那竖起的食指，如同一道符咒，锁住了我的咽喉。禁令铺张蔓延，到了凡是需要用嗓子的时候，我就忐忑不安，逃避退缩。我不单再也没有唱过歌，就连当众发言演讲和出席会议做必要的发言，都会在内心深处引发剧烈的恐慌。我能躲则躲，找出种种理由推脱搪塞。有时在会场上，眼看要轮到自己发言了，我会找借口上洗手间溜出去，招致怎样的后果和眼光，也完全顾不上了。有人以为这是我的倨傲和轻慢，甚至是失礼，只有我自己才知道，是内心深处不可言喻的恐惧和哀痛在作祟。

直到有一天，我在做"谁是你的重要他人"这个游戏时，写下了一系列对我有重要影响的人物之后，脑海中不由自主地浮现出了长辫子音乐老师那有着美丽的酒窝却像铁板一样森严的面颊，一阵战栗滚过心头。于是我知道了，她是我的"重要他人"。虽然我已忘却了她的名字，虽然今天的我以一个成人的智力，已能明白她当时的用意和苦衷，但我无法抹去她在一个少年心中留下的惨痛记忆。烙红的伤痕直到数十年后依然冒着焦糊的青烟。

文章来源：http://i.cn.yahoo.com/hui_li_su/blog/l_11/? bv=d

**感悟与思考：** 童年是生命的源头，它决定了人生的未来走向。恰如蒙台梭利在《童年的秘密》中深有体会地谈到，我们的错误往往会落在儿童身上，并给他们带来不可磨灭的痕迹。我们终将会死去，但儿童却要承受因我们的错误而造成的后果。对儿童的任何影响都会影响到人类的发展，因为一个人的个性特征就是在他童年心灵的敏感和秘密时期形成的。为师者，我们将成为孩子生命中怎样一种类型的"重要他人"呢？

## 说 明 书

罗文海

那年他13岁，上初中二年级。他是一个顽皮的孩子，在学校里整天大事不犯，小错不断。检查书他都不知写过多少次了，被老师批评更是家常便饭。

他又转了一所新学校，这是他上初中以来的第三所学校。第一堂课还没有上几分钟，他的倦意上来了，他把书竖着放在课桌上，趴在那儿睡着了。过了一会儿，一声刺耳的鼾声从书后传了出来，如一块石子扔进了平静的湖里，课堂里一下子炸开了锅。

她是一个刚毕业的老师。当时他分到她的班上，她是很不愿意的。但是校长说这是对她的一个考验和挑战。看着校长那严肃的脸，她没有理由和胆量说"不"。

她轻轻地走到了他的身边，推醒了他。他直起身来，眨了眨红红的眼睛，头一歪，靠在椅背上又打起了盹。

她又推了推他，轻声说："放学后，到我的办公室来。"他不耐烦地说："知道了。"依旧打着盹。她没有理他了，继续上她的课。

放学后，他来到了她的办公室。他一进门，就冲着她说："你说吧，要我写多少字的检查？我这儿有很多检查，犯的错误都类似，我把时间改一下现在就交给你。"

她搬过来一把椅子，示意他坐下。她说："我不要你写检查。"他非常惊讶地说："那你要告诉校长给我处分？开除我？我在课堂上只是睡了一个觉，还够不上这样的处罚吧？"

她说："不是，我只要你写一份说明书。"他瞪大眼睛说："什么说明书？"

她说:"就是说明你自己上课时为什么想睡觉,为什么要睡觉。多少字我不限定,但是你要把问题说清楚,说得让我信服。说不清楚,说得不让我信服的话我会要你重新写的。"

他回到家里,开始沉思起来:我为什么上课要睡觉呢?他想说是父母亲病了,他照顾到很晚,可是他的父母亲又好好的!他想说昨晚学习太晚了,没有休息好,可是他的学习成绩摆在了那儿,学习那么晚的话,成绩怎么会不好?他想说,是她的课讲得不好,不吸引人,可是整个课堂上就只有他睡觉,别的同学为什么不睡?

他想了半天,他找不出让她信服的理由来说明自己在课堂上为什么睡觉。哼!我难道还怕她?他这样一想后,就在说明书上写下了这样几个字:"老师:我没有理由可以讲,我错了!"

第二天,他把这份说明书往她的桌子上一放,就离开了她的办公室。整整一天,他都在担心着,担心她会过来找他,要他重新写一份说明书。

但是这一天过去了,她没有过来找他。第二天、第三天她都没有找。他一直担心着,总以为这事没有完。这几天来他就没有敢睡觉,更不敢再惹别的事情,他怕错上加错,新账老账一起算。他对犯错误的度把握得比较好,大错他是不敢犯的。

他终于忍不住了。他找到她说:"老师,你说吧,要怎么处罚我,是在全班同学面前做检查,还是处分或者开除?要杀要剐痛快点。你这样把我一天到晚吊在这儿,我难受死了。"

她笑了,说:"你说你错了,说明你已经认识到并承认了错误,老师已经满意了你的解释啊!老师没有想过还要处罚你了啊!"

他的眼睛模糊了,他不知道自己是怎样走出办公室的。他决心要好好学习了,不为别的,就为遇到一个这么好的老师。她是他犯了这样的错误第一个没有让他写检查没有批评他,而只是让他只写了几个字的说明书的老师。

文章来源:《文艺生活》2007(5)

**感悟与思考:** 一份不起眼的"说明书",却能打开一个顽皮孩子的内心世界,感化那沉睡已久的心灵,促进他对自身过错的反思,使得师生关系从对抗走向和谐相处。其间一个根本原因是,老师"把孩子看做一个好人而不是一个恶人",坚信所有孩子的心灵都是向往美好的,没有一个孩子天生就是坏的、无道德的,从而使得"每一个孩子身上善良感情的宝贵源泉都得到发掘,使孩子的心灵放出光彩"(苏霍姆林斯基)。

## 三封"情书"

周树群

"老师,徐磊给贲珂写情书!"

刚下课回到办公室,王思雨就气喘吁吁地跑来,把一张纸条送到我面前。

"情书?五年级的孩子知道什么是情书?"我将信将疑地接过纸条。

> 贲珂里好,我知道里是一个好学生,里的成绩比我好。我送给里的那些东西,里还记得吗?
>
> 3月16日
> 徐磊写

我哑然失笑,这是我看到的最蹩脚的"情书"了,只看那些扭成麻花状的笔画就让人忍俊不禁,但这却是我看到的徐磊写的最通顺最完整的文字。说起徐磊,全校老师没有一个不知道的,可谓"懒"名远播。学校里流传着关于他的一则趣闻,说他有一次站在讲台前读书,读着读着居然靠着讲台睡着了。睡着也就罢了,涎水又挂了下来,竟然浸透了几页纸!

我见过成绩差的学生,但确实没见过这样差的——学过的课文没一篇能读得顺的,刚教过的生字转头就忘了,作文一般不会超过30个字,考试很少及格,分数常常在个位数徘徊。这样一个孩子,对学习早已失去了信心,每天到学校来无非是履行某种形式,完成某种任务而已。可怜的孩子,既然学习不能给他带来任何快乐,有时甚至成为一种煎熬,就不要用分数和成绩的鞭子去抽打他本已受伤的心灵,让他从有限的解脱中获得一些快乐吧,毕竟,分数不是生活的全部。因为我有这样的想法,所以对他来说,我的语文课堂是开放和自由的——可以不听我讲课,可以看书包里的任何书或是做手工制作,画画什么的。不能让他优秀,那就给他快乐吧,只要他不惹事儿就行。

谁知今天竟然出现了这样的情况。班上掀起了轩然大波,课前课后,同学们议论纷纷。我知道,如果我把这张纸条拿到班上去当众宣读,严词告诫,事情也会平息,但那一定会伤害孩子的感情,埋下仇恨的种子。怎么办?我想起李镇西说过,教育是心灵的艺术,必须从心灵抵达心灵,用心灵理解心灵。看来,我得先跟孩子谈一谈。

我把徐磊找来,让他坐在我旁边。他有些拘谨,但并不觉得自己做错了什么——也许本来就没有错吧。

"你喜欢贲珂吗?""喜欢。""她喜欢你吗?""不知道,可能不喜欢。""为什么?""我的成绩太差。"

我从抽屉里拿出那封"情书",继续问他:"你怎么会想起写这个东西呢?"这是我觉得最难理解的,因为他平时连多写一个字都不愿意的。

"青铜也写了这个。"

青铜?我脑海中浮现出班上《青铜葵花》读书课的情景:孩子们自由地坐着,每一个人都把目光投向我。教室里,除了我读书的声音,再无任何声响。一段读完,甚至可以听见风从窗户穿过的声音。

我恍然大悟。一个多月来,我利用读书课给班上的孩子读《青铜葵花》,孩子们都听得入迷,没想到竟然还吸引了不爱听课的徐磊。不知他能否理解曹文轩的纯美感伤,但他确实喜欢听青铜和葵花的故事。

"你是说,你是学着青铜写信的?"我问。"是。""青铜是葵花的哥哥,他为了妹妹什么苦都能忍受。你把贲珂当做妹妹,你能为她做些什么?""我送过她铅笔和作业本。"

原来这就是"我送给里的那些东西"。我舒了一口气说:"这些就够了吗?你有没有想过,哥哥给妹妹写了封信,歪七扭八的字迹,错别字连篇,妹妹会怎么想?""妹妹会不高兴。""是的,所以,现在你首先要做的是:把字练端正,少写错别字。老师愿意帮助你,怎么样?""好。"他咧开嘴笑了。

"咱们就从这封信开始。看,你把所有的'你'全都写成了'里'。"

半个小时后,任务完成。

贲珂妹妹:

你好!

我送过你一些东西,还记得吗?不要误会,我不是想要回那些东西。我是想告诉你,以前我送你东西,是因为你的成绩好,我佩服你。现在我读了《青铜葵花》,知道人与人之间的关爱不只体现在赠送东西上。我会像青铜关心葵花一样关心你的。

哥哥：徐磊<br>3 月 16 日

现在摆在我面前的信，字迹不算漂亮但工工整整，文辞不算优美但情真意切。

"满意吗？"我笑着问，"让老师代你当着全班同学的面转交，怎么样？"

"好的。"看着他胖嘟嘟的脸蛋，我发现他的笑容也很可爱。

放学前，我把这封信带到班上，当着全班学生的面交给了贾珂，我说："贾珂应该为有这样的哥哥而自豪。其实坐在这里的孩子们都是兄弟姐妹，都要互相关爱。我相信，徐磊一定会让老师和同学因为他的存在而感到幸福和快乐的，我们这个班级也一定能成为一个人人互相关心、共享幸福快乐的集体，你们相信吗？"

"相信！"一束束信任的目光投向了徐磊。集体信任的力量一定会感化他的，我想。

第二天，徐磊一大早在校门口拦住我说："老师，贾珂给我回信了！"

"是吗？"我接过信问，"可以看看吗？"

他点点头说："我就是送给你看的！"

贾珂不愧是学习委员，信写得很长，不但对徐磊曾经给予的帮助表示感谢，而且对徐磊的学习提出了具体的目标，鼓励徐磊认真学习；并表示，只要徐磊愿意，随时可以给他提供学习上的帮助。

我把信交还他，说："这下你可请到一位免费的老师了！"他笑着跑开了，那姿势，快乐得像要飞起来。

渐渐地，徐磊变了。学习上，他不再懒惰，课堂上开始聚精会神地看书或者思考，课后读了好几本班级书柜里的注音图书。我让贾珂专门针对他的学习情况布置的作业他也能一丝不苟地做完，单元测验的成绩一次比一次好。而且，对班上的事情，他变得很热心，经常主动要求拖地擦窗。他对集体的关心大家有目共睹，在新一轮班干改选中，他以满票当选为劳动委员。

期末考试转眼就到了，班上最令我担心的就是徐磊，我怕他的作文又写不好，影响整个语文考试的成绩。孩子刚刚进入学习的春天，要是再让冰冷的考分摧毁了自信，很可能从此就会一蹶不振，很难再爬起来。

　　一番焦急的等待之后，成绩终于揭晓了。我的目光在一连串的名字里紧张搜寻，最终定格在"徐磊"两个字上。78分！竟然比及格分整整高出了18分！我简直不敢相信自己的眼睛。再确认一遍，没错，78分。翻开试卷，我找到了他的作文。十多行字，一笔一画，工工整整。这次作文要求以《××，我想对您说》为题写一段话，徐磊的题目是《贲珂妹妹，我想对你说》。

　　贲珂妹妹，你给我的帮助太多了。我的每一次作业，都是你先给我检察。我有不懂的题就问你，你也不怕烦，有时自己的作业没做完就先讲给我听。我记忆不好，有时把家庭作业忘记没做，你就送我一个小本子，让我在学校里把作业题目抄在上面。但让我印象最深的，还是那次忘记带作业的事。还记得吗？那天早上我把作业忘在家里，小组长追着我要，说我没做作业。我很委屈，几乎要跟组长吵起来。你知道了这件事，先叫开小组长，又问了我家里的电话号码。不知道你到哪里打的电话，一会儿，我妈妈就把作业送来了。

　　贲珂，你帮助我这么多，可是我能帮助你的却很少。贲珂，你就是我的亲妹妹！

　　我拿出红笔，轻轻地圈出"察"，在旁边写上"查"，然后把"记忆"改成了"记性"。

　　轻轻地合上试卷，窗外，传来孩子们朗朗的读书声。

文章来源：《教师博览》2007（1）

　　**感悟与思考：** 精彩的"情书"，在我们的眼前展现出一幅师生和生生之间友爱、互助的画卷。那么，什么是师生关系的真意？尊重。爱默生坦言："教育的最大秘密便在于尊重学生。"教师应成为尊重学生的温暖使者。苏霍姆林斯基说："一个好教师意味着什么？首先意味着他是这样的人，他热爱学生……""教师的爱是滴滴甘露，即使是枯萎了的心灵也能苏醒；教师的爱是融融的春风，即使冰冻了的感情也会消融。"（巴特尔）

## "厕所令"的由来

陈世滨

初为人师,常在严厉与放任二者的尺度把握上存在欠缺。事情还要从大学在中小学蹲点时说起,期间看到学生在日记中描述上课或晚自习由于严禁上厕所而备受生理和心理上的种种煎熬,使我从教学伊始就育种下对此无比的"宽容"之心。

一次晚自习上,两个女生向我示意要上厕所,我不假思索,欣然许可。当时,我就注意到教室的自习气氛为之一振,学生们用惊奇的目光互相交接着。因为,自习课上不准上厕所已成为一种不成文的惯例,即便提出也要大费一番盘问的周章,而且往往以暂缓至下课而告终。

正值我暗自窃喜时,又有两个女生前来示意,我又一次爽快地同意了。

紧接着,一发不可收拾,男生随即也加入了上厕所的行列,争先恐后,成群结队,归来者喜形于色,老远便能闻其吵闹之声,且不断向周围的同学挤眉弄眼,做出某种让人心知肚明的"炫耀",其中道理,明眼人都瞧得明白一二。

回来的方式也悄然发生变化,由最初短时间三三两两的零星报到,到最后长时间的一次性集体大会合。喊报告的声调也由最初的小声礼貌请示,发展到后面油腔滑调的恶作剧。原先井然有序的课堂,一下子被进进出出、时不时喊报告的"外出一族"搅得混乱不堪,课不成课,更为严重的是干扰了其他班级的自修秩序。

当意识到问题的严重性时,收场为时已晚,下课已经临近,而且半数学生还走在上厕所的幸福道路上。心情一下由忧转怒,不断为自己过度放纵的教学行为而懊悔。我强压住心中的火,静静地等待最后一批报到者。此时,学生们也警觉地从我铁青的脸上探悉到"山雨欲来风满楼"的征兆,看来一场劈头盖脸的暴风雨即将到来,教室里静得出奇,空气像凝固了似的,学生的目光寸步不离地注视着我的一举一动。

传来一阵吵闹声,随后是一片稀稀拉拉、此起彼伏的"报告"(极不严肃)。

我用严厉的目光狠狠地打量着这帮家伙,足足有三分钟,心照不宣,一言未发。

强忍着那格外漫长与痛苦的三分钟，一种事与愿违的念头，一直压迫着我，呼吸变得凝重。该怎么办？喊"请进"，无异于眼睁睁地"姑息纵容"，今后必然变本加厉。说"不准"，前后不一，说话不算数，理也难服人，更重要的是无凭无据难免冤枉好人，有悖初衷。

进退两难之际，一看时间离下课仅剩一分多钟，灵机一动，我话中有话故意拉长声音："大家外出奔忙，舟车劳顿，一路辛苦，上气不接下气的，休息一下再进来。"话音刚落，警报解除，教室传来一阵嬉笑，门外的也如释重负般地松了一口气。铃声与笑声交织在一起，我果断地喊下课。

路上，我大略估算了一下，全班62名学生，上厕所的有三十多个，大多数是男生。"厕所事件"像是横卡在我专业成长道路上的一道路障，看来小事不小。

第二天早自修，我从女生入手，详细了解了整个事件的来龙去脉。经调查，女生方面主要是"结对"的问题，因为学校厕所里的灯坏了，女生怕黑。我随即联系了电工，问题迎刃而解。男生方面，问题最多。大概有四类情况。第一类，个别确实有需要。第二类，乘机开溜，四处乱逛。第三类，到厕所只是走过场，主要是想放松一下。第四类，想凑凑热闹，探个究竟。

有鉴于此，我采取个别谈话。

进办公室的第一拨人是四处乱逛的，一看东摇西晃的走姿，我就来气。

"昨晚，为什么四个人一起去？不要告诉我你们正好四个人同时'内急'。"我开门见山，一下把他们的借口堵掉。

四人面面相觑，其中三人见状不约而同地用小手指暗暗指点着最旁边的小石，小石一脸难色，低头不语。

情况已明朗，我刚想收网、结案。谁知，偏偏在这个节骨眼上横生枝节。小倔抢过话头说："小石要上厕所，我们三人陪他去。"

"这是什么道理，上厕所有陪同的吗？"我厉声反问道。

"女生能陪同，男生为什么就不行？现今不是在提倡男女平等吗？"小倔穷理狡辩。

得，到处乱逛的罪状是问不出来了。看来，光来硬的不行，他存心

"顶"，要讨个说法。

"小倔，你连上厕所也要和女生争啊!？"我幽默地说。

大家哈哈大笑，小倔小眼睛咕噜一转："本来嘛！"

"先回去，班会上给我个说法……"不等我把话说完，四人已溜出办公室。

一见两个到厕所走过场的，我一脸严肃，紧盯着他们，只是不说话。这两个平时表现不错。

"你们平时都很诚实，老师很相信你们。"我暗示道。

小白："老师，我们因为肚子痛，才……"

"哦！你们可是又跑又跳地去啊！"我平淡地回应。

一见被戳穿，两人默不作声，只是低头。我决心耐着性子等！沉默延续了一阵，小可小声地说："陈老师，其实去厕所是可去可不去的，期中考临近了，想放松一下，我们不该撒谎应该抓紧时间学习。"

情有可原吧，现在的学生压力委实不小。正在发呆的时候，凑热闹的那帮家伙已到眼前，油腔滑调的样儿，借口更是五花八门。

外号叫大金刚的首先发言："开头'紧着'，可一到厕所'便'没了，真是没办法，为了不让陈老师起疑和难做只好多呆一会儿。"

得了便宜还卖乖，我装着关切的样子："那真是委屈你了，你真会替老师考虑啊，'滋味'不错吧。"

大金刚强装着苦瓜脸，不住地叫苦。

小飞："我是不去的，'驴想飞'（外号）老怂恿我，说是一道去厕所探个究竟，凑个热闹，随便也好替陈老师了解一下'民情'。"

真行啊，把责任推得一干二净，我煞有介事问："那都了解到什么啦？"

话音未落，"唰"地一下，大家的目光都聚焦到小飞的身上。小飞断断续续地说："也没什么……哦，厕所实在太臭，我们受不住都逃出来了。学校也应该管一管了。"

"真关心'国家大事'，改天由你带个头将厕所好好清理清理。"

"别，别，别，我只是提个建议，只是建议……"小飞一副失魂落魄的样子。

……

往下的理由更加离谱，有的胡说八道，令人啼笑皆非，有的有板有眼，煞有介事，大有将教室搬到厕所，大家做义工才甘心的味道。

趁热打铁，利用班会时间，我正式发布了"厕所令"，凡上厕所者须遵守如下守则：

1. 温馨提示：请"急"时解决。
2. "内急"不涉及男女平等问题。
3. 轻重缓急，严禁一窝蜂"大跃进"。
4. 挂羊头卖狗肉者，均严惩不贷。
5. 提倡独来独往，谢绝成群结队。
6. 厕所地小，味杂，请勿久留，严禁蹲点。
7. 不宜张扬，进教室时只需示意不必报告。
8. 久不归者，金榜"提"名，以广而告之。
9. 即时生效，班委对本令保留最终解释权。

文章来源：《基础教育课程》2006（12）

**感悟与思考**：师生关系的营建除了有软的一面，也需要斗智斗勇的硬战，没有金刚钻有时也揽不了瓷器活，教师手中确实要有两把刷子，否则哪里镇得住上厕所的这帮小家伙。也正是在这种智慧较量中，教师的个性魅力得以彰显，教育智慧得到生发。

## "争抢作业本"事件

### 丁伟红

新学期的第一次作业，竟有好几本作业本没有写上姓名，已经是三年级的学生了，这点"常识"都忘了，难道还需要我提醒吗？哼！看你们明天怎么发作业！非要找点麻烦才能长记性。我越想越生气，不由得在心里嘀咕。

果然不出所料，第二天教室里一片吵闹，连上课铃声也压不住喧嚣。讲台前站着赵小妹和刘楠，在委屈地哭泣，经其他同学解释，我才弄清了事情的来龙去脉。

上课前，课代表发数学作业时发现几本作业本没写名字，就把这几本"无名氏"放在讲台上，让同学来认领。赵小妹和刘楠因去办公室回来晚了，看了看剩下的两本作业本，都说不是自己的。课代表连喊了几声"谁拿错作业本了"，均无人应答，于是她们急得直掉眼泪，几名"好事者"

正嚷嚷着要"破案"呢！

我看了看没人要的作业本，对赵小妹和刘楠说："这两本作业本为什么不是你们的？"

赵小妹抢先说："我的作业本很干净的，这本已经卷了边！"

刘楠说："这些字写得歪歪扭扭的，绝对不是我的字！"

我也为难了，便征求大家的意见，怎么办？

同学们"群情激愤"，议论纷纷，最后达成共识——查一查，这两本作业本到底是谁的？

我用专注的目光扫视每一名学生的眼睛，从两个孩子躲闪的目光中，我知道是谁"拿错"本子了，也明白了她们为什么要把赵小妹和刘楠的作业本"占为己有"。

我若无其事地说："同学们，你们说说，赵小妹和刘楠的作业本有什么特点？"

"字写得整齐、认真！"

"写得很规范，每一个数字都是认真写的！"

"每次作业都写得一样好，不像我有时认真写，有时就马虎。"

"上次的作业是画校园的示意图，赵小妹是用尺子画的，可整齐干净呢！"

……

大家七嘴八舌对两名同学的作业做客观公正的评价，有的小家伙还知道反省自己呢！

听着同学们由衷的赞扬，赵小妹和刘楠的脸上也露出了灿烂的笑容。

我暗自高兴："同学们，赵小妹和刘楠的作业的确好，值得我们大家学习，包括我在内。"

我故意停顿一下，讲台下一双双眼睛果然惊喜了，耳边还传来嗡嗡嗡的嘀咕："还包括老师？""老师还向她们学习？"

我提高嗓门说："老师有时候批改作业时字体也潦草呀，所以要向她们学习！从今以后，我们要以她们为榜样，与她们比一比，争取赶上她们、超过她们，有信心吗？"

"有！"全班同学振臂高呼。

我又转向刘楠和赵小妹："拿错作业本的两个同学，肯定也是很欣赏你们的作业才舍不得还给你们的。再说了，谁让你们在作业本上不写上自己的名字呢？这样吧，这次就把你们的作业本交换给那两位同学，当作示范，让他们以后就照这个样子来写作业，帮助他们把作业写好，可以吗？"

两个小姑娘欣然接受，那两个"拿错"本子的同学也涨红了脸，眼睛里闪烁着惭愧和奋发的光芒。

OK，开始上课！

我庆幸自己灵机一动，没有硬把"拿错"作业本的孩子点出来。开学之初虽上演了这个"恼人"的小插曲，但小插曲却帮我解决了一个大问题！

文章来源：《江西教育》2006（6）

**感悟与思考：** 师生关系宛如一面镜子，你在镜子面前笑，她就展露出灿烂的笑容，反之亦然。"拿错"作业本事件看似师生之间的小事，然而小事不小，处理不好，事件会激化，有愈演愈烈的可能，并会波及后面的教学。老师以"善意"化开了两位"拿错"作业本学生的"错"，留出了余地，以刘楠和赵小妹自身的"疏忽"解开了他们的"心结"。看来小插曲不但没有影响主旋律，而且还成为"同一首歌"。

## 别让孩子在课堂上难堪

刘成伦

"这是一堂一年级的数学课，教学内容是8以内的加法。当教师讲授完新课让学生练习时，一个没有同桌、一直在课堂上一言不发的男孩被老师'特别关照'起来汇报'8+8'的答案。这个没有举手的男孩，有些腼腆地站起来小声说等于17。没想到，话一出口，就遭到了旁边同学的嘲笑。也许是立于讲台上的老师没有听到，她提出请这个已经无辜承受了同学嘲笑的男孩再说一遍，这个男孩显得比先前更紧张，声音更小地说出了'17'，结果又得到同学的一阵哄笑。当老师从一个学生那里打听到了小男孩的答案，马上就请全班学生判断，异口同声的'错'，结束了男孩仅有的一次发言……"

"这是一堂三年级的语文课，教学内容是富有童话和诗意气息的《小露珠》。当老师教学到最后一个环节，请学生对小露珠说说心里话时，一个踊跃发言的小女孩站起来，天真地说：'我想给小露珠打个电话，请它到我们家来做客。'小女孩的话音未落，就遭到了众多同学的哄笑，小女孩只好羞红脸坐了下去，而老师却依旧继续着自己的课……"

"这是一堂五年级的思想品德课，正在讲课的老师发现有位平时表现不是很好的学生趴在桌子上，就当众问他为什么没有精神。'不舒服。'听到学生这样的回答，老师却不假思索地脱口说：'下课还是活蹦乱跳的，现在完全是找借口。'随着课堂的一阵嬉笑，那位学生终于失去理智地站起来大声顶撞老师，老师也愤怒了……"

文章来源：《中国教育报》2007-04-06

**感悟与思考：** 我们的老师就这样轻易地在本该充满关怀、享受愉悦交往、体验智力挑战的课堂上让孩子遭遇难堪，使幼小的心灵承受本不该有的精神压抑、冷漠与放逐。我们的课堂需要倡导一种简单的精神：别让孩子难堪。只有这样，我们的老师在课堂上才能想学生所想，用自己的智慧启迪学生的智慧，用自己的心灵呼应学生的心灵，从而让我们的孩子真实地感应到老师最纯朴、最敏锐、最温柔、最真诚的情怀。

## 孩子，别拿老师的错来惩罚自己

王纪金

这一周的作文本收上来了，一名叫徐敏的女生却没写作文，作文本上只写了这么一段话："老师，您太忙了，以后您布置的作文我不写了，我的作文本您就别改了，这是我最后一次交作文。"从这些文字里，我读出了一股近乎于幽怨的情绪。这孩子怎么啦？我感到有点蹊跷。

翻翻她的作文本，她上周写的作文我已经帮她批改了呀。何止上周，从入学以来，她的每一篇作文我都批改了的呀，她为什么要说这番话？我一头雾水，又把她的作文本全都翻了一遍，发现她的作文本里夹有一张信笺，打开一看，是一篇作文！莫不是上周她写了两篇作文，这一篇我没有改到？平时我经常鼓励学生不要只限于完成老师布置的作业，要多写作文，有了灵感就写，我一定都会认真批改。看来，问题就出在这里了。

说实话，徐敏读书不是很用功，作文功底比较差，平时在班上沉默寡言，从不主动举手回答问题。老师们可能都有个通病，对班上成绩好的和比较调皮的学生注意得多一些，对中间的学生却容易忽视。从入学到现在，我还从来没有和徐敏单独交谈过，这是我的失职啊！所谓"冰冻三尺，非一日之寒"，徐敏在作文本上写下这段话，绝不仅仅是因为一篇作文没有改。

批改好了信笺上的作文之后,我找徐敏谈话。她的神情淡淡的,一副心不在焉的样子。我说:"徐敏,你作文本上的那番话老师看到了,你为什么要这么说呢?"徐敏沉默不语。我和颜悦色地鼓励她说:"你有什么话就说,要把老师当成你的朋友。"于是徐敏小声说:"对班上那些成绩好的学生,您不断地催他们写作文,可是我写了作文您却不改。"我说:"你为何不把这篇作文写在本子上呢?"徐敏说:"写完这篇作文的时候作文本已经收走了,我就写在信笺上,到办公室插在作文本中让您批改,可是您……"我说:"老师没有看到啊。"徐敏红着脸说:"不可能看不到,信笺那么大能看不到?如果这是尖子学生的作文本,老师会这么粗心么?"

我无话可说了,我得承认,上周改作文的时候,我确实是看到了她的作文本中有张信笺,但我根本没想到她会主动写布置外的作文,所以没打开来看。徐敏的话,凸显了我的内心深处的一个"小"字。我道歉说:"这是老师的失职,下次一定改正。"徐敏却倔强地说:"以后我的作文包括作业您都不用改了。如果没有什么事情,我先走了。"我愕然望着她的背影,束手无策。我仔细思考着我们的谈话,我知道症结就在两个字:偏见。

后来徐敏上语文课越发地心不在焉。默写时,她不写一个字;背书时,她默不作声;收上来的作业本,也不见有她的。有时上语文课,她干脆在做其他科目的作业。我知道问题大了。

第二次找徐敏谈话,她还是一副满不在乎的样子。我说:"徐敏,还在生老师的气啊?"她不回答,眼睛望着窗外。我说:"徐敏,今天老师是很真诚地向你道歉的,对不起,以前老师太忽视你了。"徐敏还是不说话,面无表情。我说:"以后你还是要好好地做作业,别把成绩落下了。"徐敏说:"那是我的事。如果没有事的话,我走了。"她又留给我一个伤心的背影。

我知道我不能放弃,第三次找到徐敏时我说:"今天我叫你来,是想让你说说老师的优点。"徐敏不说话。这我已经料到,我把早就准备好的句子,像老夫子诵书似的摇头晃脑地说了出来:"我基本上是个好老师,作业改得勤,备课很仔细,上课很认真,语言还比较幽默,教学成绩一直名列前茅。"徐敏用手捂着嘴,想笑。哈!防线开始松动了。我接着说:"当然。老师还有个很大的缺点,那就是没对每个学生一视同仁。徐敏,我知道学生心目中有衡量老师的标准，但老师心目中也有衡量学生的标准。"徐敏瞪大了眼睛看着我。我说："老师希望每个学生都刻苦读书，认真完成作业，上课大胆发言，有什么问题能直接和老师沟通交流。徐敏，你做到了吗？"徐敏摇了摇头。我窃喜，她听进了我的话。我说："所以不要用完美的眼光看待这个世界，金无足赤，人无完人，老师也是一样。当外物达不到你心目中的要求时，我们是不是应该采取一是宽容、二是沟通的方式来解决问题？光是生气行吗？"徐敏又摇头。我说："生气，就是拿别人的错误来惩罚自己。你对老师的错误不满，就不做作业，不认真听课，这不是在惩罚你自己吗？吃亏的还是你自己啊。"徐敏低下了头。我摸着她的头说："老师的错误老师已经意识到了，正在改正。孩子，别老拿老师的错误来惩罚自己，老师是你的朋友。"徐敏眼里便有了泪光。

过了几天，我看到了徐敏的作文本，本子上有段话："老师，谢谢您这段时间对我的宽容和教诲。您说得对，对待自己不能太宽容，对待别人要尽量宽容。老师，其实您布置的作业我都做了，只是没有交。您上课的内容我都偷偷地听了，课后还做了笔记呢。我不会再拿别人的错误来惩罚自己了。老师，我们是朋友，一生一世的好朋友！"

我长长地舒了口气，我觉得这是我从教以来最成功的一堂课，因为这堂课不仅教育了徐敏，更是教育了我自己。

文章来源：《江西教育》2007（4）

**感悟与思考：** 真正的师生对话，指的是蕴涵教育性的相互倾听和言说，它需要师生彼此敞开自己的精神世界，从而获得精神的交流和价值的分享。教育教学关系是需要教师在日复一日的与学生朝夕相处的过程中建立而成的。师生间的平等自由真诚无碍的对话与关怀能够滋育宝贵的信赖。我们相信这么一句话，信赖能创造世界的奇迹，能创造教育教学的奇迹！

## 心灵沟通是解决师生矛盾的一把金钥匙

王 瑾

不久前，我班发生了这样一件事：

上午第四节音乐课，由于部分学生在上课时大声讲话，老师在忍无可忍的情况下，把音乐书卷起来轻轻敲了一下小杨的背。下课铃声响后，全体男生和女生小杨、小胡、小石被老师留下来唱歌。等小杨、小胡到了食堂后,饭菜已被阿姨撤走了,此时,两人满肚子怨气,直奔门房间,扬言要拨114查询教育局的电话,状告音乐老师上课殴打学生和拖堂以致她们没吃午饭,结果被门房老师劝阻下来。当天放学后,小杨、小胡来到了校长室……

当我得知事情的原委后,第一反应就是震惊。在我们以往的认识中,师生之间的冲突往往发生在中学阶段,在小学生身上发生的可能性是微乎其微的。但伴随着政治上的"民主化"、经济上的"市场化"、文化上的"多样化"、大众传媒的"丰富化",教师的"权威"地位开始"动摇",师生互动过程中学生由消极被动转向积极主动的态势逐步显现出来。当然在震惊之余,我也很想知道这两个女生当时会有这一举动的内心想法。通过和她们的交流及周围同学的讲述,我才知道她们对于音乐老师平时的教学早有诸多不满,她们认为借此事件可以把音乐老师给辞掉,她们就再也不用上不喜欢的音乐课了。了解了事情的真相后,我首先在班级中进行了一次是否喜欢上音乐课的调查,调查结果让我大吃一惊,竟有90%的学生不喜欢上音乐课,理由是老师上课就是那几套,太乏味。"老师应该换位想想我们上课为什么都在讲话,不听你上课,是不是你应该想些新的教学方法,提高我们的学习兴趣。""不要总是唱唱唱,应该像外国孩子一样劳逸结合嘛!"从这些激烈的言辞中不难看出,随着青春发育期的提前,信息渠道来源的多样,社会交往范围的扩大,学生们的主体意识增强了。作为教师,如果看不到这些变化,依然保持原有的教育观念、教育方法和方式,就可能使师生之间的代沟不断扩大。

虽然学生采取过激的行为是有原因的,但她们所采取的解决方法却是不成熟的,作为教师,有责任进行引导。针对此次事件,我在班级的"说说热点新闻"活动中让学生谈谈:如果遇到了类似事情应该如何解决呢?学生在交谈中各抒己见,纷纷发表了自己的看法。他们的处理方法中有冲动的,有一味奉迎老师的,也有胆怯害怕的。课后我把学生所提出的处理问题的方法罗列出来:

方法1:不了了之。虽然心中对老师的做法有诸多不满,但碍于传统的师尊生卑的师生地位,敢怒而不敢言。

方法2:向人倾诉。课后会和要好的同学交流对某老师的不满,或回家后把学校发生的事向家长倾吐,宣泄心中的不满。

方法3：直言不讳。在课堂上忍耐了几次后，终于在忍无可忍的情况下，当堂向老师指出欠妥的地方。

方法4：婉转处理。课后找到任课老师，谈出自己的想法，或把情况告之班主任，让她和任课老师进行沟通。

方法5：书面交流。因为觉得口头表述不清楚，所以把心中的想法通过书信形式直接和任课老师交流，或由班主任转交给任课老师。

方法6：向校长反映。因为在学校校长最具权威，希望通过学校领导的批评来改变老师的做法。

方法7：法律途径。遇到老师有严重侵犯学生权利的行为，同家长一起拿起法律武器维护自己的权益。

方法8：上访告状。通过家长、直接打电话或到教育局上访，状告所在学校老师侵犯学生权利的行为。

我请学生在这8种解决方法中选出他们认为最佳的处理方法，并说说理由。

经过考虑，学生都认为方法7和方法8把原来的小事变成了大事，既会影响师生间的感情，又会使事情变得一发而不可收拾。对于方法1的不了了之，学生也不认同，认为心中有不满不能一直压抑着，不能忍气吞声。看来在老师面前唯唯诺诺的学生已退出了历史的舞台。多数同学选择了方法4和方法5，前者是直接和任课老师进行沟通，后者是通过书面形式向任课老师表达自己的想法。这两种方法都属于比较婉转的处理问题的方法，也是我认同的比较好的处理师生冲突的方法。

当事人小杨在事后虽然觉得当时的举动有点冲动，但她还是认为方法6向校长反映的解决方法是最有效的。面对部分学生在处理问题上过激的做法，如果把我的想法强加给他们，学生内心一定不服。而从他们振振有词的言语中可以看出，在冲突的过程中他们只考虑自己的感受，眼中看到的都是对方的缺点。在晨会课上，我让学生交流了他们选择最佳处理方法的理由，我想学生与学生之间的交流会更具有说服力。"在课堂上给老师指出缺点，老师会觉得没面子，不会接受。""在发生碰撞的事情中，往往双方都非常冲动。事后才觉得自己有做得欠妥的地方，所以课后沟通，师生关系才不至于弄僵。"……看到部分同学对于自己选择的解决方法已有所动摇，我忙趁热打铁，让每位同学毕业前给任课老师写一封信。

于是，学生们在信中纷纷回忆起这五年来和任课老师相处的点点滴滴，有喜有忧，字里行间充满着对童年生活的留恋。在每一封信中，同学们都肯定了老师五年来对他们的谆谆教诲，当然也有学生给某些老师的课堂教学及处理问题的方法提出了一些建议，但是从这些建议中可以看出，学生们都非常有礼貌，都用婉转的语气来表达自己的想法。

那虽是一场小小的风波，并且很快就平息了，但带给我的启示是深刻的，那就是：真诚的心灵沟通才是解决师生矛盾的一把金钥匙。

文章来源：《教育参考》2007（1）

**感悟与思考：**"真诚的心灵沟通才是解决师生矛盾的一把金钥匙。"师生关系的紧张与冲突常常是源于交流不畅、沟通不灵、对话不明。巴西著名的教育家保罗·弗莱雷指出：没有对话就没有交流，没有交流就没有教育，而真正的对话是植根于信赖、爱、希望、期待与探索。缔结良好的师生关系要回归到爱与平等的对话中，让观念在交流中共识，情感在沟通中共融，思想在交换中共鸣。

## 让每个学生都生活在阳光下

夏培恒

一个阳光明媚的好日子，我踏着轻快的步伐来到班级，心情也如阳光般灿烂。可一进教室就发现一盒粉笔湿漉漉地摊了一讲台，讲台上还啪嗒啪嗒地往下滴着水，好心情立刻被冲散了。"这是谁干的？"我大声问道。"一定是杨旭，他刚才还在这儿呢！"坐在第一排的李刚立马说道。"一定是他，他是最坏的学生。""对，没错，干坏事的总有他！"两个女孩也抢着说。我还没来得及询问缘由，孩子们已经噼里啪啦开始数落起他来。

"老师，他来了！"杨旭确实来了，可他不是自己来的，他是被两个男孩拧着胳膊送到我面前来的。这孩子袖子卷得高高的，涨红了脸。"你说，谁让你把讲台弄湿了？"没等我问话，一个孩子已经大声质问道。"我……我不小心弄的。""什么不小心，你就是故意的，你总爱搞破坏。"一个女孩抢白道。我看见泪水已经在杨旭的眼里打转，他哽咽着说："我看见黑板脏，想拿水擦，可没想到水翻了……"看着孩子委屈的神色，我的心不由一酸，再看看周围的孩子众口一词地伤害着自己的伙伴，我不禁心中打了一个冷颤：我的学生怎么了，对待自己的同学如此冷酷？

记得罗曼·罗兰曾说过："让每个人在阳光下都有一个位置。"新课程也把尊重学生个性，关注学生心灵世界，洞察学生心理变化放在首位。我不能再听之任之，让学生们用这种约定的评价观去对待自己的同学，我必须教育我的学生学会关心别人，学会看到别人的长处，放下那些冷酷的词语，放下那些不屑一顾的表情，多些宽容，多些表扬，播下友爱的种子。想到这儿，我摸着杨旭的头说："不要怕，为集体服务，你做得对！"我又故意提高嗓音，环视了一下周围的同学说："同学们也一定认为你做得对。不过记着，以后如果无意中做错了事，要想办法弥补，知道吗？""知道了！"杨旭抬起了头，眼中充满了惊喜，大声地回答着。然后，他拿起抹布开始打扫起来，几个同学也主动帮忙，我欣慰地笑了。接着，我更换了教学内容，让每位同学抽取班上两三位同学的姓名，在纸条上写下了他的优缺点，孩子们接到这一任务都非常严肃认真地思索起来。"沙沙沙"，只听见笔尖在纸上书写的声音。下课后，五十四张纸条传回我的手中。课下，我认真地读着，通过那一张张纸条，我看到了学生们鲜明的是非观、质朴善良的心灵。进行整理后，我把纸条又还给学生们，让他们读读看看别人对自己的评价。五十四个同学，五十四张纸条，在他们的脸上我分明看到了一些感动和喜悦。一张张纸条把反思和自信带给了不同的学生，在写写说说中他们明白了"寸有所长，尺有所短"的道理，懂得用赞赏的眼光去看待伙伴。

赞赏是美的享受，是灿烂的阳光，是甘美的雨露，赞赏使学生愉快，拥有自信，是对学生一种美的心灵净化；人们爱把教师比作园丁，我们这些园丁难道没有义务让每棵幼苗都沐浴在阳光雨露中吗？

文章来源：http://life.cersp.com/classroom/lists/200709/2739.html

**感悟与思考：** 威廉·詹姆士说："每个人人性之中最殷切的需求就是渴望得到别人的赞赏。"夸美纽斯也说："人的精神生命中最本质的需求就是渴望得到赏识。"学生是一个发展中的人，这就意味着需要教师的理解、宽容、帮助与支持。赞赏是一个睿智教师的法宝，是点燃学生心中隐含星火的火石，是对学生人格的一种深切关照，是营建和谐师生关系的橄榄枝。

## 二、师生真情

### 无力的心痛

严丽仙

2003年,我接了一个新的班级。注册那天中午,我正收拾着准备下班。这时,来了一位中年男子,头顶斗笠,身上沾满泥土,打着赤脚,汗珠沿着他那高高的颧骨直往下掉。左手还拽着一个小女孩。瞧那女生,怯生生的,脸色蜡黄,头发粗糙蓬乱,也赤着脚,身上没有幸福孩子的光泽。

"老师,我们要注册。"男子把一沓散发着霉味、捆扎得很整齐的零散钞票递给我,不好意思地说,"就这些,我卖豆腐的,还不够50元,下次我一定补上,请老师先让我闺女爱香上课。"

我不知说什么好,只觉得胸口很痛。为师十几年,第一次见到这样的"困难户"。原来在我的身边,在我的学生中,还有人这么艰难地活着。望着眼前这一沓零钱,我觉得那是用一块块豆腐垒起来的,是眼前这位男子冒着酷暑走街串巷,喊破喉咙,流尽汗水换来的。我感到心口堵得慌,眼睛也有点儿潮湿了。

我把男子递过来的钱挡回去。"你的闺女明天就来上课,学费你不必交,我负责。"我诚恳地说。

"那怎么行?你们当老师的也不富裕。"男子说什么也不肯。

"我会找学校领导为你孩子减免学杂费,不够的一点点我帮你垫,等你卖豆腐挣了钱再说吧!"男子质朴的脸上有了羞涩的笑容,并一再表示感谢。

回到家,我翻箱倒柜把一些能用的学习用品,小孩能穿的衣服一股脑儿清出来,整理好。第二天带到学校叫爱香同学带回家。

俗话说：穷人的孩子早当家。是的，穷人的孩子更懂事。爱香非常珍惜这来之不易的学习机会。每天早上5点就起床，忙完了一切家务活后，再赶到学校上课。从不迟到，不旷课。学习成绩有了明显提高。

为了给她树立学习信心，让她对未来有个美好的憧憬。我给她讲居里夫人的故事，告诉她海伦·凯勒的感人事迹，让她知道"人穷志不穷，逆境也会成才"的道理。渐渐地，爱香变得活泼快乐了，人也漂亮了！

可我这单薄的力量终究无法扭转她一贫如洗的家境。第二学期，爱香辍学了，非常无奈。她留恋这个曾经带给她快乐和自信的集体。几次偷偷跑到学校看望同学，并向同学借书。后来，我听说她到郊尾一家私营鞋厂打工。

一天中午，我正在午睡，朦胧中，我听到了一阵小心翼翼的敲门声。打开门一看，我一愣："怎么是你？爱香！你不是去打工了吗？怎么有空过来？"

"是的，我已工作了一个月，今天早上领了第一个月的工资300元，趁中午休息的时间，我买了几个鸡蛋和两条罗非鱼，来看望您。老师，我很想念您！"爱香哽咽了。

我睡意全无，笨拙的我不知所措，只是一把揽她入怀。我感觉她薄薄的窄肩在我热切的拥抱中像粉蝶的翅膀一样微微颤抖。

我爱怜地摸着她的头，问："孩子，你还好吗？"

爱香只是默默地笑，笑得和哭一样，没有回答。

我看见了春天里秋天的笑。

临走时，爱香塞给我一张纸条。

我赶紧摊开纸：

亲爱的严老师：

请允许我叫您一声妈妈，您是我的恩人，我永远不会忘记您！

我是个苦命的女孩儿，从我懂事起就失去了妈妈，每当看到同龄的孩子被妈妈牵着手，上街去，我都是咬着牙，硬把泪水吞进肚子里。

我上面有两个哥哥，大哥是个傻子，二哥是个懒虫。两个哥哥都三十几岁，还未娶。爸爸天天唉声叹气。全家4口人的生活费用全靠我爸种田和卖豆腐挣的钱来维持。

今年二哥准备找媳妇，爸爸没有其他的办法，想用我来换亲，先让我上工厂打工攒点钱做嫁妆，所以我辍学了，辜负了老师对我的期望，请老师原谅！

老师，您还记得吗？有一次，早上我吃了变质的菜，到了学校，肚子痛得要命，您急得快要哭了，背着我上医院。那天，您刚好穿着一双新买的高跟鞋，一路上拐了好几次脚，您忍着脚痛及时把我送到医院打点滴。您帮我付了16元医疗费。第二天，我爸向邻居借了9元钱要还您，您说什么也不肯收。我心里有多么地感激您。依偎在您的怀里挂点滴，我真希望时间能为我停留。因为在您的怀里，我看到了我的妈妈！您喂我吃药，我多么想叫您一声妈妈！可是我没有这个勇气，也没有这个福气。

老师，您以后要搞卫生，尽管叫上我，其他的事我也不能帮您的忙。联系电话：……（邻居电话）

爱香

触摸着爱香一个个沉重的文字，痛楚如丝般缠绕着我，泪如烈酒般在眼中燃烧，燃烧。一个人站在房间里，四周空荡荡的，全是心痛的味道。

从她颤动的笔触中，我感觉到了她的无奈和痛楚。不该让孩子担当的事儿，她全挑起来了。我不知道自己是怎样读完这些文字的，只知道泪水流了再擦，擦了再流。我为爱香所做的，只是一个为师的应该做的。想不到在缺水的荒漠中，教师的爱犹如一股甘泉。爱香来看望我，给了我最深刻的感动。爱香的处境，是我心底的最痛。我不知道我该如何帮她？不知道爱香脚下的路要怎么走？

文章来源：《教育故事》2007（4）

**感悟与思考**：当文学家面对曹雪芹和托尔斯泰，当哲学家面对庄子和尼采，当经济学家面对马克思和萨缪尔森，他们可能都染上一种疑难杂症——失语。像此时的我面对严老师字里行间涌突而出波澜的深情和无助的感伤，无言。我努力地穿过这样的一种境遇表达，缠绵典雅，锐敏纯净，深刻内省……爱的教育便向我弥漫开来，同时，一种不朽的忧郁——师者的单薄无力，也紧紧撕扯着我。"没有哭过长夜的人，不足以语人生"，只有包含着对教育的理解，对教育的执著，对教育的深情的教师才会有着这般情怀。

## 让"爱"带上尊严

汉纪梅

有这样一则故事：一场漫天的暴风雪使纽约交通瘫痪，许多公司停业，学校关门。让人不解的是，纽约公立学校接送孩子的黄色小车仍在雪地里艰难"爬行"。在车前，公立学校的老师在挥动铁锹铲雪。有些家长怒气冲冲地到学校质问原因。校长一脸和气地道歉并解释在公立学校里，有不少孩子家境贫困，连饭都吃不上，暖气更用不上，孩子成长所需要的营养全靠学校每天供应的免费午餐。学校如果停一天课，意味着贫困家庭的孩子挨一天饿，受一天冻。接着又有家长提出，那就让吃不上饭的穷孩子来上学，给其他孩子放假好了。校长一脸严肃地说：我们不想让那些孩子知道自己是被救济的对象，因为帮助别人的最高原则就是维护受施者的尊严。

刚看完这个故事，尽管心灵为之一动，但没有更深的感受，然而，其后发生的一件事却让我反思颇深……

那天中午，从班级学生韩颖（化名）的母亲那里得知，韩颖的姐姐被确诊患有骨结核，有瘫痪的危险，急需到外地治疗。由于需要巨额的医疗费，韩颖家倾其所有还远远不够，这使得原本贫困的家庭更是雪上加霜，韩父韩母又不忍心让韩颖辍学，其母非常难过，无奈之下，把韩颖托付给我，希望我在学校能多给照料。目睹韩颖母亲那充满期待和满含泪水的双眼，想想正处豆蔻年华的韩颖姐姐，我一阵心酸，暗下决心帮助她。

酝酿了好一阵子，中午到校后，我把韩颖支到办公室，倡议全班同学捐款，我带头拿出 50 元钱，其他同学在毫无准备的情况下，也都竭尽所能，倾囊相助。1 元、2 元、5 元、10 元……很快，班级同学的爱心凝聚了 237.5 元。

当我作为代表把钱交给韩颖时，她流着眼泪，说啥也不要。我只好让生活委员拿着，准备以后交费时用。但是，韩颖仍坚决拒绝。当时，我与全班同学都很尴尬。这可是好心呀！我百般不解……

回到办公室，我静静地反思自己的行为，我想起了纽约那位校长的话：帮助别人的最高原则就是维护受施者的尊严。是呀，韩颖是一个要强的女孩，她从不轻易麻烦别人，而我一时疏忽的做法非但没有帮助她，反而使她背负了许多额外的心理压力,结果也只能适得其反——我们这种"爱"的方式伤害了她的自尊。正所谓"好心办坏事"。于是我真正理解了故事中校长的心意:帮助别人,就要让受助者充满信心,让受助者永远不觉得自己是一个弱者,让受助者在尊严下快乐地成长、生活!

后来,我当众进行了自我批评,把钱如数返还给班级同学,并由衷地对同学们说:"尽管如此,我依然感谢你们,感谢你们圣洁的'爱心'!"

再后来,我向学校校长替韩颖写了一份书面申请,学校研究后决定免去韩颖同学的全部学杂费;与此同时,我倡议班级学生平时积攒废纸、矿泉水瓶……把积攒到的钱用来奖励那些学习刻苦、家境贫困的同学。尽管这只是杯水车薪,但其中爱的力量是无价的。

如今,我完全有理由相信,这些富有温情的细微小事在班级学生心中有多么珍贵!因为,我们懂得了真正的爱的方式,懂得了怎样向他人传递自己的温暖与爱心,并相信通过这些爱的方式给他人的是信心和力量,同时也会让他人懂得怎样去爱人、助人。

文章来源:《吉林教育》2007(4)

**感悟与思考:** 爱不是居高临下的施舍,或公开展览的同情。如果说哲学的原初命义就是爱与智慧,那么,教育的真朴奥义就是爱的智慧或智慧的爱。而这种爱是建立在对人性尊严的尊重与呵护下,只有这般小心翼翼、深思熟虑的萌育,学生作为个体的人的人性与个性及才能,才有可能充分发展。

## 一场生命攸关的"游戏"

彭 烨

那是一个冬日的下午,天阴沉沉的……南方某都市中的一个幼儿园周围,突然被几个身穿隔离衣的人拉起了警戒线,正在与孩子们做游戏的年轻教师无意中发现疾控中心的急救车,那一刻,她脑海中颤抖着闪出了一个令人恐惧的词——SARS!然而她依然镇静地与她的孩子们做着快乐的游戏。面对猝不及防的事变,年轻教师望着门口站着的几位医生机智地说:"孩子们,欢迎这几位叔叔与我们一起做游戏!他们这几天会把我们的食物送到学校,但是在这几天里你们得保证不想你们的爸爸妈妈。大家都来参加这个游戏好吗?"在隔离观察六天后,年轻教师以童稚的语气对孩子们说:"孩子们,你们都很坚强,大家还愿意跟老师一起继续做这个游戏吗?"孩子们异口同声:"愿意!"年轻教师饱含幸福的笑容,竖起大拇指:"孩子们,你们真棒!不过接下来的游戏必须一个一个来,我已决定先由坚强小朋友来和老师、叔叔们做这个游戏,你们回去等待老师的好消息吧……"

此后,五岁的坚强和年轻教师一起进入了"非典"病房。但五岁的小男孩并不知道他刚刚开始的人生正面临着极度的危险,甚至他幼小的生命也可能随时中断,他以为这一切都不过是一场惊险而有趣的游戏。而这游戏般的幻觉,正是小男孩的老师精心设计的。为了不让孩子晶莹而脆弱的心灵受到伤害,在刚进 ICU 的时候,老师就告诉孩子:"我们正在参加一个漫长、痛苦、危险的游戏。如果我们积满了 100 分,我们就会获得第一名,奖品当然是回到爸爸妈妈的怀抱,而且能得到一束鲜艳的大红花。"在充满恐惧的 ICU 里,要让孩子长时间维持这"游戏"的感觉,对这位老师来讲,是多么的困难!不,简直是难以置信的!然而这位老师做到了——当孩子问那些叔叔为什么穿着这样的衣服又送来药一样的食物时,老师回答:"他们是在考验我们,而且这是游戏规则,我们一定得坚持住!"当孩子渴望看到爸爸妈妈时,老师回答:"这是规则,不能去看爸爸妈妈,否则我们就要被扣分。"当小男孩感觉到自己也许再也坚持不下去时,这位年轻的老师缓缓地疲惫不堪地举起手向孩子比划着,告诉他:"我们现在已经积满 94 分了,只差 6 分我们就是最后的赢家了!现在,我们必须分开,否则,我们积攒的 94 分就白攒了!记住:不管呆多久,你都要忍着,坚持到最后,你就能看到爸爸妈妈,得到一束鲜艳的大红花。"老师不放心,又通过医生叫孩子把她最后一句话重复了一遍:"坚持到最后,你就能看到爸爸妈妈,得到一束鲜艳的大红花。"这位年轻的老师离开孩子后,病情急剧恶化。当医生推着她经过走廊走过小男孩的房门时,透过镜子,孩子看到平车上的老师嘴上戴着呼吸机正艰难地向他眨眼睛并且全力以赴地做着鬼脸和滑稽的动作——一切都像是游戏。只是孩子不知道,老师正在向他做最后的告别——几小时后他的老师就在那童年的"游戏"中离开了这个世界。

不知过了多久,一切又恢复了寂静。当一缕金色的朝阳透过玻璃窗,小男孩从他的床上爬了起来,正当他茫然不知所措时,身后响起了爸爸喊他的声音。他回头一看,"真的!是爸爸妈妈,还有一束鲜艳的大红花。"

小男孩惊喜地叫了起来，脸上露出了天真的笑容。年轻的护士小姐将小男孩抱上了车，在欢呼胜利的人群中穿行。突然，小男孩抱着那束鲜艳的大红花跳下车向老师的那间房跑去，一边跑一边挥舞着鲜艳的大红花，高喊着："老师，我们赢了！100 分，老师，我们赢了！"此刻，小男孩那手中挥动的花朵显得格外鲜艳，那呼喊老师的天真的声音仿佛永远在高空回响……

文章来源：《师道》2006（5）

**感悟与思考：** 每一次的阅读，几乎都是泪涟涟。潮润的感伤与感动流荡在心腑间，久久难以释怀。在这里，教师是孩子生命的阶梯，孩子是教师生命的延续！面临死神的挑战，年轻的教师以生命来编织一个美丽的童话，然而，她却在孩子游戏的幸福里，行走在消逝之中……纵然千般苦难，纵然万般灾难，而教师依然把人生中最动人的旋律留在孩子的心中！

## "病了真好"

### 漆昌琼

那是我带一年级时发生的一件事。一次数学课上，一个孩子在课堂上吐了，我用手摸了摸他的额头，有点发热，便扶他到办公室，弄了点温水让他喝，并让他在办公室烤火、休息。同时，我给他的家长打了电话，请家长来接他回去。简单处理了一下，我赶紧回教室继续上课。只听见有孩子大声说："病了真好！"接着，有几个孩子跟着附和。循声望去，那是个胆大的、有点调皮的男孩子带头说的。当时并没往心里去，只是用严厉的目光警告了他，让他安静下来，又继续上课了。

无独有偶。女儿上学后，竟也发出了同样的感慨。一次，女儿挺认真地对我说："妈妈，我们班的茜茜病了，老师对她可好了，病了真好，我也想生病。"看着女儿一脸的认真，我想起了那次课堂上孩子们的"胡话"，便问女儿："为什么呢？"女儿天真地答道："病了老师就会摸我的头，给我喝热水，我可以在老师的办公室烤火，还可以回家不做作业呀！"

定定地看着女儿，我猛然想起，自从女儿上学以后，很多的欢乐都远离了她。课余时间，她几乎都是在阅读、画画、练球、看电视，很少到大自然中自由自在地玩耍，更别说郊游、远足了。女儿年幼时，我总是把她揽在怀里讲故事、读童话，每逢她编出一个像模像样的故事，我都会表扬她一番、亲吻她一下。如今，我天天唠叨的都是听英语磁带、练几道计算题，时刻提醒她"天外有天，人上有人"、"虚心使人进步，骄傲使人落后"……我陷入了深深的自责之中。身为老师的我，尚且如此，一般普通的家长就更不用说了。

回头看看，现在的孩子虽然不缺吃不缺穿，但他们在学校有学习压力，放学后有家庭作业，周末又忙着上各类培训班，实在太累了。为师者，往往更多地关注的是孩子们的学业成绩，注重了知识、能力目标的达成，而忽略了他们的情感需要。难怪，在孩子们的情感世界里，老师的一次抚摸竟是如此稀罕而难得。为了一句关怀的话语，一个抚摸的动作，孩子们甚至宁愿生病！孩子的慨叹是心灵的呐喊，是情感的呼唤，更是对我们这些身为人师者的拷问。看来，当老师仅仅教好课、在学习上严格要求还是远远不够的，我们得走进孩子的内心世界，与他们做心灵的交流、情感的沟通。孩子与老师没有了心理距离，教育效果才会事半功倍。我们当谨记！

文章来源：《湖北教育》2007（5）

**感悟与思考**：对于真情的系恋使渺小的人类个体在这浩茫无边的世界里找到了与大地及上帝有意义的链接。著名作家海塞说过这样的一句话堪称经典："一切艺术创造都发源于爱，而其内涵与价值则是取决于艺术家爱得多深。"我忍不住要顺势而下接着说，一切教育教学活动都发源于爱，而其内涵与价值则是取决于教育者爱得多深。在学生心的渴望、爱的呼唤、情的呐喊中，我们老师感受到了什么？

## "老师是俺叔"

### 赵作银

"赵老师，赵老师！"刚进教室，几个学生忙不迭地冲我大叫，"李飞说你是他叔！""对，他对谁都这样说！"好多同学也都愤愤不平地附和着，连推带拽地将李飞押到了讲台前。

一向沉默寡言的李飞此时头几乎低到了脖子下面，耷拉的眼皮不时向上翻动，眼角的余光朝我这边偷偷瞟了几下，好像真的做了一件特别对不起我的事情，脸上充满了惶惑和羞惭！同学们也都屏气凝神，迫不及待地等候着老师对这位冒充"皇亲国戚"的家伙的处置。"同学们，李飞没有撒谎，我的确是他的叔叔，他是我的侄子！"我诚恳地说道。"啊——?！"一语既出，四座皆惊，一张张小嘴瞬间变成了一个个大大的"O"。"李飞喊我叔是看得起我，我很感动！我要当着同学的面向李飞表示我的感谢！""老师，您姓赵，他姓李，怎么……"几个同学仍不相信地询问道。"呵呵，我和李飞的爸爸是初中时特别要好的朋友，你们说他该叫我什么呢？""叔叔——""哈哈哈……"我和同学们都会心地笑了。再看李飞，不知什么时候小脑袋早已高高地昂了起来，仿佛在说："怎么样？老师是俺叔，没错吧？"得意之情溢满了脸庞。"同学们，我想请你们帮个忙，可一直又不好意思说。"灵机一动的我故意卖起了关子。"老师您快点说，我们一定帮助您！"孩子们天真率直的样子实在可爱。"很高兴李飞是我的侄子，可我也一直为他担心，担心他不愿意和同学们交往。""我想跟他们玩，是他们都不愿意和我玩！"没等我说完，李飞早在旁边满腹委屈地嘀咕着实话实说了。"哦，是这样的吗？"我故意惊讶地冲学生们反问道。小家伙们可能没有想到老师会来这一手，禁不住你瞅瞅我，我看看你。没等他们反应过来，我又冲着李飞说："我相信只要你能够改正自己不好的习惯，同学们一定会看在老师的面子上帮助你的，大家说是不是啊？""是！"孩子们扯着嗓子大声喊。"我就替李飞谢谢大家了！"说着我冲同学们鞠了个躬。没有想到的是李飞竟然在我向同学们鞠躬的同时也朝我深深地、恭恭敬敬地鞠了一躬！"哗……"不知是谁带头鼓起了掌。

没等这节课下课的铃声消失，李飞身旁早已围满了找他一起玩耍的伙伴。看着李飞被同学们前呼后拥走出教室的背影，开学第一天的场景再次浮现在了我的眼前。

第一节语文课时我发现教室最西北角的一张双人桌前蜷缩着一位矮矮的、瘦瘦的小男孩。这么矮的个子怎么一个人坐在那里？下课后，我了解到：男孩叫李飞，爸爸、妈妈都在外地打工，一年也难得回家一趟，只好跟着年迈的爷爷、奶奶生活，不知是因为隔代教育还是长期没有父母在身边的缘故，他作业不做、扰乱四邻，害得他爷爷恨不得一天往学校跑八趟！面对老师苦口婆心的教育、批评，他总是低着脑袋来个"徐庶进曹营——一言不发"，很多家长也强烈要求自己的孩子不要跟他接触，因此学生们对待他大都是避之唯恐不及。

我决定接触他。

"李飞，你能过来一下吗？"第二天下课后，我装作不经意地叫住了他。犹豫再三后他还是磨磨蹭蹭地来到了我面前。"知道老师喊你做什么吗?"低着的脑袋微微摇了摇算作回答。"能告诉我你爸爸叫什么吗?"不说话。"你爸爸是不是叫李磊啊?"(从他的学籍资料上得知的。)疑惑的目光瞟了我一下,算作对我的回答。"我是想告诉你,我和你爸爸是初中的好朋友,昨天晚上他还给我打电话让我好好照顾你呢!"我用手轻轻地抚摸着他的小脑袋。"他怎么知道你的电话?"满脸狐疑的他终于抬起头来小声地问我。"我们是好朋友啊!""是吗?真没想到!"他喜出望外的脸上终于浮现出了难得的笑意。"以后生活、学习上有什么困难尽管找我,不愿意叫老师也可以叫叔叔,行不行?""行!我知道了。"终于开口了!面对满心喜悦的他,我沉甸甸的内心顿时轻松了不少。

现在想来,我不知道那天自己虚拟的"电话嘱托"对于李飞来说是不是一个善意而又美丽的谎言。但愿今后的日子里,他还能够一如既往地逢人就骄傲地说上一声:"老师是俺叔!"

文章来源:《教师博览》2007(1)

**感悟与思考:** 师生关系很微妙,亦师亦友,甚至不是亲人胜似亲人,"老师是俺叔"不正是一个有力的例证吗?师生关系不只是一种学习关系,更是一种"惺惺相惜"的心灵关系。这种心灵关系一旦建立,能丰盈学生人格特质,升华学生人文情感,净化学生心灵时空,感召学生人性灵魂,对学生一生的成长产生深远、积极的影响。

## 谁把"牛"画在了黑板上

陆 芳

那是我刚做班主任时候的事了。一天,打响预备铃的时候,我来到了教室。咦,怪了,今天教室里怎么这么安静,就连平时最不安分的某同学也坐得端端正正的。走到了讲台上,发现黑板右下方画了一只牛,后面还跟了很多小老鼠。我的怒火一下子冲了起来:前段日子我在班上三令五申,一定要保持讲台黑板的整洁,不允许乱涂乱画。这只牛和老鼠们分明意味着他们根本没有把我这个班主任放在眼里。我决定趁今天这个机会好好整顿一下,同时也借此树立自己的威严。我厉声吼道:

"这是谁画的?"

没人答应。再看看他们,还一个个笑嘻嘻的。我又问道:

"班上这么多人,肯定有同学知道是谁画的,哪位同学来告诉老师?"

仍然没人开口。这下可把我气坏了:"我就不相信没有一个人知道。既然大家都不肯说,那这节课干脆就别上了,全给我站起来,什么时候有人承认了,什么时候大家就坐下!"

学生们整齐地站了起来,让我倍感意外的是,他们居然向我鞠了一个躬,并齐声说:

"老师,您辛苦了。祝您节日快乐!"

刹那间,我什么都明白了。天哪,我竟然忘了今天是教师节。我属"牛",而班内大部分孩子属"老鼠"啊!

这是一群多么可爱的孩子,我真心诚意地向同学们鞠了一躬,孩子们憨憨地笑了,而我的眼睛有些模糊了。一晃十多年过去了,但这件事常常在我的脑海中闪现。

文章来源:http://www.jyjxal.com/v_news

**感悟与思考**: 师生关系的经营是一种双向互动的理解过程,误会不澄清,隔阂不疏通,矛盾不排除,一头热,一头冷,难免会背靠背而无法心连心。而要师生心心相印,就必须有"心"。有心的师生,就会有发现;有发现的师生,就会有真情;有真情的师生,就会有故事!和学生间的真情故事,是每位教师教学生涯的精神旅伴。

## 图书在版编目（CIP）数据

有效教学的案例与故事/余文森，林高明，陈世滨编著．—福州：福建教育出版社，2008.6（2023.6重印）
（有效教学丛书/余文森主编）
ISBN 978-7-5334-5037-3

Ⅰ．有… Ⅱ．①余…②林…③陈… Ⅲ．中小学－教学研究 Ⅳ．G632.0

中国版本图书馆 CIP 数据核字（2008）第 093575 号

---

有效教学丛书
Youxiao Jiaoxue de Anli yu Gushi
**有效教学的案例与故事**
丛书主编　余文森
编　　著　余文森　林高明　陈世滨等

| | |
|---|---|
| 出版发行 | 福建教育出版社 |
| | （福州市梦山路 27 号　邮编：350025　网址：www.fep.com.cn |
| | 　编辑部电话：0591-83727542 |
| | 　发行部电话：0591-83721876　87115073　010-62024258） |
| 出 版 人 | 江金辉 |
| 印　　刷 | 福州万达印刷有限公司 |
| | （福州市闽侯县荆溪镇徐家村 166-1 号厂房第三层　邮编：350101） |
| 开　　本 | 710 毫米×1000 毫米　1/16 |
| 印　　张 | 15.25 |
| 字　　数 | 216 千字 |
| 插　　页 | 2 |
| 版　　次 | 2011 年 4 月第 3 版　2023 年 6 月第 12 次印刷 |
| 书　　号 | ISBN 978-7-5334-5037-3 |
| 定　　价 | 36.00 元 |

如发现本书印装质量问题，请向本社出版科（电话：0591-83726019）调换。